CHÈRE DAME NATURE
LA PUTE

ANNE-LAURE BORTOLOTTI

CHÈRE DAME NATURE LA PUTE

Lettres d'une infertile en parcours de PMA

l'Archipel

Notre catalogue est consultable à l'adresse suivante :
www.editionsarchipel.com

Éditions de l'Archipel
92, avenue de France
75013 Paris

Contact : info@lisez.com

ISBN 978-2-8098-5250-9

PMette

Celle où je fais les présentations

Avignon, le 1er décembre 2022

Chère DNLP[1],

Tu ne te souviens sans doute pas de moi. Je suis un peu vexée, mais je ne peux pas t'en vouloir. Avec 150 000 tentatives de procréation médicalement assistée en France chaque année, tu as bien d'autres chat… tes à fouetter.

Oui. J'ai bien écrit « chattes ». Bien dans le sens auquel tu penses. Oh ça va, ne fais pas ta mijaurée. Après huit ans à te fréquenter, je peux oser la familiarité (au passage, je préfère te prévenir, je ne suis pas du genre à mâcher mes mots, il va falloir t'habituer).

Je suis Anne-Laure Bortolotti, PMette.

« PMette » ? Chère DNLP, sache que c'est le petit nom qu'on se donne entre nous, dans ton dos. Notre cri de ralliement.

Côté pile : un individu de sexe féminin engagé dans un parcours de procréation médicalement assistée (PMA). Côté face : un fragile système pendulaire oscillant, sans jamais

1. Dame Nature La Pute.

s'arrêter, entre « y croire suffisamment » et « ne pas trop y penser ».

Tu as été assez fourbe pour me conduire doucement vers cette étiquette de PMette. Et j'ai eu le temps de bien l'incarner, mon étiquette.

Au début, presque comme tout le monde, j'ai arrêté la pilule. C'était en 2008. Youpi, le cœur léger et plein d'entrain, on allait faire un enfant, c'était aussi simple que cela.

Tu as dû bien te marrer, sous ta cape, va.

Oui, au risque de te faire perdre tes illusions, pour nous, les PMettes, tu n'es pas « juste » Dame Nature, la nymphe auréolée de cheveux blonds scintillants, vêtue d'une robe vaporeuse en mousseline de soie. Cette incarnation, presque angélique, de la douceur et de l'abondance.

Non. Pour nous, tu as plutôt un petit côté sorcière, maquillée comme une voiture volée, à mi-chemin entre Cruella d'Enfer dans *Les 101 Dalmatiens*, la méchante belle-mère dans *Blanche-Neige* et Ursula dans *La Petite Sirène.*

Bref, DNLP, tu es la grande prêtresse de la fécondité, toute-puissante et machiavélique. En toute simplicité, tu es : Dame Nature La Pute.

Ça claque, non ?

Nous voulions un enfant, donc. Mais, comme pour plus d'1 couple sur 4, ça ne fonctionnait pas. Tu peux me croire, mon côté rationnel se raccrochait à des éléments concrets. Du plausible, du factuel. Je comptais, je recomptais : les jours de mon cycle, les fenêtres de tir (lucarne ou pas, qu'importe. Marquer, à tout prix. Tous les coups sont permis).

Statistiquement, 1 couple sur 2 termine son parcours de PMA sans bébé dans les bras. Je voulais tout faire pour que ce ne soit pas notre cas. Tout. Même des câlins à des arbres ou essayer le lubrifiant magique faisant glisser les spermatozoïdes dans l'utérus comme une bouée dans le toboggan d'un Aqualand. Yee-ha !

Je te vois hausser les sourcils : de quoi je me plains, franchement ? C'est vrai que, dans ta grande mansuétude, j'ai réussi à avoir non pas un, mais deux enfants, après tout. (C'est là que je dois dire merci ? OK : merci, voilà, c'est dit, cœur avec les doigts et tout le tralala.) Enfin, on ne peut pas dire que tu ne m'avais pas savonné la planche. Huit ans, bordel. Ça a pris huit années.

Tu vas me dire, mais pourquoi je t'écris, précisément là, maintenant ?

Parce qu'en 2020, en complétant un document envoyé par notre laboratoire, je me suis pris, sans crier gare, un violent retour de bâton : le souvenir de ces huit années à te côtoyer.

Touchée.

Début 2022, à la faveur d'une étape cruciale dans ma vie professionnelle qui rebat les cartes de ma vie tout court, je comprends : 1) que la page de la PMA est loin d'être tournée, 2) que j'ai besoin d'écrire, pour exorciser. Pour révéler la vie, la vraie.

Coulée.

Tu te croyais bien peinarde, j'allais en rester là : une PMA, deux enfants et basta ?

Spoiler alert : l'heure de la revanche a sonné. Je vais dire toute la vérité. À mon tour de te faire saigner. Et ton porte-avions en B3, là, fais gaffe, je vais te le dégommer.

PB sur canapé

Celle où tu joues la cheffe d'orchestre

Avignon, le 8 novembre 2008

Chère DNLP,

Aujourd'hui, je vais faire ta connaissance. Mais ça, je ne le sais pas encore.

(Si on était dans un film, il y aurait la petite musique joyeuse et légère, en fond sonore.)

Un ordinateur portable posé sur les genoux, je suis assise en tailleur sur notre deux-places convertible et son inénarrable tissu à carreaux bleus et blancs, un modeste canapé Ikea du début des années 2000. L'homme assis à côté de moi regarde distraitement un truc à la télé.

Pour l'instant, je ne suis pas encore une PMette : j'ai vingt-huit ans et je suis une PB sur un canapé. Rien à voir avec le symbole du plomb sur le tableau périodique des éléments. Je suis une *Pregnant Bitch*. « *Pregnant* » signifie « enceinte ». Pour le reste, je ne traduis pas. Si tu as des difficultés avec l'anglais, Google est ton ami.

Permets-moi de noter au passage ta parfaite maîtrise du comique de situation : la première fois que j'ai affaire à toi, je suis *enceinte*. Sept lettres sur un compte rendu viennent de me le confirmer : « POSITIF. » Si ça n'était pas aussi dramatique, ça pourrait presque être drôle de se dire que notre relation a commencé *précisément* par une grossesse.

Dans ce canapé Ikea, il y a une meuf qui a « essayé » neuf mois et ça y est, ENFIN : elle est enceinte. Je suis donc une PB C9, *aka* « enceinte après neuf cycles menstruels d'essais ».

Les PB. Cette espèce que, dans quelques mois, je haïrai presque autant que moi. Version horripilante de femme enceinte que je me retiendrai d'étrangler, un sourire de façade collé sur le visage (j'ai beau avoir un vocabulaire peu châtié, je suis bien élevée), spécialiste des « on a essayé sept mois ! C'était horrrrrrrrrrrriblement looooooong ! J'étais teeeeeeellement désespérée, j'ai cru qu'on n'y arriverait JA-MAIS ».

Dans ma carrière de PMette (oui, après huit années, « carrière » n'est, je crois, pas exagéré), tu ne vas rien m'épargner et me confronter à bien pire : les PB C1, étonnamment enceintes ~~la culotte à peine retirée~~ la pilule à peine arrêtée.

En parlant de carrière, c'est dommage que tu ne m'aies pas laissé ma chance ce samedi de novembre 2008 : j'aurais fait une excellente candidate au poste de PB. Je témoigne d'indéniables prédispositions. Des *soft skills*, comme on dit.

Oui, j'ai du potentiel en PB, la preuve : je viens à peine d'apprendre ma grossesse que *déjà*, sur ce canapé, je prépare une liste de prénoms.

Au secours. Achevez-moi.

Je te sens impatiente d'en finir, mais attends ! Ton entrée n'est pas pour tout de suite. Tu peux savourer dans l'ombre.

(Pour l'instant, si on était dans un film, il y aurait juste le début de la petite musique intrigante, en fond sonore.)

Je délaisse ma liste de prénoms. De toute façon, c'est superflu, on sait déjà comment s'appellera notre premier enfant quasiment depuis notre rencontre, l'homme et moi. Comme j'ai un petit côté bonne élève, je visite maintenant le royaume de la PB : j'ai nommé Doctissimo. En 2008, c'est l'heure de gloire de son fameux forum.

Je me retiens de poster un message de présentation, mais je suis déjà fière d'appartenir aux « Juillettes 2009 » (*aka* « les femmes enceintes avec un terme prévu pour juillet 2009 »). J'en suis presque à me féliciter de ne pas être tombée enceinte en avril, ça aurait fait de moi une « Janviette ». Sans déconner : on est d'accord que ça rime un peu trop avec « serviette » et « mauviette » pour faire bonne impression ? Moi, en bonne *aspirante PB pleine d'avenir*, je suis évidemment bien au-dessus de tout ça.

Toi ? Tu rôdes en coulisse, encore invisible pour l'instant. Tu dois bien te marrer, sous ta cape, spectatrice d'une naïveté qui confine à l'insolence.

Tu as veillé à ce que tout soit parfaitement parfait. Après trois années chaotiques parce que j'avais créé ma boîte, j'ai repris, il y a trois semaines, une activité-salariée-bien-sous-tout-rapport. Un CDI dans une grande banque française qui m'assure un congé maternité payé PLUS un congé allaitement PLUS une super prime de naissance PLUS un congé parental avantageux. Et surtout, le timing est impeccable : une fois le premier trimestre passé, on va pouvoir faire l'Annonce officielle. Et je te le donne en mille, ça tombera à Noël, *the most wonderful time of the year* (grelots *inside*).

L'Annonce, d'ailleurs. Sur le forum de Docticrétin, les PB ont une imagination débordante : photo du test de grossesse accroché à des chaussettes de bébé avec une mini-pince à linge, bouteille de vin avec une étiquette personnalisée « Cuvée futurs grands-parents », chasse au trésor familiale avec pyjama de bébé à la clé, ou, mon préféré, la pancarte autour du cou du chat « mes maîtres m'offrent un humain de compagnie »...

Ça m'amuse. J'en parle à l'homme. Il me répond que c'est « un peu prématuré ». Je tique. Le terme « prématuré » me crispe. J'ai beau être une PB, je suis superstitieuse. « On a le temps », qu'il me dit.

Du temps, chère DNLP, tu le sais mieux que personne : on s'apprête à en avoir.

Et même un paquet.

GEU

Celle où Britney Spears est Toxic

Avignon, le 27 novembre 2008

Chère DNLP,

Le 8 novembre 2008, fin de la partie. Dans ma culotte, une marée noire. J'aurais pu m'attendre à du rouge, à la rigueur. Mais… du noir ?

J'apprends à mes dépens qu'il ne faut *jamais* te défier. Jamais. *NEVER EVER*. Faire une liste de prénoms, par exemple, c'était arrogant. Je nous ai porté malheur.

Urgences mère-enfant, entourée de tout un tas de noctambules PB à des stades de maturité plus ou moins avancés. Quatre heures d'attente pour comprendre que la taille du ventre détermine la priorité, puis une interne, plus jeune que moi :

« Date des dernières règles ? »

Disque à calculer. Six semaines de grossesse.

« On va regarder. »

À la sonde qu'elle saisit, je comprends que je peux dire adieu à la version d'échographie abdominale émouvante-comme-dans-les-films-cucul-la-praline.

Retrait de culotte (qui marque le premier d'une loooongue série – je vais bientôt me doter d'un super-pouvoir pour me retrouver cul nu plus vite que mon ombre).

À moitié à poil devant l'homme et une inconnue ? On est passés *à rien* d'un mauvais scénario de film porno.

Table d'examen, pieds dans les étriers. Toucher vaginal douloureux (*à rien*, j'ai dit). Trente-cinq centimètres carrés d'utérus inspectés avec sonde.

Vide. Aucun sac gestationnel. *Nada.* Rien. Le néant.

« Vous avez vos résultats de prise de sang ? »

Évidemment, qu'en bonne PB, je les ai.

Tu esquisses un sourire sardonique, dans l'ombre.

« Ce n'est pas un dosage de bêta-HCG [1], ça, madame. »

Effectivement, ce n'en est pas un. C'est un merdique et inconsistant « positif » sur un papier à en-tête de laboratoire, résultat d'une analyse demandée par ma gynécologue. Je comprends qu'il y a eu un trou dans la raquette et qu'on s'est emballés un peu vite.

Tu commences à ricaner.

L'interne demande qu'on me fasse une prise de sang pour dosage d'hormone de grossesse et part chercher le gynécologue de garde. L'infirmière qui débarque semble avoir la moitié de mon âge. Tu aurais pu prévenir que c'était ce soir, le *bal des débutantes*, j'aurais mis une belle robe à froufrous. Ou au moins, même si, je te l'accorde, je ne l'ai pas gardée longtemps, une culotte en dentelle.

Première tentative, bras gauche. Le tube reste vide, le sang n'y coule pas.

Deuxième tentative. Rebelote. Elle marmonne :

« J'ai encore dû traverser la veine. »

Tu te mets à glousser.

« Je vais changer de bras. »

1. Hormone chorionique gonadotrope humaine pour les intimes, sécrétée dès le début de la grossesse, marqueur dont le dosage permet d'établir le diagnostic immunologique de grossesse.

Oui, qu'elle fasse ça, elle sera gentille. Dieu merci, on est en novembre : j'aurai des manches longues lundi, ça m'évitera de passer pour une junkie. En période d'essai, ça pourrait faire mauvais genre, déjà que je vais avoir une tête de zombie rapport aux quatre heures d'attente de cette nuit parmi les PB rebondies.

Troisième tentative, bras droit. Pas de sang dans le tube.

L'homme se contient mais semble à deux doigts de lui enfoncer la seringue dans la jugulaire.

Quatrième tentative, bras droit, toujours rien.

Je t'entends maintenant rire à gorge déployée.

« Je crois que je vais aller chercher la sage-femme. »

Oui, c'est mieux, hein. Sauf si elle veut que je lui fasse bouffer son garrot.

La sage-femme de garde fait son prélèvement sans problème et repart. L'homme et moi restons seuls dans la salle d'examen. Je suis au trente-sixième dessous et je me maudis d'avoir défié le sort. Lui, ne se départ pas de son flegme légendaire, allant même jusqu'à tenter des blagues salaces avec la sonde échographique. Docteur Belolo, si vous lisez ces lignes, sachez qu'*aucun* matériel médical n'a été maltraité durant votre absence et non, petite coquine, on n'en a pas profité non plus…

Le gynécologue entre dans la pièce avec l'interne.

Toucher vaginal toujours douloureux.

Trente-cinq centimètres carrés réinspectés avec soin.

Tu es aux premières loges pour l'annonce du verdict.

Roulement de tambour… Grossesse extra-utérine.

Urgence médicale. Hospitalisation.

Tomber de rideau.

Vas-y, à présent tu peux exulter et applaudir. Des mains ET des pieds.

2 % des grossesses et c'est tombé sur moi.

Une GEU. Autrement dit : un embryon anticonformiste qui s'implante, puis se développe en dehors de l'utérus (le plus souvent, dans une des trompes), faisant passer la PMette pour le pétrolier *Erika*, ses FDC (fonds de culotte) pour les plages bretonnes en décembre 1999, et, dans le pire des cas, sa trompe pour un ballon de baudruche.

L'avantage, c'est que de manches longues lundi au boulot, je n'aurai pas besoin, puisque de boulot, il n'y aura point. Pas plus que d'Annonce officielle à nos familles à Noël. « *All I want for Christmas is* [not] *you* », Mariah[1] peut aller se rhabiller.

Et par la même occasion, je viens de perdre mon adhésion officielle au club très *select* des « Juillettes 2009 ». Et ça, c'est vraiment ballot.

Cathéter, look d'enfer avec blouse sexy ouverte par-derrière, transfert dans une chambre d'hôpital. Fin de nuit agitée et yeux mouillés.

Le menu du brunch du dimanche matin ? Prise de sang et une injection dans la fesse pour arrêter la grossesse, emballé, c'est pesé. Ce soir, vous dormirez chez vous, ma petite dame. Chaque semaine, on contrôlera que cet ovocyte fécondé se résorbe. Mais faudra rester couchée, surtout, pour ne pas risquer d'y laisser votre trompe et *s'épargner tout risque d'infertilité ultérieure.*

Tu en rigoles encore, non ? Déjà qu'avec deux trompes il me faudra huit ans pour avoir un enfant…

Lundi 10 novembre 2008

Deux semaines d'arrêt de travail à justifier par téléphone. Premier mensonge. J'ai fait une grossesse extra-utérine mais

1. Référence au tube de Mariah Carey « All I Want For Christmas Is You » (1994).

cela n'aurait *jamais* dû arriver car « je prenais la pilule ». ÉVIDEMMENT. Pas besoin de vous inquiéter. Moi ? Un désir d'enfant ? Pas du tout, mais alors PAS. DU. TOUT. C'est pas comme si j'étais en période d'essai pour mon CDI et que je risquais de me faire virer en affichant ouvertement mon souhait de maternité.

Lundi 24 novembre 2008

Arrêt maladie, alitement, prise de sang, contrôles écho et je retourne au bureau, en claudiquant, en promettant de boire mes 3 litres d'eau, de ne pas bouger et de manger à mon bureau.

Jeudi 27 novembre 2008

En 2008, Netflix en France n'existe pas encore, mais en rentrant du boulot, j'ai un grand besoin d'anesthésier mon cerveau. L'homme et moi, on se décide pour une partie de console de jeux bien niaise, promesse d'une soirée sans morosité : The Lapins Cretins Show. Assise sur le canapé, je joue de la batterie avec les manettes de la Wii sur « Toxic », de Britney Spears. Je chante. On rit.

Tu n'étais pas loin et, visiblement, tu veillais au grain.

Douleurs cheloues. Re-hospitalisation : suspicion de rupture de la trompe et d'hémorragie interne.

Trompe sauvée. L'éclatement du ballon de baudruche a été évité ! Je dois me réjouir, il paraît.

Après ça ? Tu m'as donné un avant-goût des années à venir :

- Supporter Noël en serrant les dents à l'idée de l'Annonce qu'on aurait dû faire à cette occasion : *CHECK*.
- Encaisser les innocentes cartes de vœux des amis-nouveaux-parents « pour 2009, pourquoi pas à votre tour, un petit bébé ? » : *CHECK*.

- Enchaîner les arrêts de travail et jouer les prolongations, pour avoir l'air tout à fait fiable : *CHECK.*
- Retirer ma culotte, tendre le bras, retirer ma culotte, tendre le bras, retirer ma culotte, et recommencer pendant deux mois (histoire d'être sûrs qu'on l'avait bien *liquidé*, cet embryon *indiscipliné*) : *CHECK.*

Un banal jour de prise de sang hebdomadaire, la fille du laboratoire chez qui, à force, j'ai mes entrées (entre mamie Josette et papy René), me dit :

« Vous avez fait le brouillon, va, la prochaine fois, ce sera la bonne ! »

Ça ne s'est pas passé comme ça. Loin de là, en vrai.

Pendant huit ans, chère DNLP, tu nous as même rarement laissé accès au stylo et au papier pour ébaucher ne serait-ce qu'un *semblant* d'avant-projet.

FONDS DE CULOTTE

Celle où je deviens la spéléologue de mon propre corps

Avignon, printemps 2009

Chère DNLP,

Penser que, pour faire un enfant, il suffit d'écarter les cuisses, c'est se bercer d'illusions. La maîtrise du *Kamasutra*, non plus, ça n'aidera pas. En revanche, une triple compétence en spéléologie, mécanique des fluides et chimie, ça peut servir. Pas de panique, une VAE[1] est tout à fait envisageable. La PMA, ça mène à tout : j'ai testé pour vous.

Maintenant qu'on a « fait le brouillon » et que j'ai repris la pilule pendant trois cycles, histoire qu'avec ma trompe fragile je ne *risque pas une grossesse* (quelle blague, tu en ris encore, pas vrai ?), je suis prête à entrer dans le vif du sujet.

Comme le précédent trou dans la raquette a fait des dégâts, je change de gynéco, au profit, c'est frappant, du sosie de Daniel Cohn-Bendit. Avec le recul, prendre pour mentor en *fertilité* la réplique parfaite de *Dany le Rouge*

1. Validation des acquis de l'expérience. Le concept qui reconnaît que, parfois, la vraie vie apprend plus que Power Point.

n'était pas ma meilleure idée, ça augurait pas mal de FDC cramoisis pour la suite.

« FDC » ? Les Fonds De Culotte, la petite boîte de Petri personnelle de la PMette. Souvent en coton (couleur claire appréciée), elle sert au recueil et à l'analyse de tous les signes qui ne trompent pas. *Et bon appétit bien sûr.*

Selon le Dr Dany le Rouge, une grossesse extra-utérine, après *seulement* neuf mois d'arrêt de pilule, c'est très *positif* (on va mettre ça sur les séquelles de Mai 1968, les champignons hallucinogènes ont fait pas mal de ravages). Une GEU, c'est un accident de parcours comme il y en a plein, il suffit de se remettre en selle (hue, cocotte !) en déterminant la fenêtre de tir avec précision selon une technique qui a fait ses preuves. On peut parler de révolution de mai 2009 : Dr Dany le Rouge m'enjoint de *faire des courbes de température.* Sur le papier, *easy* : après une phase de calme plat en dessous de 37 °C, la température basale monte brusquement juste après l'ovulation. Et là, âmes sensibles s'abstenir, feu à volonté.

À ce moment précis, mon côté analytique reprend le dessus, ravi de pouvoir s'accrocher à des éléments concrets. J'achète non pas un mais deux thermomètres et, pendant des mois, je prends religieusement ma température chaque matin, avant même de poser le pied par terre. Et pendant que j'y suis, je ne fais pas semblant : voie vaginale, rectale, buccale et axillaire (Dieu merci, pas dans cet ordre !). J'en viens même à construire des abaques pour calculer l'équivalence buccale/rectale et m'éviter les *matinales fantaisies anales*. Analytique, j'ai dit.

Puis, non contente d'être devenue la spéléologue de mon propre corps, je me dis qu'une VAE en mécanique des fluides ne serait pas de trop et je démarre l'étude scrupuleuse de ma *glaire cervicale*. Deux mots, qui déjà rien qu'à la lecture donnent envie de s'y plonger. Ou plus exactement d'y plonger mes doigts, dans mes FDC. Et je mets la main à la pâte : collante, crémeuse, liquide ou au sacro-saint « blanc d'œuf », on se croirait dans un épisode du « Meilleur Pâtissier ».

À mon CV de PMette, j'ajoute aussi une expérience de laborantine ou de petit chimiste avec les tests d'ovulation sur mes premières urines du matin. Et vu mon *level* en fertilité, je comprends qu'il est plus économique d'oublier les tests digitaux Clearblue et d'opter pour des tests à bandelette achetés en gros sur Internet. Là encore, l'occasion parfaite de tergiverser des heures entre optimisme ou résignation. Lot de « 40 tests d'ovulation + 10 tests de grossesse » (au cas où ça marche) ? Ou seulement lot de « 50 tests d'ovulation » (laisse tomber les tests de grossesse, ça va te porter la poisse) ?

Pour parfaire le tout, j'installe une application de suivi de fertilité, dans laquelle je consigne, au jour le jour, mes relevés de température, l'état de ma glaire cervicale, nos rapports sexuels (matin, après-midi ou – *Graal de la période de fertilité* – les deux), mes règles, le résultat de mes tests d'ovulation, mes douleurs abdominales, la tension dans mes seins, ma prise de médicament, mes nausées, mes céphalées, mes insomnies, mes maux de dos et autres manifestations de syndrome prémenstruel… Au bout d'un moment, je cède et souscris même à un abonnement payant, pour plus de précision et des *add-ons* qui me promettent monts et merveilles. En vain.

Pendant un an, pas une seule fois tu ne tardes à m'apporter mon cadeau mens(tr)uel. L'avantage, c'est que les courbes de température me préparent au pire. Une chute dans les relevés, et c'est le rouge assuré. En cadeau pour mon deuxième Noël le ventre vide, je reçois une bonne nouvelle : mes cycles ne sont ni anovulatoires, ni (trop) irréguliers ou anarchiques (n'en déplaise au Dr Dany le Rouge).

Il suffit JUSTE de ne pas y penser, ça tombe bien, j'ai un créneau pour ça aussi : quelque part entre 10 heures et 11 h 30 le matin, *après* la prise de température, le test d'ovulation et *avant* de rentrer à la maison pour la bagatelle vite expédiée. Car l'heure n'est plus aux siestes crapuleuses romantiques et spontanées, mais à sauter la pause déjeuner pour baiser vite fait entre deux portes, s'appliquer consciencieusement le lubrifiant qui fait glisser les spermatozoïdes dans le toboggan, puis patienter dix minutes les jambes en l'air.

En somme, à faire *l'amour utile* (c'est comme le vote utile, sauf que ça demande un peu plus de lubrifiant. Quoique). Sans oublier de tout consigner et d'en faire des rapports bien ordonnés.

« Sachant qu'un sperme de quarante-huit heures dispose de meilleurs spermatozoïdes qu'un sperme trop “ancien” ou trop “récent” ;

Sachant qu'une ovulation ne peut être déterminée avec précision que le lendemain de celle-ci grâce à la courbe de température ;

Sachant que les cycles de la patiente durent entre vingt-six et trente-quatre jours ;

Calculez la durée de la période d'abstinence privilégiée, la fréquence des rapports sexuels à pratiquer et établissez le calendrier optimisé pour concevoir. »

Vous avez deux heures.

Un an plus tard, un matin de février 2010, le Dr Dany le Rouge tente bien de nous convaincre une énième fois qu'il faut attendre, qu'il n'y a rien d'anormal ou d'inquiétant.

C'est compter sans mon beau dossier *analy*tique. Et mon côté *control freak*.

Après deux ans de désir d'enfant, on passe enfin à la vitesse supérieure.

Mais ça, chère DNLP, je le raconterai la prochaine fois.

La pièce à bordel

Celle où je parle d'immobilier

Avignon, janvier 2010

Chère DNLP,

Les PMettes ont toutes un point commun. Et je sais que ça te ferait plaisir, espèce de tordue, mais il ne s'agit ni d'une déviance sexuelle douteuse, ni d'une blessure psy honteuse. Non, c'est plus terre à terre que ça.

Dans le logement de toute infertile, il y a une pièce particulière : la pièce à bordel. Un lieu de désordre qui fait office tantôt de buanderie, de bureau ou de grenier. En réalité, la pièce à bordel est un habile subterfuge de PMette consistant à encombrer d'un tas d'objets (inutiles) la deuxième chambre du logement, afin de fermer les yeux sur sa vacuité.

À la chambre, pas à la PMette.

Quoique.

Fin 2009, nous sommes depuis quatre ans locataires d'un moderne T2Bis, *aka* un deux-pièces avec une sorte de troisième pièce faisant à peine moins de neuf mètres carrés, dans laquelle j'ai établi mon bureau « en attendant » de pouvoir la meubler avec un berceau. Vu notre entrain méthodique (à défaut d'être romantique) à couvrir la fenêtre de mes ovulations, c'est censé arriver incessamment-tout-vite.

Mouhahahahaha, tu en ris encore sous ta cape, *right*?

Il faut croire que deux ans de désir d'enfant inassouvi, ça tape un chouïa sur le système : je fais une fixette sur « BIS », c'est maladif. Ce qui nous porte malheur, c'est *bien entendu* de n'avoir qu'un ersatz de chambre pour accueillir un bébé hypothétique. En poussant le raisonnement plus loin, ma GEU, c'était même *pour ça*.

Nous nous mettons donc en quête d'un appartement plus grand, et histoire d'envoyer le bon signal à l'Univers, décidons de devenir de responsables futurs parents propriétaires. On n'est plus là pour rigoler.

Je dégote l'appartement idéal : il est vieux mais spacieux, abordable, situé à mi-chemin de nos deux boulots, l'ancienne propriétaire est une adorable petite mamie (même si, et ça aurait dû me mettre la puce à l'oreille, c'est une vieille fille, qui n'a jamais eu d'enfant). Et surtout, surtout, dixit l'annonce, il a DEUX chambres. DEUX. Tous les indicateurs sont au vert. On fait une offre, elle est acceptée.

Le jour de la contre-visite, un détail me chiffonne. Re-mesure de la deuxième chambre : huit mètres carrés soixante-dix. Pas neuf : huit soixante-dix. Un véritable drame.

Sur le parking devant la résidence, on débriefe avec l'agente immobilière : oui, ça m'embête même si oui, on comptait en faire un bureau, pour le moment, en attendant…

— Je comprends. Chez moi, la chambre de ma fille mesure huit mètres carrés soixante. J'en suis malade qu'elle n'ait pas une vraie chambre, d'autant plus qu'on a mis trois ans à l'avoir, notre fille !

— Trois ans ! Mais comment vous avez fait ? Je n'aurais jamais pu !

Oui. Je fais cette réponse affligeante et arrogante, avec l'outrecuidance de me croire au-dessus des problèmes de fertilité. Parce que moi, j'ai JUSTE fait une grossesse extra-utérine et Dr Dany le Rouge est formel : je vais tomber enceinte sous peu (je le suis sans doute déjà, rien qu'à avoir signé un compromis pour un appartement T3).

L'agente immobilière me fusille du regard. À ce moment-là, la seule chose qui m'empêche de recevoir un pain dans la gueule, ce sont les 5 % de frais d'agence.

Ce jour-là, tu traînais dans les parages et tu m'as entendue. J'ai eu un gage d'infertilité en retour. Comme le +4 du Uno, mais j'ai pris un +7 ans dans les dents.

Début 2010, on fait un compromis en en signant un, et on s'endette donc pour vingt ans sur ce *quasi*-trois-pièces. Le soir de la remise des clés, on mange des sushis dans notre premier chez-nous, en trinquant au champagne mais sans faire l'amour sauvagement dans l'appartement vide.

Un acte manqué qui te permettra de bien occuper mes insomnies ensuite, quand, pleine de rationalité, je détricoterai toutes les raisons *objectives* « responsables » de notre infertilité.

Ensuite, nous rénovons entièrement cet appartement. Et pour bien faire comprendre à l'Univers que nous sommes des adultes méritants, nous faisons tout *nous-mêmes*. Moi qui n'ai jamais bricolé de ma vie, je me retrouve à poser du parquet dans les huit mètres carrés soixante-dix de la « petite chambre ». Seule. Non, l'homme n'est ni goujat, ni un fan de massacre à la scie sauteuse. Il s'occupe de la plomberie, en mode Super Mario[1] dans ce qui sera bientôt

1. Super Mario, célèbre plombier moustachu en salopette, star des jeux vidéo depuis 1985, toujours au taquet pour sauver des princesses et

une salle de bains avec douche de plain-pied mais qui n'a pour l'instant d'italienne qu'un air délabré des vestiges des thermes de Caracalla. Quand j'ai fini (avec fierté et ampoules aux doigts), il fait nuit et il neige. Comme ça n'arrive que tous les cinq ans à Avignon, moi j'y décèle un signe : cette chambre verra la couleur d'un berceau, bientôt. OBLIGÉ.

Mai 2010, les travaux sont presque terminés. (Presque. Même à une époque où Uber Eats n'est qu'un bourgeon d'idée dans la Silicon Valley, avoir une cuisine, y a pas à dire, c'est surfait.) On emménage.

Et pour meubler cet appartement, je ne fais pas semblant et je me transforme en Feng Shui master. Dans notre ancien appartement, les étagères et les armoires étaient toutes à l'est, faisant stagner le Chi, là où, d'après mon nombre Kua, se trouve ma « maison de la famille ». On ne m'y prendra pas deux fois. Cette fois-ci, je vais mettre toutes les chances de notre côté.

Mais faut croire que la circulation de l'énergie dans la maison, tu t'en tamponnes un peu le coquillard. Ou que le Feng Shui n'agit pas aussi rapidement sur la fertilité que le Microlax sur la constipation.

Pour autant, en six ans, je ne me suis jamais permis de meubler cette « petite chambre » avec du mobilier d'enfant, ni de la garder vide. J'avais la conviction que cela nous porterait malheur.

Alors au départ, ces huit mètres carrés soixante-dix sont un genre de buanderie pratique, où nous faisons sécher le linge lorsqu'il pleut et rangeons du bric-à-brac, de la planche à repasser à l'imprimante. Puis la pièce se transforme en dressing. Le temps passe, mon ventre reste désespérément

---

déboucher des tuyaux qui contrairement à cette histoire n'a jamais eu à rénover de salle de bain.

vide. La « petite chambre » occupe alors tour à tour le rôle de chambre d'ami, puis de bureau.

Tout sauf une chambre d'enfant. Et tout sauf du vide.

Car je commence à comprendre : il n'est jamais bon de te défier, chère DNLP.

On a officiellement *notre* pièce à bordel, *aka* le signe flagrant que nous sommes infertiles.

Les choses sérieuses peuvent commencer.

P.-S. : Et, chère DNLP, tu n'auras jamais fini de me narguer. L'agente immobilière a eu un garçon, plus tard. De l'âge de ma grande. Ironie du sort, ils étaient ensemble en maternelle. Ma fille l'a même invité à l'anniversaire de ses six ans. J'ai eu cette femme, chez moi, un café à la main, au milieu d'autres parents, sur ma terrasse dans une nouvelle maison. Sans réussir à lui dire que moi aussi j'étais passée par son chemin. Et que j'avais payé pour les mots maladroits prononcés ce jour-là.

Hystérosalpingographie

Celle où tu te prends pour Super Mario

Avignon, juillet 2010

Chère DNLP,

Six mois de travaux dans notre (quasi) trois-pièces pour ne pas y penser/zéro miracle inoculé. Faut croire que l'architecture d'intérieur, c'est pas ton truc. Je ne serais pas aussi catégorique concernant ton attachement à Super Mario : l'inspection des tuyauteries, c'est l'un de tes hobbies favoris. Je m'apprête à le découvrir aujourd'hui. Dr Dany le Rouge nous a prescrit une batterie d'examens. Enfin, à moi, surtout. Tu n'es pas féministe pour deux sous (je ne parle pas de « dessous » sexy, aucun lien. Avec toi, on est souvent… juste à poil). Au menu : monitorage d'ovulation sous échographie pelvienne, bilans sanguins, test post-coïtal (mon chouchou) et l'examen qui fait l'objet de cette lettre : l'hystérosalpingographie.

Et pour l'homme ? Un simple spermogramme, *aka* une petite branlette pépouze accompagnée de magazines suggestifs. Pour la parité, faudra repasser.

Là, tu décides de mettre à l'épreuve mon sens de l'organisation. Les examens prescrits doivent se faire sur le même cycle, chacun à une date bien précise, que je ne peux déterminer qu'une fois mon cycle commencé.

Alors, *en théorie*, on peut anticiper.

Sauf que me faciliter la tâche, tu n'y es pas habituée. Mon cycle dure entre vingt-six et trente-quatre jours, faisant varier les dates à cibler. Je dois donc attendre le premier jour de mes règles pour dérouler tout le planning. En croisant les doigts pour que coïncident mes plannings pro et perso, les jours de mon cycle et les disponibilités des professionnels de santé.

Le plus sympa, c'est que je dois prendre rendez-vous par téléphone entre 9 heures et 17 heures. Et qu'aux horaires de bureau, ben j'y suis, justement, au bureau. C'est ballot. C'est là que commencent mes tours de prestidigitation et mon isolement forcé.

— Tu viens déj' avec nous, Anne-Laure ?

— Non, désolée, je dois régler un truc avec mon plombier…

Un demi-mensonge, après tout. C'est « J1 », décoder « j'ai eu mes règles ce matin » et donc, je vais profiter de ce moment très opportun où vous ne serez pas au bureau pour caler une inspection générale de ma tuyauterie. *Lucky !*

J'appelle le centre médical conseillé par Dr Dany le Rouge. Et je me prends les pieds dans le tapis.

MOI (*avec une voix fluette*) : Bonjour, je voudrais prendre rendez-vous pour un monitoring d'ovulation.

LA SECRÉTAIRE MÉDICALE (*avec indifférence*) : Vous êtes à combien de semaines de grossesse ?

Et le tact, sinon, c'est en option ?

MOI (*tâchant de garder mon calme et mes larmes au-dedans*) : Alors… je ne suis pas enceinte, mon gynécologue m'a prescrit un monitoring d'ovulation.

ELLE (*agacée*) : Ah, dans ce cas, on dit « monitorage ».

MOI (*mortifiée*) : Excusez-moi, un monitorage d'ovulation, donc.

ELLE (*indifférente*) : Je ne sais pas si on fait cet examen dans ce centre. Un instant, s'il vous plaît, je me renseigne.

#@$. Presse-toi, mon chef est sur le point de revenir de sa pause déjeuner. Merci. Bisous.

Une fois calés les quatre rendez-vous à J10, J12, J14, J16, je réserve pour l'hystérosalpingographie à J9. Trois fois rien. Une « instillation de produit de contraste iodé dans l'utérus et les trompes via une canule accolée au col de l'utérus ». *Easy peasy*. Juste pour vérifier que la tuyauterie est fonctionnelle.

Il me reste un rendez-vous à prendre.

MOI (*timide*) : C'est avec vous que je dois prendre rendez-vous pour le test de Hühner ?

Le test de Hühner, c'est le fameux test post-coïtal. Mon chouchou. Un préalable essentiel dont je te parlerai une prochaine fois.

LA SECRÉTAIRE MÉDICALE (*catégorique*) : Pas du tout, c'est avec un labo d'analyses.

J'en appelle deux qui ne font pas cet examen, puis je réserve dans un troisième, à J16.

Labo où je cale aussi la petite branlette aseptisée de l'homme, à J11, pour respecter le délai d'abstinence nécessaire au test post-coïtal.

Il est 13 h 30. J'ai l'impression d'avoir organisé la réception de l'ambassadeur (les Ferrero Rocher en moins). J'ai cramé toute ma pause déjeuner à chercher des infos sur Internet et passer des coups de fil, j'ai mes règles et des flaques sous les bras à force de courir voir toutes les deux minutes si un collègue ne remontait pas dans l'escalier…

mais je me sens telle Wonder Woman. Car par miracle, *un seul* des six rendez-vous me demande de poser une demi-journée de congés. J'en monterais presque sur ma chaise de bureau, poings à la taille et regard déterminé vers le lointain.

Mais mon costume de super-héroïne, tu vas vite me le retirer…

Tu es prête ? Toi et moi avons rendez-vous en salle d'embarquement pour une petite balade en avion. *Here we go !*

Huit jours plus tard, à J9, donc (suis un peu, bordel) sur ma pause déjeuner, je me présente, anxieuse – et bien entendu parfaitement épilée, histoire de me sentir à l'aise, tu penses (quelle connerie) –, à mon rendez-vous pour l'hystérosalpingographie.

Dans la plupart des cas, il s'agit d'un examen tout à fait supportable. Parfois, l'acte est seulement « légèrement désagréable » et, dans 5 % des cas, souvent quand la patiente est « stressée », il est douloureux.

LOL.

Fesses à l'air dans une pièce à 18 °C, sensation d'invincibilité dans la fameuse position gynécologique, vagin fourré avec un spéculum en plastique, assisté de deux parfaits inconnus pour me faire passer un examen promettant d'être des plus agréables.

Pourquoi, je te le demande, pourquoi *diable* devrais-je être « stressée » ?

Jusqu'à l'introduction du spéculum, j'étais tendue, mais j'avais ma technique imparable : la diversion par la plaisanterie.

« Ça doit être trop cool de jouer à Super Mario en *live*, non ? Vous n'avez jamais pensé à mettre le générique en fond sonore, ça parachèverait l'expérience ! »

Tu tu tu tutu tutu tu, tu tutu tu tu tu tu tutu tu (musique de Super Mario).

C'est après que ça se corse. « Quand tout semble être contre vous, souvenez-vous que l'avion décolle face au vent, et non avec lui », disait Henry Ford.

Désarmement des toboggans. Vérification de la porte opposée. *Cabin crew*, préparez-vous à l'insertion de la canule de produit de contraste.

LE RADIOLOGUE (*s'excusant*) : Votre utérus est rétroversé, ça complique un peu la mise en place.

La patiente contracte. *Collationnez. Collationnez !* La patiente contracte.

LE RADIOLOGUE (*concentré*) : Essayez de vous détendre, madame, j'injecte le produit de contraste dans votre utérus.

Bien reçu. J'essaie de toutes mes forces. Un cercle est un carré, un carré est un cercle. *Iiiiii.*

LE RADIOLOGUE (*toujours concentré*) : Le produit se répartit actuellement jusque dans vos trompes. Ne bougez pas, ne respirez pas, nous allons prendre une série de clichés.

« Pas bouger, pas respirer. » *Roger*[1].

En vrai, mon utérus contracte et me fait un mal de chien. Je tremble sur la table d'examen, c'est incontrôlable. On dirait que je suis possédée. Et toi, tu ris, la tête renversée, avec ton air maléfique déclenchant le tonnerre et zébrant le ciel d'éclairs. Je sens les larmes monter.

---

1. *Roger* : code radio militaire pour dire « Reçu cinq sur cinq ». Rien à voir avec un prénom de papy sympa (sauf si votre papy était dans l'armée américaine).

Mayday, mayday, mayday. La patiente craque, elle pleure, on va la perdre !

Cinq minutes plus tard (qui m'en paraissent quinze), ils ont terminé leurs clichés.

Tu m'as bien eue : je ne l'ai pas vu venir, je suis effondrée. Honteuse de n'avoir même pas été capable de prendre sur moi pour maîtriser mon corps. Le sentiment de m'être pris un 747 en pleine tronche, (quasi) à poil sur le tarmac (j'avais gardé le haut. Et les chaussettes).

Le lendemain, mes courbatures dans des endroits insolites (les cuisses, les fesses… le dos, les bras, et même… la gorge ?!) confirment que j'ai été « un poil » crispée.

Sur le compte rendu il est écrit : « Bons passages tubaires essentiellement droits avec brassages péritonéaux, on ne peut affirmer le passage qu'au niveau du pavillon côté gauche. »

Décrypté : aucune certitude sur la perméabilité de ma trompe droite (celle sur laquelle j'ai justement fait ma grossesse extra-utérine).

Tout ça pour ça.

Je te préviens, si Dr Dany le Rouge n'est pas satisfait de la conclusion et qu'il me prescrit une autre hystérosalpingographie, je demande que le radiologue et sa manipulatrice portent des salopettes et des casquettes, l'une rouge et l'autre verte, ainsi que de grosses moustaches touffues.

Tu tu tu tutu tutu tu, tu tutu tu tu tu tu tutu tu.

Pour certains, les magazines coquins sont autorisés. Moi aussi, j'ai le droit de me « détendre », pas vrai ?

Et puis fais pas ta radasse, chère DNLP, et ajoute du Xanax, s'il te plaît.

Comment ça « c'est trop demander » ?

Je comprends pas : j'ai dit « s'il te plaît » !

Test de Hühner

Celle où je me prends pour Roselyne Groseille[1]

Avignon, juillet 2010

Chère DNLP,

Après l'hystérosalpingographie à J9 et les monitorages d'ovulation à J10, J12 et J14, c'est plus un *vagin* que j'ai, c'est le tunnel de Fourvière ! Surcharge de trafic attendue dans les prochaines vingt-quatre heures (à toi de voir s'il faut prévenir Bison Futé) : non seulement j'ai rendez-vous le soir avec ma nouvelle BFF, j'ai nommé la sonde endovaginale pour un dernier monitorage d'ovulation ; mais en plus, je vais étrenner une pratique avant d'aller travailler demain matin : le test post-coïtal dit « test de Hühner ». Le FAMEUX.

Du latin *post* (« après, derrière ») et « coïtal » (de *coitus*, « union, jonction, coït », venant de *coire*, « aller ensemble »). Alors non, il ne s'agit pas d'« un coït de derrière », mais bien d'un examen se pratiquant après avoir fait l'amour. Ce « test post-ken » (*wesh*, ma sœur), c'est le premier challenge chronométré du couple en PMA. Et si ce n'est pas la première intrusion dans l'intimité (au sens propre, voire aseptisé,

1. Personnage du film *La vie est un long fleuve tranquille* (1988).

du terme, comme au figuré), c'est en tout cas la première *intrusion* dans le *rapport sexuel.* Tu es une sacrée cochonne.

L'objectif, en gros, est de vérifier que ma glaire cervicale n'est pas une atroce bombe atomique exterminant tous les spermatozoïdes à peine passée la porte d'entrée.

La méthode est d'une simplicité déconcertante mais demande un minimum de *doigté* (elle était facile). On m'a promis (faut dire qu'avec l'expérience du 747 en guise d'hystérosalpingographie, je m'étais renseignée) que le geste en lui-même est indolore, de l'ordre d'un frottis.

À la lecture du protocole, je commence à mesurer l'étendue de ta démence :

1. Observer une **abstinence sexuelle** de trois à cinq jours avant l'examen (les caresses sont autorisées, mais une grande maîtrise de soi est de mise pour bien *viser* et ne pas tout faire *foirer*).
2. Avoir un rapport sexuel en période pré-ovulatoire :
   - **vaginal et sans préservatif** (le labo le précise toujours, hein, au cas où les infertiles en plus d'être incapables de se reproduire étaient incapables de connecter deux neurones) ;
   - **ni lubrifiant** (dopage interdit : *out* le lubrifiant magique qui fait glisser les spermatozoïdes dans le toboggan) ;
   - **ni salive** (on sait jamais, des fois qu'on ait triché en se rinçant la bouche au lubrifiant). On est vraiment sur du pur rapport utile, là, faut pas tortiller.

   Très important : ce rapport sexuel doit avoir lieu quatre à douze heures avant le « recueil », et *idéalement* entre cinq et huit heures avant (faut bien prévoir son coup, c'est le cas de le dire).
3. Rester **allongée vingt à trente minutes** après l'acte sexuel et ne surtout, **surtout pas** pratiquer de toilette intime ou

vaginale (spéciale dédicace à Roselyne Groseille) (mais si ! Roselyne, de *La vie est un long fleuve tranquille* : « J'me laverai pas pour garder ton odeur »).

4. Se rendre au laboratoire dans les quatre à douze heures suivant le rapport (et idéalement dans les cinq à huit heures) pour « **aspiration** », **en position gynécologique**, de la glaire cervicale (et bon appétit bien sûr).

Ensuite ?

- Le labo mesure l'abondance de la **glaire cervicale**, sa cristallisation, sa transparence, son PH et sa *filance* (son élasticité, en centimètres. Oui, semblerait qu'on puisse presque jouer à Spider-Man, avec une glaire cervicale de compète) ;
- compte le nombre de **spermatozoïdes** au total, les mobiles progressifs (les *winners*, ceux qui nagent dans le bon sens), les mobiles non progressifs (les timides, ceux qui tournent en rond, ne savent plus où donner ~~de la tête~~ du flagelle) et les immobiles (les réticents, ceux qui sont victimes d'un Stupéfix, ou carrément décédés, RIP) ;
- analyse l'**interaction glaire-sperme** (histoire de s'assurer qu'on n'est pas sur un mélange explosif genre Mentos + Coca, ou que la glaire n'est pas une mante religieuse).

Le test est *scoré* comme « positif » (si tous les indicateurs sont au vert, ou corrects), « négatif » (si y a une couille dans le potage), et alors on peut commencer à creuser des pistes, ou refaire un autre test de Hühner, sur un autre cycle.

J'ai rendez-vous demain à 9 heures. Il nous suffit donc de « conclure » idéalement entre 1 heure et 4 heures du matin. Ça va. Même Jean-Claude Dusse[1] y arriverait dans ce délai.

1. Personnage malchanceux en amour interprété par Michel Blanc dans la saga des *Bronzés* (1978-2006).

L'avantage, c'est que ça laisse du temps pour les préliminaires (si toutefois on ne s'endort pas avant).

Sauf que, dans les faits, c'est pas aussi évident que ça, le sexe utile.

Déjà, ça demande une certaine organisation : se doucher avant (puisque, jusqu'au lendemain après l'examen, on ne pourra pas), ne pas commencer trop tôt (bien contrôler le timing de *l'apothéose*), régler la sonnerie de son réveil au volume maximum pour ne pas rater le coche (de *l'apothéose* ET du rendez-vous au labo).

Ensuite, dans le feu de l'action, impossible de ne pas penser à l'examen (et donc difficile de se détendre, je comprends vite que ce ne sera pas l'orgasme du siècle). Impossible aussi de ne pas se demander si on ne risquerait pas de tout compromettre en « finissant » en cuillère ou en levrette (oh, ça va, pas besoin de faire ta sainte-nitouche : si on veut maximiser les chances de réussite au test, une pénétration profonde n'est-elle pas plus indiquée ?).

L'occasion de se poser en plus des questions inattendues mais cruciales : le protège-slip est-il autorisé ? Dois-je mettre la même culotte pour dormir et pour aller au laboratoire ? Et si je me relève pour faire pipi, est-ce que je ne risque pas de perdre la moitié de la « récolte » en m'essuyant ?

Au lieu d'indiquer la voie de pénétration, tu ne pourrais pas plutôt te rendre utile et donner ce type de précisions sur l'ordonnance ? Ça éviterait les interruptions de coït à 1 heure du mat' pour chercher sur Google « position sexuelle compatible test de Hühner ».

Le lendemain matin, au laboratoire d'analyses, la secrétaire médicale demande à sa collègue de la chaise d'à côté : « Le test post-coïtal de 9 heures, c'est bien Hélène qui s'en occupe ? » Comme si elle lui disait : « Tu as vu le dernier James Cameron ? »

Moi, je me sens honteuse, pas loin de couler comme son *Titanic*. Je suis sûre que je l'aurais bien mieux vécu si mes parents m'avaient appelée *Roselyne*. Ou même Groseille.

On m'indique une porte derrière moi.

« Entrez, enlevez le bas et installez-vous sur la table d'examen, une personne va venir. »

La pièce doit faire genre six mètres carrés. Lumière tamisée. Une chaise, un tabouret à roulettes au pied d'une table gynéco positionnée en biais, face à la porte. Une fois n'est pas coutume, me voilà les fesses à l'air et les pieds dans les étriers. Je me couvre de mon foulard, c'est pas qu'il fait froid en juillet (je sue même à grosses gouttes, d'appréhension) mais faut pas déconner : si papy René, venu pour ses triglycérides, se gourait de porte et entrait, me trouvant là, offerte, j'aurais l'air de quoi ? D'autant plus que je suis moite, j'ai le palpitant à 200 bpm : toutes les conditions sont réunies pour qu'il se croie dans un *film olé olé*, notre papy René.

« Hélène » entre dans la pièce. Détachée, professionnelle. Introduction du spéculum (non lubrifié, pour ne rien fausser). Aspiration au niveau du col de l'utérus, à l'aide d'une pipette. En deux minutes, c'est réglé. Et pour une fois, on ne m'a pas menti, je n'ai pas mal. En revanche, même si c'est son travail, en la voyant entre mes jambes recueillant de la semence engluée de glaire cervicale, c'est plus fort que moi : je me sens *sale*.

Quelques jours plus tard, réception des résultats, sans appel : NÉGATIF. À vingt-quatre heures, 0 % de spermatozoïdes vivants dans ma glaire cervicale. C'est l'hécatombe. Il semblerait qu'à l'intérieur du dedans de moi se joue un *remake* de *Terminator*. Chère DNLP, t'es de mèche avec Schwarzy aussi ? Laissez tomber, les gars, Sarah Connor, c'est pas ici !

Clomid

Celle où Shakespeare m'inspire

Avignon, août 2010

Chère DNLP,

Après la spéléologie, la VAE en mécanique des fluides et les expérimentations matinales de petit chimiste, je m'apprête à ajouter une nouvelle double corde à mon arc en m'improvisant endocrinologue *et* dramaturge. Mon CV de PMette va finir par faire quatre pages. Et je ne sais pas dans quoi je vais bien pouvoir me recycler. (L'écriture, tiens. L'écriture, c'est peut-être une idée.)

Dis-moi, quand tu as pensé le système reproducteur humain, aurais-tu été influencée par un individu, *à tout hasard*, de sexe *masculin* ? Parce qu'autant pour les hommes, tout est d'une simplicité et d'une régularité déconcertantes (de la puberté à la mort, même si, OK-OK, sur la fin, le Viagra peut aider) ; autant pour les femmes, tout le système est digne d'une tragédie de Shakespeare. Apparemment, tu aimes le théâtre. Accroche-toi, je vais faire ici un résumé. Pardonne-moi si c'est succinct : ton machiavélisme n'est pas compatible avec un format épistolaire.

Acte I. Présentation des personnages et des lieux de l'intrigue

Have you met ~~TED~~[1] ***les gonadotrophines**?*

Ce sont nos deux personnages principaux :

- la **FSH** (hormone folliculo-stimulante – celle qui fait grandir/maturer les ovocytes) ;
- la **LH** (hormone lutéinisante – celle qui déclenche l'ovulation).

Pour les lieux de l'intrigue, on est sur du *very cosy* :

- l'**hypophyse** (une glande, de la taille d'un *petit* pois, à la base du cerveau, chargée de contrôler et de produire aussi les hormones comme le cortisol, les hormones thyroïdiennes, l'ocytocine…) ;
- les **ovaires** (les deux *petites* glandes en forme d'amande situées dans le bassin, près de l'utérus). Dix grammes. Quatre centimètres de long, deux centimètres de large, et un centimètre d'épaisseur (je précise, juste pour un prochain épisode où il sera question – *spoiler alert* – d'ovaires gros comme des *pamplemousses*). Ovaires qui produisent… les personnages secondaires.

Personnages secondaires que voilà, que voici, sous vos yeux ébahis, j'ai nommé :

- les **œstrogènes** ;
- la **progestérone**.

1. Clin d'œil à la série *How I Met Your Mother* (2005-2014), dans laquelle le personnage de Barney Stinson, dragueur invétéré, introduit toujours son ami Ted Mosby auprès de jeunes femmes par la phrase devenue mythique « *Hi, have you met Ted?* ».

Sécrétées par les ovaires, ces deux hormones sont des *messagères* envoyant des indications au cerveau afin d'adapter la production des gonadotrophines en fonction du moment du cycle.

C'est bon, tout le monde suit ?

(Moi, ça me ferait presque regretter de n'avoir pas assez écouté Mme Montangerand en cours de SVT en 3e)

(*Presque.*)

Acte II. Présentation des problématiques

Début du cycle menstruel, le taux d'œstrogènes est au plus bas, grâce au *feedback* reçu, l'hypophyse se met à sécréter FSH et LH. Le taux d'œstrogènes augmente au fur et à mesure que le follicule se développe. C'est la **phase folliculaire.**

Acte III. Montée dramatique

Pic d'œstrogènes, surproduction de LH et bim, **ovulation** ! L'ovaire commence à sécréter de la progestérone.

Acte IV. Apogée

C'est la **phase lutéale**, la progestérone augmente (ce qui a notamment pour effet d'épaissir l'endomètre – la paroi interne de l'utérus –, pour préparer une éventuelle nidation d'embryon) et elle envoie un *feedback* à l'hypophyse, qui bloque la production hormonale de FSH/LH.

Acte V. Dénouement

S'il n'y a pas eu de fécondation, le taux de progestérone chute, les règles arrivent et la production de FSH reprend pour soutenir le prochain cycle.

« Quel démon es-tu, pour me tourmenter ainsi ? L'horrible enfer devrait seul résonner des hurlements d'un pareil supplice. »

(Shakespeare, *Roméo et Juliette*, acte III, scène 2)

Je te l'accorde, je sors l'artillerie lourde, mais sans déconner, étais-tu sous l'emprise de substances illicites lorsque tu as prévu toute cette mécanique ?

Et donc ?

Dr Dany le Rouge a interprété nos résultats d'examens.

- Mon bilan hormonal est **moyen-bof.**
- Mon ovaire gauche serait *légèrement* **micropolykystique**, c'est-à-dire que mon ovaire gauche n'a rien compris (pourtant, c'est de notoriété publique, bordel : c'est pas la QUANTITÉ qui compte, mais bien la QUALITÉ).
- Ma trompe droite est un **tunnel mystérieux** (je te renvoie à ma partie *live* de Super Mario en juillet dernier).
- Vu que les spermatozoïdes de l'homme ne sont **pas non plus des bêtes de course** (spermogramme « *légèrement* subnormal »), j'ai l'impression qu'on cumule les handicaps.

Mais Dr Dany le Rouge est confiant : il est confirmé que j'ovule et la négativité de mon test de Hühner ne semble pas si catastrophique. On a dû le réaliser trop tard, c'est-à-dire après l'ovulation (vers l'acte IV, suis un peu, enfin), au moment où la glaire cervicale, tel le portier zélé du Boum Boum Club, ne laisse plus entrer personne, expliquant ce 0 % sans appel.

Face à ton esprit retors et ton refus d'accéder à ma demande (malgré deux ans et demi de ~~sexe effréné~~ désir d'enfant), Dr Dany le Rouge a un plan. Aux grands maux, les grands remèdes : il va tout miser sur mon ovaire *gauche*.

On va le prendre à son propre jeu et le faire surproduire en jouant notre va-tout.

Tapis. Comment ? *L'as de trèfle qui pique mon cœur* recommande une « stimulation légère au Clomid », un comprimé à avaler, une sorte de Viagra pour ovaires.

L'idée, pour contrecarrer tes plans diaboliques ? **Blouser le cerveau** au début de l'acte II pour qu'il ait *l'impression* que je n'ovule pas *du tout*. En réaction, et en toute innocence, l'hypophyse va produire beaucoup *beaucoup* plus de FSH favorisant le développement des ovocytes.

Comme l'idée c'est pas non plus d'avoir des nonuplés (la tragédie shakespearienne, OK, mais pas besoin d'entrer au *Guinness Book of Records* non plus), pour calmer les ardeurs de l'hypophyse, on va se rajouter une *petite* dose d'œstrogènes en phase folliculaire et un *chouïa* de progestérone en phase lutéale.

Histoire ~~d'avoir une alimentation saine et équilibrée~~ de réguler.

La cerise sur le ~~gâteau~~ clito ? Avec ce traitement, ma glaire cervicale sera des plus accueillantes (*va chercher bonheur, va !*).

MOI (*emballée, pour ne pas dire excitée, à l'idée de te mettre enfin une bonne raclée*) : Au bout de combien de temps c'est censé fonctionner, ce traitement ?

DR DANY LE ROUGE (*peace & love, y aurait pas eu la loi Evin, il ferait des ronds de fumée avec sa bouche, là*) : Parfois, c'est presque MAGIQUE et la grossesse arrive dès le premier cycle. Parfois, c'est plus long, donc on va se donner quatre mois avec ce protocole.

MOI (*tendance chat[te] échaudée* [oh ça va, hein]) : Et si, au bout de ces quatre cycles, ça ne fonctionne pas, on fait quoi ?

DR DANY LE ROUGE (*rassurant*) : Dans ce cas, en janvier (2011), on refera un monitorage d'ovulation. Soit on changera le dosage du Clomid, soit on passera à une stimulation par injection hormonale. Mais soyez *confiante*, le Clomid ça marche *très* bien sur les ovaires micropolykystiques. **En attendant, pour monsieur, une *petite cure de sélénium* ne fera pas de mal.**

WHAT
THE
FUCKING
FUCK!
(*Pardon my rude English, dear sir William Shakespeare.*)

Donc à moi la cure d'hormones et les tromperies de cerveau ; à l'homme la petite cure de noix du Brésil ?

C'est une plaisanterie ?

Ça va parce que Dr Dany le Rouge a prononcé LE mot qui envoie du rêve (et je ne parle pas d'« injection » mais bien de « magique »). Je lui pardonnerais presque quand il ajoute de « me faire confiance », de « me détendre » et surtout, surtout de « ne pas trop y penser ».

Avec le Clomid, je m'apprête à passer ma ceinture blanche de PMA. Et je compte sur toi pour que l'acte V voie un dénouement par grossesse et *pas* par du cramoisi en FDC.

Certes, c'est pas encore les amphét', mais qu'est-ce qu'on va s'éclater !

Ne pas trop y penser

Celle avec (Jésus-Christ notre) Sauveur

Avignon, février 2011

Chère DNLP,

Sans surprise, le Clomid a eu autant d'effet sur ma fertilité que le peignoir jaune de Jean-Claude Dusse sur la libido de Gigi et Christiane[1]. Dr Dany le Rouge l'avait à peine évoquée que je me suis donc ruée sur cette raison tout à fait *valable*: mon (léger) surpoids fait partie du problème. C'est évident. Je ne suis pas là pour balancer (enfin si, un peu, quand même), mais je tiens à préciser. C'est le poids que TU m'as fait prendre: plus huit kilos après ma GEU, j'ai somatisé ma *non-grossesse* (j'exagère à peine). En bonne *control freak* rationnelle *benchmarkant* toutes les possibilités qui s'offrent à moi, me voilà partie sur un régime hyperprotéiné et hypocalorique, j'ai nommé le fantastique régime Dukan. Celui-là même qui donne une haleine de chacal (coucou la cétose) parfaite pour ne *pas* conclure, et ce, y a pas de malaise, même sans peignoir jaune.

1. Référence au film *Les Bronzés*.

Et, BTW[1], je suis super sérieuse, super motivée (et, sans aucun doute, super fétide) : en dix-huit mois, je m'apprête à perdre et stabiliser quatorze kilos de moins. Dans tes dents, chère DNLP. Je me focalise sur ce régime qui me donne une occasion rêvée de *ne pas trop y penser* (à mon utérus vide, ma propre vacuité, toussa).

Les effets secondaires ~~de mon alimentation variée~~ du Clomid et sa clique (nausées, migraines, bouffées de chaleur) sont supportables mais me rappellent sans cesse que je suis sous traitement, et m'empêchent un peu de *ne pas trop y penser*. L'homme, lui, mâchouille ses noix du Brésil qui lui donnent, *sans trop y penser*, le regard brillant et le poil soyeux.

Pour continuer de *ne pas trop y penser*, on réalise mon rêve de gamine et en octobre 2010, on fête mes trente ans à New York. Ce sera sans doute notre dernière occasion de voyager avant d'avoir un enfant et d'être dé-bor-dés ! Tu parles. Vu les visas et tampons collectionnés sur nos passeports depuis, tu en rigoles encore, non ?

Troisième Noël le ventre vide, puis 2011 s'annonce, et avec elle deux véritables bonnes raisons de *ne pas trop y penser* : ma grand-mère maternelle décède des suites d'un Alzheimer et la boîte dans laquelle je travaille s'apprête à relocaliser dans quelques mois trois sièges sociaux en un seul. Si la perspective de travailler à plus de quatre-vingts bornes de notre fameux canapé à carreaux ne m'enchante pas des masses, je me dis que je n'aurai pas à faire ces trajets quotidiens bien longtemps, puisque, *sans trop y penser*, je vais *évidemment* tomber enceinte entre-temps.

Mouahahahaha, tu as dû bien te marrer, va, à tout orchestrer.

---

1. Acronyme de l'expression anglaise « *by the way* », qui signifie « au passage ».

Janvier 2011, c'est donc le retour des réjouissances : monitorage d'ovulation + test de Hühner.

Connaissant le protocole, je gagne un temps considérable. Et on ne m'y reprendra pas, cette fois, je ne me trompe plus de motif de consultation. Après deux contrôles échographiques et un petit remake de *La vie est un long fleuve tranquille*, me voilà le premier mercredi de février 2011 pour mon monitorage de J14.

MOI (*rompue à l'exercice et de bonne humeur*) : Bonsoir, je viens pour un monitorage d'ovulation.

Malaise palpable au secrétariat.

LA SECRÉTAIRE (*gênée*) : C'est-à-dire qu'on ne va pas pouvoir vous faire ce monitorage aujourd'hui.

J'ai dû mal comprendre. Je ne me suis pas tapé les embouteillages de fin de journée *sans trop y penser* pour arriver à l'heure, dégoulinante et super fétide, pour rien !

MOI (*incertaine*) : Pardon ?

ELLE (*catégorique*) : Nous ne faisons plus ce type de surveillance.

WHAAAAT ? Elle a décidé de pourrir ma journée comme ça, en se levant ce matin, ou bien c'est que ma tête ne lui est pas revenue quand j'ai passé la porte ?

MOI (*à la limite du* nervous break-down) : Je ne comprends pas, je suis venue faire un monitorage lundi et vendredi derniers…

ELLE (*coupant court*) : Peut-être, mais à partir de maintenant, nous ne faisons plus ce type d'examen.

À PARTIR DE MAINTENANT ? GENRE PRÉCISÉMENT AUJOURD'HUI À 18 HEURES ?

MOI (*me justifiant*) : J'entends, mais je fais comment ? Je dois faire un monitorage aujourd'hui, à J14. Sinon, c'est tout le cycle qui est mis à la poubelle et on devra recommencer l'ensemble des surveillances et des analyses le mois prochain.

Je t'aime bien mais je n'ai aucune envie de me refarcir (*sic*, uh-uh) un troisième test de Hühner sur le cycle prochain.

ELLE (*avec un royal dédain*) : Je ne sais pas quoi vous dire. Il faut trouver un autre centre de radiologie.

Mais bien sûr, je vais la remercier avec politesse, faire demi-tour, dégainer mon bel iPhone 3GS (de cette époque pas si lointaine où les iPhone n'avaient qu'une résolution de 480 × 320 pixels), faire une recherche sur Google à l'aide de mon petit forfait data, en 3G, pour tenter, à 18 h 15 un mercredi soir, de trouver un centre de radiologie qui sera par miracle disponible à la dernière minute, puis faire le trajet dans les embouteillages, arriver exsangue au rendez-vous, me déshabiller et écarter les cuisses afin de (*sans trop y penser*) monitorer le développement de quatre *putains* de follicules.

Ou alors je vais juste fondre en larmes, là, à l'accueil, me saisir de l'opportun stylo sur socle mis à ma disposition pour m'ouvrir les veines et hurler si fort que je lui déchirerai les tympans et qu'elle n'aura d'autre option, tout en tenant ses oreilles sanguinolentes dans ses frêles mains aux ongles *french manucurés*, que d'aller chercher son *putain* de chef afin qu'il me fasse passer cette *putain* d'échographie pelvienne.

Inspiration, expiration. Ne pas tuer la secrétaire. Ne pas lui arracher les yeux.

MOI (*saisie d'une froide détermination*) : Je ne vais pas pouvoir trouver un autre centre de radiologie aujourd'hui. Je vais rester là, et vous allez vous renseigner pour trouver un moyen de me faire passer mes deux dernières échographies, aujourd'hui et vendredi, comme prévu.

Elle grogne, mais elle a bien dû sentir qu'il fallait pas me contrarier (ou alors c'est mon haleine super fétide qui l'a achevée). Elle se lève et entre dans un bureau. Après des discussions animées dont les échos parviennent jusqu'en salle d'attente, le radiologue me reçoit. On peut reconnaître ton sens de l'humour, le prénom du type, c'est « Sauveur » (véridique).

« Sauveur » s'excuse, explique qu'ils arrêtent de faire des monitorages sur demande de gynécologues « indépendants », que c'est trop compliqué à organiser (*compliqué pour eux ou pour les patientes, bordel ?*) et qu'il faudra désormais passer par les « gynécologues officiels » du centre de procréation médicalement assistée d'Avignon.

Je le savais bien qu'à un moment donné un gynécologue à la physionomie d'anarchiste, ça me porterait préjudice. Avec Dr Dany le Rouge, je ne suis pas « officiellement en PMA ». Il a fait de moi une marginale, entendre : je ne suis pas prioritaire.

Sauveur réalise mon échographie, et s'engage à me faire passer la suivante, quarante-huit heures plus tard. En voyant mes quatre (*magnifaïk*[1]) follicules, il me souhaite bonne chance. Il va même jusqu'à plaisanter sur la quantité de bouteilles de champagne qu'il a reçue de patientes examinées, tombées enceintes à peine sorties du cabinet, touchées par la grâce de ~~Jésus-Christ notre~~ Sauveur. Je ne demande pas mieux. *Amen.*

La bonne nouvelle, je l'apprends quelques jours plus tard : le second test de Hühner est positif et les quatre follicules prouvent que mon ovaire gauche (celui sur lequel on a tout misé) réagit de manière encourageante au traitement. Je reprends donc pour trois mois ~~de Clomid + Œstrogènes + Progestérone~~ d'alimentation variée et équilibrée.

Après trois ans d'arrêt de pilule, chère DNLP, ça va peut-être finir par marcher, qui sait ?

Il suffirait de *ne pas trop y penser…*

---

1. Perle phonétique popularisée par Cristina Cordula dans « Les Reines du shopping », émission qui a réussi l'exploit de faire rimer fashion avec « sueurs froides à l'Académie ».

Partir en vacances

Celle avec « l'empreinte carbone du désespoir »

Avignon, juin 2011

Chère DNLP,

Dans la liste des astuces conseillées par les fertiles, il y a aussi « il suffit de partir en vacances ! ». Aujourd'hui, je vais déconstruire un mythe. Non. Pour tomber enceinte, il ne suffit *hélas* PAS ~~de vendre ses deux bras afin~~ de se payer dix jours de soleil à Bora Bora. Parfois, je regarde cette photo qui a (presque) fait l'inauguration de mon compte Instagram et que j'ai souvent failli supprimer. L'homme et moi, dans le train qui nous emmène en vacances de Hongrie en Slovaquie. Dans mon regard qui brille, il y a une certitude : je suis enceinte. Pour la deuxième fois de ma vie. Et pour la deuxième fois, ça ne durera pas. Mais tu ne vas pas me refaire le coup de la GEU, non. Cette fois, on va changer.

Cette grossesse, comme ce voyage, n'aurait jamais dû arriver.

Initialement, on devait partir au Japon, voir les cerisiers en fleur. Mais (ça ne m'étonnerait pas que tu sois aussi de mèche avec ceux qui décident de la météo), le 11 mars 2011, un tsunami, puis une catastrophe nucléaire en décident autrement. Étant donné qu'on n'est déjà pas des flèches en conception, pas besoin de complexifier le truc en rendant nos organes reproducteurs *radioactifs*. On se décide donc pour une destination moins risquée que le Japon : deux semaines de périple entre la Hongrie, la Slovaquie, l'Autriche et la République tchèque. (Avec le recul… Fukushima… Qui sait ? Nous serait peut-être poussé une seconde paire de testicules et un ovaire supplémentaire. Ça n'aurait pas été de trop.)

En avril 2011, Dr Dany le Rouge nous a prescrit un *break* de tout traitement. Ce *Mitteleuropa Trip* sera l'occasion rêvée de ne pas (trop) y penser. On va voyager pour oublier, comme dirait Gilles Legardinier dans *Une chance sur un milliard*.

Fin mai, départ de Marignane pour rejoindre Budapest en avion, en passant par Bruxelles-Charleroi (« l'empreinte carbone du désespoir[1] », sur le kérosène, on ne lésine pas). Pour bien *ambiancer* le voyage en amoureux, l'arrivée de mon cadeau mens(tr)uel était prévue pile avant de partir. Pourtant, on décolle et mes FDC sont toujours blancs. Je vois ça d'un très bon œil : je vais pouvoir profiter à fond des fameux bains Széchenyi, des thermes Gellért (et surtout du lit *king size* qui nous attend à l'hôtel où nous passerons quatre nuits).

La machine à penser se met en route. Et, entre le Parlement, le pont des Chaînes, le Danube, le paprika et le *goulasch*, une petite graine germe dans ma tête : et si…

Pour en avoir le cœur net, je trouve une pharmacie et j'achète un test de grossesse. Il est positif. Faiblement, mais positif. Ce serait donc vrai ? Il suffisait de partir en vacances ? Dans la foulée, je me mets à avoir de très légers saignements

1. Gilles Legardinier, *Une chance sur un milliard*, Flammarion, 2020.

marron, mais pas de règles. Je refais un test le lendemain matin. Positif.

J'essaie de me rassurer : ces saignements ne sont pas annonciateurs de fin de cycle. Non. Ça peut être des règles anniversaires, ça peut être une nidation tardive, ça peut être… *des métrorragies du premier trimestre*[1]. Du premier trimestre *de grossesse*. Bien entendu, dans ta grande fourberie, je commence à y croire.

Toi ? Tu es tapie dans l'ombre, laissant monter la tension dramatique, te frottant les mains sous ta cape, prête à asséner, au moment opportun, le coup de grâce.

Nous voici en gare centrale de Budapest, au petit air soviétique du siècle dernier, où tu as comploté pour nous attribuer la *seule* guichetière ne parlant ni anglais ni allemand. (Et cela va sans dire, aucun de nous deux, c'est étonnant, n'a pris « hongrois » en LV2.) Avec son air renfermé, elle finit par rédiger notre billet de train pour la Slovaquie… *à la main*. Mais je m'en fous, je suis enceinte. Je veux bien lui parler hongrois en phonétique avec mon *Guide du Routard* et même lui réciter les quarante-quatre lettres de l'alphabet local en dansant nue sur son guichet.

Viszlát, Budapest[2]. Le train. Ce train. Cette photo. Je suis enceinte, bordel, je suis enceinte. *Dobrý deň, Bratislava*[3].

Visite du château de Devín, une forteresse en ruine datant de la période romaine avec vue panoramique sur le Danube. Dans la montée, je fatigue, et on rigole en se prenant en photo. Ces photos, je les regarderai encore longtemps après ça. Est-ce que ça se voyait ? (Que j'étais enceinte, pas que

---

1. Saignements inopinés en début de grossesse. Appelés aussi « petit jeu sadique de Dame Nature pour tester ton self-control ».
2. « Au revoir, Budapest » (en hongrois).
3. « Bonjour, Bratislava » (en slovaque).

j'étais essoufflée.) Et les pintes de bière à 0,99 euro ont beau me faire de l'œil, je m'abstiens parce que : je suis enceinte, bordel. Enfin ! Et chaque fois que je vais aux toilettes, je suis en apnée, on dirait que je m'entraîne pour le *remake* du *Grand Bleu*. Mais pas de *rouge* à l'horizon.

Dovidenia, Brastislava[1]. *Speedboat* sur le Danube, nez au vent. Je suis enceinte, bordel, je suis enceinte. *Guten Tag, Wien*[2].

Vienne, l'avant-dernière étape de notre périple, quatre jours avant de rejoindre Prague. Vienne, dont je ne retiens pas grand-chose.

- Ses grandes rues larges et propres. Ses jardins et ses trottoirs où on aurait pu manger par terre. Je suis enceinte.
- Le château de Schönbrunn et sa gloriette, abri providentiel rendant romantique un orage inattendu. Je suis ~~Sissi~~ enceinte.
- La place de la cathédrale Saint-Étienne, ses calèches à touristes et son odeur âcre. Mais ça peut bien sentir la pisse de cheval, je m'en fiche, je suis enceinte !
- Le 25 Hours Hotel, sa soirée en plein air sur des ballots de paille : *Bier und Bratwurtz*[3] (surtout *Bratwurtz* pour moi, d'ailleurs, on l'a dit que je suis enceinte ?).
- Un test de grossesse franchement positif. Et l'espoir secret qui gonfle en moi comme nos appétits devant les *Konditoreien*[4]. Je suis enceinte !

Le dernier samedi de mai, tu orchestres une de ces symphonies aux envolées en montagnes russes dont toi seule as le secret. Au Volksoper, *La Flûte enchantée* se joue

1. « Au revoir, Bratislava » (en slovaque).
2. « Bonjour, Vienne » (en allemand).
3. « Bière et saucisses » (en allemand).
4. « Pâtisseries » (en allemand).

à guichets fermés. Pourtant, on dégote deux places, au poulailler. Inespéré. Trois heures magiques passées debout, mais tout est *parfait* : sans Mozart, Vienne serait-elle vraiment Vienne ? Je suis émue aux larmes. Doublement : je suis enceinte !

Et le dimanche matin, faut croire que la *Reine de la Nuit* t'a inspirée : « La vengeance de l'enfer bouillonne dans [ton] cœur. » Du sang. Rouge. Très rouge. Trop rouge. En plein milieu d'une rue. C'est la descente aux enfers.

Le café où j'entre en panique et en larmes pour demander d'utiliser les toilettes dans un allemand sanglotant et surtout approximatif (visiblement, au collège, il n'y a pas que Mme Montangerand en SVT que je n'ai pas assez écoutée).

Stupeur et tremblements. (*Poke* Amélie Nothomb ; moi, je *tombe*.)

Le taxi que l'homme hèle pour se rendre à l'hôpital Rudolfstiftung.

L'attente interminable aux urgences. Parce qu'évidemment tu m'as fait ce coup un *dimanche*.

Le flacon pour le recueil d'urine que je manque de renverser, agitée. Comment tout, si vite, peut-il basculer ?

L'examen en allemand. Le gel de la sonde. « *Achtung ! Kalt*[1] *!* »

Une échographie pelvienne et une absence de sac gestationnel dans mon utérus. Encore.

Le « *schwärich positiv*[2] » sur le compte rendu imprimé sur papier vert.

La gynécologue autrichienne qui m'explique, en anglais, que, *si grossesse il y a eu, il n'y a plus.*

---

1. « Attention ! Froid ! » (en allemand).
2. « Légèrement positif » (en allemand).

Mon incompréhension et mon déni total face à un diagnostic basé sur un test urinaire et une échographie pelvienne, sans même une prise de sang.

Une prescription pour du Methergin. Chercher sur Google la notice en français. Comprendre qu'il s'agit d'« accélérer l'évacuation en contractant l'utérus ».

Mon refus catégorique de le prendre sans avoir au préalable fait un double dosage par prise de sang, sans avoir été examinée par un médecin français, sans avoir écarté l'hypothèse d'une GEU, vu mes antécédents.

Plic-ploc, mes larmes et la pluie

De retour à l'hôtel, nous passons des heures sur Internet pour trouver un praticien francophone. Mais un dimanche soir, sans surprise, l'ambassade ne répond ni aux mails, ni au téléphone. Nous tentons alors d'organiser notre rapatriement d'urgence en France. Enfin, l'homme, surtout ; moi, je ne suis bonne qu'à pleurer. Le médecin-conseil d'Europ Assistance (car tu m'as collé un individu de sexe masculin, *wunderbar*[1]) m'enjoint de prendre le Methergin prescrit puis de tranquillement « continuer mon voyage ». Mais voyager en faisant une fausse couche, ça ne me semble pas l'idée du siècle. Nous insistons pour avoir un avis gynécologique. Je comprends vite qu'on ne verra pas Prague. Pas cette fois-ci, en tout cas.

Visiblement, partir en vacances ne suffit pas.

1. « Merveilleux » (en allemand).

FC

Celle où rien n'est faux, pourtant

Avignon, juin 2011

Chère DNLP,

Le lundi matin, sans nouvelles d'Europ Assistance concernant notre rapatriement, nous partons pour l'aéroport. En sortant du métro, le médecin-conseil nous rappelle et accepte de nous rapatrier si, et seulement si, je promets de rester sur place dans le cas où je me mettrais à saigner intensément d'ici le décollage. Je jure sans cracher mais en croisant bien fort les doigts dans mon dos. Je m'y vois bien :

« **Vérification de la porte opposée, *cabin crew*, préparez-vous au décollage.**

— *Entschuldigung mir*[1], mademoiselle l'hôtesse, ce sont à l'instant les *red* chutes du Niagara dans ma culotte, pourriez-vous avoir l'obligeance de demander au pilote de ne PAS faire décoller cet avion et me ramener ASAP à la porte d'embarquement, je vous prie ? » Sans déconner.

Retour à la maison le lundi soir.

---

1. « Excusez-moi » (en allemand).

Le mardi aux aurores, je vais faire une prise de sang. 1 180 UI/L. C'est faible. Mais Dr Dany le Rouge me demande de ne surtout pas prendre le Methergin avant d'avoir fait une deuxième prise de sang à quarante-huit heures d'intervalle, c'est-à-dire jeudi. Et on peut dire que tu as une parfaite maîtrise du suspense : ce jeudi, en 2011, c'est l'Ascension et donc, les labos sont fermés. Alors j'attends vingt-quatre heures de plus.

Vendredi, 1 510 UI/L.

On le sait : ça pue la GEU. Dr Dany le Rouge fait le pont, je vais aux urgences. Échographie pelvienne, et ouf : GEU écartée, il y a bien un sac gestationnel dans mon utérus. Mais pas d'embryon dedans. C'est un œuf clair[1]. GAME ~~OVAIRE~~ OVER.

Je t'entends soupirer que je me comporte comme une ingrate. Car il y a une bonne nouvelle : un corps jaune[2] dans l'ovaire droit, autrement dit j'ai ovulé à droite. Ma trompe droite serait donc opérationnelle !?

Y a plus qu'à espérer que « l'évacuation » se fasse naturellement.

Le lundi suivant, je reprends le boulot comme si de rien n'était, après deux semaines de « vacances ». Et comme tu aimes bien me savonner la planche, cette fausse couche arrive au moment le plus opportun. Avec l'approche de la restructuration, on me met une grosse pression en me faisant

---

1. Un œuf clair, c'est une grossesse sans embryon. Le sac est là, l'utérus y croit, mais l'histoire ne s'écrit pas.
2. Le corps jaune est la transformation du follicule contenant l'ovocyte à l'intérieur de l'ovaire. Un genre d'intérimaire : dès que l'ovulation a lieu, il se met au boulot et produit de la progestérone pour préparer l'utérus à une éventuelle grossesse. Si l'embryon s'installe, il garde son poste jusqu'à ce que le placenta prenne le relais. Sinon ? Fin de contrat sans préavis, merci pour votre service, au revoir.

comprendre que l'évolution de ma carrière va se jouer, là, maintenant. Plus que jamais, je dois faire mes preuves. (Et me débrouiller avec mes saignements.)

Toi, pour ne rien arranger, tu fais de la résistance.

Le mardi soir, Dr Dany le Rouge constate que le sac gestationnel est toujours là. Je repars avec une prescription de Cytotec, qui n'est plus commercialisé aujourd'hui. Dans la notice on lit : « La prise de ce médicament peut induire des avortements. » Sans blague. J'en prends deux et je me tords en deux. Comment ça : « Je fais ma chochotte ? » C'est vrai que Dr Dany le Rouge me prescrit aussi des anti-inflammatoires. Et en suppositoires ! Que demande le peuple ?

Mercredi en déplacement pro à quarante kilomètres de chez moi. La journée est atroce, j'ai des crampes utérines, des sueurs froides, des palpitations et je tremble. Je demande à rentrer chez moi. Mon N+3 est dépité. Je l'ai pas compris que ma carrière se jouait, là ?

Je me revois tituber jusqu'au parking, monter dans ma voiture. Je sens que je saigne. Je me demande si je suis en train de « faire » ma fausse couche, ici, sous le soleil de L'Isle-sur-la-Sorgue ? Arrivée chez moi, je ne me rappelle pas avoir conduit jusque-là.

Troisième prise de Cytotec, celle de la dernière chance. Si, à l'écho de vendredi, le sac est toujours là, il faudra passer par un curetage. Je suis seule à la maison. J'ai des contractions toutes les deux minutes pendant trente minutes. Dans un rire nerveux, je prends conscience de l'ironie de la situation. Me faire vivre un semblant de douleur d'accouchement, c'était ça, ton plan ?

Et puis, à un moment, cette sensation et ce bruit que je n'oublierai jamais.

« Ploc » dans l'eau de la cuvette des toilettes. Et du sang, beaucoup de sang. Par réflexe, je jette un œil. Je sens presque ton sourire diabolique, derrière mon épaule. Qu'est-ce que j'espérais (ou craignais) y voir ? C'est fini. Je le sais, c'était ça. Des larmes, beaucoup de larmes.

Jeudi, je retourne travailler, l'air de rien.

Dr Dany le Rouge me reçoit entre midi et deux, en urgence entre deux patientes. Il confirme : je vais pouvoir éviter le curetage. Après ça, je me prends en pleine gueule l'énorme vague de fatigue consécutive de ces quinze jours de marathon, à saigner dans l'intimité, à pleurer en dedans et à sourire de toutes mes dents par-devant.

Il paraît (la belle affaire) qu'une fausse couche aurait tendance à « favoriser le bon déroulement d'une grossesse qui aurait lieu dans les six mois, mais à augmenter le risque de fausse couche au-delà[1] ». Et donc, Dr Dany le Rouge de nous conseiller :

« C'était une grossesse spontanée, on y était presque ! Attendez votre retour de couches et vous pourrez vous y remettre. »

M'y remettre ? Nous sommes en juin 2011, et ça fait presque trois ans et demi qu'on essaie d'avoir un enfant. Mais là, j'ai envie de tout, sauf d'une partie de jambes en l'air.

Une fausse couche, chère DNLP, sérieusement ? Il n'y a rien de faux là-dedans.

1. « *How many people are affected by or at risk for pregnancy loss or miscarriage ?* », Wikipédia/National Institute of child health and human development.

Faire diversion

Celle où on peut tromper mille fois une personne[1]

Avignon, novembre 2011

Chère DNLP,

Pas le temps de lambiner. Avec mon retour de couches, la vie reprend son cours, et moi, deux mois de Clomid.

C'est précisément là que tu décides de faire diversion. Comme si j'étais un bébé candide à qui on montre un pissenlit sur lequel souffler pour qu'il oublie (fissa) la pizza goût « 4 graviers » qu'il vient de se faire, en se rétamant la tronche (et les deux genoux) par terre.

Ton pissenlit ? En juillet, mon boulot déménage à quatre-vingts kilomètres de mon domicile, et je fais les allers-retours matin et soir, en voiture. Sur le papier, cette distraction, c'est parfait pour m'empêcher de penser. En fait, c'était très machiavélique de ta part. Parce qu'avec le recul, ce que

1. Hommage à *La Cité de la peur*, 1994, film culte « de Les Nuls », où les lois de la rhétorique et du bon sens prennent très, très cher quand Émile, le projectionniste, tente une brillante démonstration : « On peut tromper mille fois mille personnes. Non… on peut tromper une fois mille personnes. Non… Si… mais on ne peut pas tromper mille fois mille personnes. »

j'ai vécu jusque-là, on peut le dire : c'était *peanuts*. Et pour le combat que je m'apprêtais à mener, j'aurais surtout eu besoin de temps pour lécher mes plaies et reprendre des forces. C'était peut-être ça ton plan sournois : m'épuiser avant la PMA. « Ça va couper, chérie[1]. »

Mais que demande le peuple ? Le siège HQE fraîchement sorti de terre est magnifique et, depuis mon bureau à chaise ergonomique, j'ai vue sur Sainte-Victoire. Cézanne aurait kiffé ; moi, je m'en contrefiche. Tout a changé : nouvelles têtes, dues à de nombreux départs « volontaires » qu'il a fallu remplacer ; et nouveaux carafons, de certains anciens dont l'ego a gonflé comme un ballon au passage de l'ascenseur social qu'a constitué le déménagement. Je déteste Aix-en-Provence d'emblée. Le « petit Paris » n'a pas volé son nom : superficiel et faussement décontracté.

Le mois d'août est calme. Le siège est déserté par les collègues (heureux) parents d'enfants en vacances scolaires (« barrez-vous, cons de mimes[2] ! »). Je reste avec les dernières rubalises dans des locaux pas tout à fait achevés. Et je peste les vendredis soir, au péage de Lançon-de-Provence, quand les embouteillages rallongent de 30 % mes cinquante-cinq minutes de trajet quotidien.

Et pour m'épuiser, tu ne t'arrêtes pas là. Mon cycle se termine en apothéose par une migraine cataméniale : même mon combo de toxico (avaler des triptans en buvant des litres de Coca) n'en vient pas à bout. Je suis clouée au lit pendant quarante-huit heures, dans le noir. Mon corps me fait payer cette année d'hormones et de cycles chahutés.

---

1. *Ibid.* Réplique culte, ou quand Dame Nature décide d'éteindre le projecteur avant même la bande-annonce.
2. *Ibid.* Une course effrénée sur la Croisette, des performeurs qui bloquent le passage, et un Alain Chabat en nage.

Comme si ça ne suffisait pas, je me remets à faire du bruxisme (je grince des dents dans mon sommeil), me réveillant avec des contractures dans les mâchoires. Et si j'ai le malheur de porter la gouttière prescrite par mon dentiste, je trouve le moyen de me mâchonner l'intérieur des joues en dormant. Après quinze jours de vacances, je rentre avec une face de hamster doublée d'un fond de céphalée, mais surtout démoralisée : c'était mon dernier cycle sous Clomid, et il n'a rien donné.

Septembre sera un cycle naturel. « Il ne peut plus rien nous arriver d'affreux, maintenant[1] ! » Pour mettre toutes les chances de mon côté, et bien qu'en 2011 le télétravail fasse figure d'OVNI dans le paysage professionnel, je demande à occuper chaque vendredi un bureau de passage dans des locaux de la banque d'affaires d'Avignon.

Mais rien n'y fait : septembre se termine par un nouvel échec. « RED IS DEAD[2]. »

Dr Dany le Rouge, justement, me reçoit un soir où il est de garde à la clinique.

LUI (*résumant la situation*) : Vous avez trente et un ans, trois ans d'arrêt de contraceptif à votre actif et le Clomid n'a eu que peu d'effet.

Ça dépend de quel point de vue on se place. Je suis à peu près sûre que ni Europ Assistance, ni mon N+3 ne sont du même avis.

LUI (*se voulant confiant*) : Je ne dirais pas que vous êtes infertiles, mais plutôt hypofertiles.

---

1. *Ibid.* Juste après cette phrase, tout part évidemment en vrille.
2. *Ibid.* Métonymie menstruelle inspirée du film d'horreur sanglant diffusé dans *La Cité de la peur*.

La belle jambe. Hypofertiles. La fausse couche nous a donc *upgradés*.

LUI (*enfin décidé à passer la seconde*) : Étant donné vos contraintes professionnelles, il va être compliqué d'organiser des inséminations artificielles. Compliqué, mais pas impossible.

Et le voilà qui m'explique par le menu son « plan » qui commencera dès le cycle suivant :

1. Prise de sang matinale au labo à Avignon avant d'aller travailler.
2. Une petite *endochattale* aixoise sur la pause déjeuner.
3. Injection hormonale en rentrant à Avignon, tranquille, à la maison.

(À côté de ça, caler des monitorages d'ovulation, franchement, c'était galette.)

Et ensuite ?

4. En fonction de la réponse ovarienne, une autre injection pour déclencher l'ovulation et planifier l'insémination artificielle à Avignon, ce moment crucial où l'homme entre (enfin) en scène pour faire don de sa plus belle semence.

Je panique. Le planning va être intenable. Putain de bordel de merde, on pouvait pas faire ça pépouze quand je travaillais à quinze minutes de chez moi ?

« Un whisky ?

— Juste un doigt.

— Pas de whisky avant[1] ? »

1. *Ibid.* Quiproquo culte (à consommer sans modération) entre le commissaire Bialès (Gérard Darmon) et Odile Deray (Chantal Lauby) où les intentions ne sont visiblement pas les mêmes pour tout le monde…

Petit apéritif, donc, pour se mettre en condition (et garanti presque sans aucun doigt dedans) : Dr Dany le Rouge me montre comment me servir d'un stylo injectable de Gonal-F (F, comme FSH, *cf. ma lettre sur le Clomid* pour les précisions hormonales). Visser l'aiguille. Régler la dose sur l'afficheur. Vérifier l'absence de bulle d'air. Désinfecter la zone à piquer. Pincer la peau du ventre avec la main gauche, à hauteur du nombril. Tenir le stylo dans la main droite. Piquer à 90°, en enfonçant toute l'aiguille dans la peau. Appuyer sur le piston pour injecter la dose. Dévisser l'aiguille. Remettre le capuchon. Stocker au frais. Recommencer à la même heure le lendemain. Je suis *hyper contente* (mais peu de chance que je vomisse[1]).

Ça n'a pas l'air sorcier. L'aiguille est moins longue que ce que j'imaginais, mais j'ai quand même les larmes aux yeux.

C'est tout ? Mais non, car « on peut tromper mille fois une personne[2] ». Après cette mise en bouche, c'est l'heure des hors-d'œuvre : les formalités administratives pour obtenir le précieux sésame permettant une prise en charge par la Sécurité sociale. Pour dix tentatives : six inséminations artificielles et quatre fécondations *in vitro*. Mais Dr Dany le Rouge est formel, on n'ira pas jusque-là. Visiblement, lui aussi ignorait tout de ton plan scélérat.

Un dossier à remplir ? Un jeu d'enfant en apparence, voilà de quoi me raccrocher à du factuel ! Avec une petite pincée d'humiliation, les hors-d'œuvre, c'est bien meilleur. Alors qu'on est PACSés depuis sept années, pour compléter ce dossier, il va nous falloir… un certificat de concubinage.

---

1. *Ibid.* Référence au trait de caractère de Simon (Dominique Farrugia), qui vomit dès qu'il est HYPER content.
2. *Ibid.* Référence à la réplique culte d'Émile, ~~le tueur~~ (oups) le projectionniste (Sam Karmann).

Signé par des témoins. C'est un peu comme Helmut Fritz avec sa queue chez Ladurée[1] (enfin, pas la sienne, de queue. Coquine, tu vois le mal partout !) : *ça m'éneeeeerve !*

Les choses sérieuses commencent. La vraie PMA. Je l'attendais avec impatience mais, maintenant que je suis au pied du mur, j'ai beaucoup de mal à encaisser. Je pense à cette bande-annonce de *La guerre est déclarée* : « Pourquoi c'est tombé sur nous ? », « Parce qu'on est capables de surmonter ça ». J'essaie de garder espoir, mais je souffre à en crever. Forcer la nature pour obtenir quelque chose qu'elle nous refuse, n'est-ce pas de l'ordre du pur caprice égoïste ? Et puis, ai-je seulement le bon état d'esprit pour m'engager dans ce combat ? Est-ce que je ne vais pas « gâcher nos chances » ? Mais est-ce que j'ai le choix ? « Youpi. Dansons la carioca[2]. »

C'est là que tu mets à l'épreuve les capacités amphibies de ma Toyota Yaris. Car je pleure. Je pleure tous les jours, dès que je suis seule. Sous la douche, dans mon lit, dans les toilettes au bureau. Mais mon repaire favori, c'est une fois sur l'autoroute, lancée à 130 km/h. Seule avec moi-même pour ouvrir les vannes que je retiens bien sagement par ailleurs pour être socialement acceptable et ne surtout (surtout) pas dévoiler mon honteux secret, mon incompétence, mon incapacité. Ma vacuité.

Un jour de consultation, l'ostéopathe me lâche : « Tu as sacrément morflé. » C'est vrai, 2011 ne m'a pas épargnée.

---

1. Référence à la chanson d'Helmut Fritz (2009). Il est vrai que les filles qui portent la frange à la Kate Moss, boivent du champagne rosé ou font la queue chez Ladurée, ça peut avoir tendance à énerver.
2. Mantra absurde et joyeux de *La Cité de la peur*, parfait pour accueillir la vie quand elle part un peu en vrille.

Sur le trajet du retour, je pleure (ouais, encore) et je prends conscience que je ne suis pas prête. C'est trop tôt. Tu peux crier au scandale : après plus de trois ans à ronger mon frein, je suis incapable d'accepter de médicaliser la conception d'un bébé qu'on souhaite prétendument depuis si longtemps ?

Eh bien, oui. Exactement.

Et si l'homme, lui, voit dans l'insémination un cadeau de la science et un espoir, il est compréhensif. Une IAC[1], c'est invasif, intrusif. On va se laisser deux ou trois mois pour digérer. On n'est plus à ça près.

Comme la nature a horreur du vide, c'est ce moment que choisit mon N+2 (le N+3 d'avant, parce que moi aussi, je suis montée dans l'ascenseur social) pour me confier un projet colossal, à réaliser pour la veille. Un truc *huge* et transverse, qui dépasse de loin mon périmètre technique et touche tous les domaines et tous les acteurs de l'entreprise : commercial, RH, conduite du changement, organisation, communication. Pour la tranquillité d'esprit propice à une procréation naturelle, on repassera.

En première intention, je manque de démissionner, parce que ce n'est vraiment pas le moment que je fasse l'esclave pour quelqu'un qui, comme toujours, récoltera à ma place tous les lauriers. Puis je me ressaisis et lui ponds un diagramme de Gantt[2] en bonne et due forme. Il prend peur en voyant qu'il sera impossible de le faire en moins de six mois. Je lui réponds qu'en moins de six mois ce sera

1. Insémination artificielle avec sperme du conjoint : technique de procréation médicalement assistée qui évite les grands discours romantiques en mettant le sperme du conjoint directement au bon endroit, on ne va pas chipoter.

2. Le diagramme de Gantt, c'est un peu la *to-do list* en mode super-héros : il montre en un coup d'œil qui fait quoi, quand, et surtout si on va finir ce projet avant la fin du monde.

sans moi. J'ai la rage. Et au fond, ce projet me donne un os à ronger pour passer mes nerfs. Alors je m'exécute, focalisée et avec détermination.

Cette grande banque française n'a jamais su que son agence 100 % à distance, c'est uniquement à ma colère de devoir commencer la PMA qu'elle la doit.

La Communauté de l'anneau

Celle où tout est bien qui finit bien

Avignon, novembre 2011

Chère DNLP,

Qu'est-ce qui cloche chez nous ?

Nous nous aimons depuis dix ans. Même si, je te l'accorde, les circonstances de notre rencontre sont un peu sulfureuses. Nous étions en couple chacun de notre côté. Moi, sur place, dans une histoire longue durée, lui à emporter, dans une relation d'étudiants à distance. J'étais (vaguement. Oh ça va, hein, sans vrai diamant, ça ne compte pas !) fiancée et j'avais déjà choisi le prénom de nos futurs enfants. Vingt ans à peine et mon avenir semblait déjà tout tracé. Mais face à l'amour, le vrai, une bague de fiançailles (de pacotille) ne faisait pas le poids.

Toutes les règles auxquelles je m'étais conformée depuis longtemps (ne pas mentir/tromper/se laisser embrasser dans une voiture, ne pas se faire soudoyer à coups de Malabar, ne pas coucher ~~avant le mariage~~ le premier soir – pardon maman – et encore, c'était le matin, impossible d'attendre le soir [encore moins avec un mec dont tu connais à peine le nom de famille], ne pas dire « je t'aime » la première semaine, ne pas oublier de se nourrir au point de perdre quatre kilos, ne pas s'installer ensemble le premier mois, ne pas sécher les cours pour faire l'amour toute la journée – [re]pardon, maman –, ne pas centrer l'intégralité de sa vie sur sa relation amoureuse, ne pas s'engager immédiatement et, encore moins, se projeter plus loin), je ne sais pas ce qui m'arrivait, TOUTES ces règles volaient en éclats. Nous étions possédés. Manœuvrer avec Cupidon pour allié, me détourner d'un droit chemin quasi monastique (et quasi frigide) pour me faire goûter aux délices charnelles et m'enchaîner à l'amour fusionnel, c'était finement joué de ta part.

L'homme et moi n'avons pas tergiversé longtemps : un jour polaire de décembre, trois mois après notre journée d'intégration à la fac, l'affaire était dans le sac. Et un mois plus tard, après avoir réussi à ne pas nous faire prendre la main dedans (dans le sac, chère DNLP, petite cochonne !), l'ex-fiancé faisait ses bagages et l'homme défaisait les siens chez moi.

Depuis toutes ces années, il y a une question que je brûle de te poser. Créer un début d'histoire impudent, qui pourrait donc donner matière à culpabiliser, était-ce un genre d'entretien d'embauche ? Nous avons succombé. Tu nous avais recrutés. Tu pouvais passer à l'action. Dans un coin de ma tête, j'entends ta voix me susurrer que les circonstances de notre rencontre, le mensonge qui l'entoure ne nous rendent pas dignes de procréer. Voilà ce qui cloche chez nous. Tu nous le fais payer. Cher.

Mais si je ne peux pas revenir en arrière pour changer le début de notre histoire (et à tout dire, je ne changerais rien, même pas les Malabar), il y a autre chose que je peux contrôler. Dans mon cerveau de PMette, tu insinues la pensée patriarcale et plutôt hétéronormative (espèce d'obsolète furie rétrograde) que nous n'arrivons pas à procréer pour la simple et bonne raison que nous ne sommes pas... mariés. Le PACS, ce semblant de mariage, pourrait-il ne pas compter dans ton échelle d'attribution des bébés ? D'autant qu'on s'est pacsés à la va-vite en 2004, pour des raisons fiscales.

Bon sang, mais c'est bien sûr ! Il nous manque tout bêtement cette case à cocher. Il n'en faut pas plus pour me créer une nouvelle lubie : la nécessité que l'homme mette un genou à terre. Et par la même occasion, on s'affranchira de l'humiliation de devoir produire un certificat de concubinage pour la Sécurité sociale. C'est PAR-FAIT.

Cela dit, j'en parle à peine, de mon idée. Je ne suis pas sûre que ce soit dans les plans immédiats de l'homme et je suis à moitié convaincue moi-même. Dix ans que nous vivons heureux ensemble, pourquoi changer une équipe qui gagne ? (OK. OK. « Qui gagne » *modulo* les épisodes sanguinolents et/ou dépressifs que tu nous imposes, radasse.)

Un jeudi, fin octobre, j'ai un déplacement à Paris. L'homme me rejoint et on passe le vendredi, comme chaque fois, à flâner, à manger des macarons chez Ladurée et à jouer des *remakes* du *baiser* de Doisneau à tous les coins de rue. Sans oublier de visiter l'étape emblématique : le pont des Arts. Je peux en témoigner : attacher un cadenas tout en croisant les doigts et en touchant, de la main gauche (primordiale, la main gauche), le platelage en bois, ça oblige à une position qui peut donner lieu à des crampes musculaires (et des regards en coin. Et encore, je me suis retenue d'arborer une patte de lapin).

La nuit tombe sur la ville de l'amouuuuur, la tour Eiffel scintille et tu me souffles à l'oreille que l'instant serait idéal pour une demande en mariage. Mais la déclaration et la bague ne viennent pas. Je maronne. Ma superstition n'est jamais loin : si on était mariés, est-ce qu'on arriverait à procréer ?

Le lendemain, c'est grande dispute sur les Grands Boulevards. L'homme rationnel ne comprend pas que, soudain, mue par ma superstition (ou par ta savante manipulation), il y ait urgence à passer à l'action, et devant le maire. Je passe mes nerfs sur lui. Je suis injuste avec lui, avec moi, avec nous. Et tout de suite après, je m'en veux, j'ai l'impression que ma vie s'effrite de toutes parts. Que je ne peux me raccrocher à rien. Je suis en miettes.

Voir Paris (puis Prague) ~~et~~ sans mourir (ou presque). (« Est-ce que je me suis bien fait compris[1] ? »)

Faut croire que chat(te) échaudée ne craint pas tellement l'eau froide, puisqu'on décide (une nouvelle fois) de partir en voyage. Pour ~~tomber enceinte~~ boucler le *Mitteleuropa Trip* commencé au printemps et terminé dans le sang.

En ce début novembre, au meilleur de la journée, 20 °C sont attendus sur le pont d'Avignon, mais -2 °C à destination. Et vu que je pars avec une bonne angine, je porte mes Ugg Tall, mon Heattech, mon pull en cachemire et ma doudoune en duvet Uniqlo (il ne s'agit ni d'un sponsoring Ugg/Uniqlo, ni d'un point *fashion* collection automne hiver 2011-2012, mais ce détail a son importance pour la suite).

Il est 6 h 40 et nous partons en voiture direction l'aéroport de Marseille, arrivée estimée à 7 h 35. L'embarquement ferme à 9 h 40, on est dans les temps. Mais ça bouchonne sur l'A7. C'est peu courant à cette heure. Radio trafic nous

---

1. Référence au film *Taxi 4* (2007) et à une réplique culte du commissaire Gibert (Bernard Farcy) spécialiste des envolées autoritaires pas toujours grammaticalement irréprochables.

informe alors qu'un poids lourd vient de se coucher de tout son long sur l'autoroute, barrant les trois voies de circulation, et l'A7 par la même occasion, juste après le péage de Lançon. Itinéraire bis, on sort à Salon-de-Provence et on prend la départementale. Prague est encore jouable.

Délester l'A7 sur une seule voie, quand c'est aussi l'heure de pointe pour rejoindre les bureaux des zones d'activité d'Aix-en-Provence, comme dans mon nez angineux : ça donne une bonne congestion. Je vois l'heure tourner, Waze recalculer l'ETA[1] toutes les cinq minutes et je comprends que l'avion, on va le rater.

MOI (*fataliste*) : Si c'est pour arriver à Marignane et voir l'avion s'envoler sur le tarmac… Laisse tomber, fais demi-tour. Viens, on rentre. On verra Prague une autre fois.

L'homme refuse. Il s'obstine, jouant des clignotants, des *warnings* et n'hésitant pas à braver les interdits et rouler sur la bande d'arrêt d'urgence de la voie rapide. Soit je vais mourir, soit je vais vomir. On se croirait dans *Taxi*. « Marseille express, à votre service ! 14 minutes 30[2]. » Je ne l'ai jamais vu comme ça.

9 h 35. On se gare *in extremis* sur le parking de Marignane. Les portes d'embarquement ferment dans cinq minutes. Je cours comme une dératée, faisant voler ma valise cabine derrière moi. Et, avec 20 °C de température extérieure, dans mon accoutrement anti-froid (coucou les Ugg, les Heattech et la doudoune), je suis liquide.

Dans le terminal, sur les écrans de contrôle, on s'aperçoit que le vol a quinze minutes de retard. C'est inespéré, on est même presque LARGES. On rit. « Tu vois, il ne faut jamais

1. Acronyme pour *Estimated time of arrival* (« Heure d'arrivée estimée »).
2. Formule d'accueil officieuse du taxi le plus rapide de l'histoire du cinéma français (film *Taxi*, 1998). Chronomètre et frein à main non fournis.

abandonner sans avoir tout essayé» qu'il me dit. Dans tes dents, chère DNLP.

Au contrôle sécurité, on tombe derrière le nonchalant personnel navigant d'un autre vol. Devant nous, des hôtesses de l'air, toutes proprettes, retirant leurs escarpins en papotant, pour les passer sur le tapis roulant des rayons X. Je fulmine, on a quinze minutes de rab mais ce serait vraiment dommage de craquer à trois mètres de la pinte de *pivo*. Trop occupée à pester derrière les chignons bien tirés (moi, jalouse ? Naaaaan, c'est pas comme si ma course effrénée m'avait créé la magnifaïk coupe d'Edward aux mains d'argent), trop occupée à *bitcher*, donc, je ne vois pas qu'au milieu de ses clés, son téléphone et ses papiers, l'homme a aussi déposé dans le plateau un petit écrin en velours...

Prague, en novembre, est glaciale mais magnifique : les feuilles jaune orangé, les pavés, le château, le pont Charles rien que pour nous dans un brouillard irréel, romantique et mystérieux... Et dans les rues, flotte le parfum de la cannelle des *trdelnik*, ces incroyables gâteaux à la broche, saupoudrés de sucre aux épices. Un tableau trop parfait ? Le matin du 11 novembre, je me lève avec le visage tout gonflé. Un air de Coluche dans *Banzaï*[1]. Sexy. La faute au cocktail d'huiles essentielles que la pharmacienne m'a vendu avant mon départ pour mettre un *shoot* à mon angine. Un surdosage. Une allergie. Une catastrophe. Hasard improbable, je n'en reviens pas, j'ai de la Polaramine dans mon sac. En fin de journée, j'ai dégonflé. Prends ça, chère DNLP.

---

1. Scène culte de *Banzaï*, où Coluche découvre qu'une simple piqûre d'insecte peut transformer un voyage pro en relooking façon bibendum. Gonflé, mais pas *magnifaïk*.

Le soir, nous avons réservé un dîner-croisière sur la Vltava. Le cliché par excellence, avec des bougies, une ambiance feutrée et une chanteuse jazz. Elle s'appelle Nika Diamant. Oui. Oui, ça aurait pu me mettre la puce à l'oreille. Mais je suis trop subjuguée par la vue sur le pont Charles, les lumières, les cygnes qui barbotent dans l'eau glaciale. L'instant est magique. Quand je repose les yeux sur l'homme, il sourit. Un écrin en velours est posé entre nos verres. Les larmes me montent aux yeux instantanément.

Je comprends d'un coup son obstination à monter dans cet avion.

La demande, avec la bague.

Mon « oui », nos yeux humides et la fin du voyage sur un petit nuage.

On va se marier ! On fera partie de la Communauté de l'anneau[1].

Cette fois, c'est sûr : tu ne pourras plus nous le refuser. On va l'avoir, ce bébé.

1. Sans Gandalf, sans elfe et sans hobbits… mais avec traiteur et playlist.

Et c'est le temps qui court

Celle où on part à la recherche du temps perdu

Décembre 2011 – septembre 2012

Chère DNLP,

Es-tu prête à voyager dans le temps ? « Sors la DeLorean[1]. » Pour quelle route ? « Mais enfin, là où on va, on n'a pas besoin de route[2] ! »

Ma fausse couche remonte à plus de six mois, finis les « effets bénéfiques » : le risque d'en refaire une augmente chaque jour. Pour autant, je n'arrive pas à me résoudre à l'insémination artificielle. Ce n'est pas le moment, j'ai mon gros projet professionnel et le mariage à préparer. Fausses excuses, vraie trouille. Reculer pour mieux sauter.

Mais « Nom de Zeus[3] ! » C'est pas tout de vouloir faire partie de *la Communauté de l'anneau*, maintenant, on va l'annoncer. Et *spoiler*, avoir le cœur brisé… Petite traînée.

---

1. Référence à la trilogie *Retour vers le futur* (1985), de Robert Zemeckis, où les personnages de Marty McFly et du Dr Emmett Brown voyagent dans le temps grâce à une voiture de modèle DeLorean.
2. *Ibid.* Réplique culte. « Le Code de la route, c'est surfait. »
3. *Ibid.* Expression préférée du personnage de Doc.

Ma grand-mère (chelou d'écrire « traînée », suivi, sans transition, de « ma grand-mère ». Aucun lien. N'en déplaise à Alain Chabat[1]), sans le savoir, s'apprête à me fendre le cœur. Ma grand-mère paternelle, donc. La dernière aïeule qu'il me reste, celle dont j'ai toujours été la plus proche. Qui a joué les nourrices pour moi quand j'étais bébé, qui m'a appris à faire des colliers avec ces perles rondes crantées et des Mako Moulages Les Schtroumpfs dans sa cuisine en formica. Celle qui continue à préférer les draps aux couettes et nous a appris à mon frère et moi, dès qu'on a eu l'âge, la technique militaire de mon grand-père pour faire notre lit au carré, comme à l'armée, avec ces fameuses couvertures en pure laine vierge. Celle qui est née à Paris et prévoyait toujours de la brioche chaude pour nos petits déjeuners. Celle que nous retrouvions chaque année gare de Lyon pour faire les grands magasins et admirer leurs vitrines animées. Celle qui n'a jamais porté un pantalon de sa vie. Celle avec la salle de bains à l'improbable papier peint Liberty bleu nuit, du sol au plafond. Celle qui détient cette incroyable recette de saumon aux morilles, et qui, juste pour mon frère et moi, concédait une entorse à son couscous traditionnel en y ajoutant des merguez. Celle que nous avons réussi à traîner dans un McDo une fois, et qui a refusé de boire son café parce qu'il était servi dans un gobelet en *carton*. Celle qui changeait de décoration de sapin chaque Noël et cette ambiance féerique rose et irisée, une année, qui m'a tant marquée. Celle avec la crèche aux mille santons et aux treize desserts provençaux. Celle chez qui on faisait des courses de

1. Clin d'œil au génie absurde d'Alain Chabat dans *La Cité de la peur* (1994), où Serge Karamazov tient absolument à préciser « aucun lien, fils unique » comme si Tolstoï allait se réveiller pour lui réclamer des droits d'auteur.

patins sur le travertin, alors que ça la rendait folle. Celle chez qui j'ai eu ma première vraie blessure de guerre, deux points de suture au gros orteil gauche, la faute à la bouteille en verre que j'avais essayé de transporter, alors que je marchais à peine. Celle avec le jardin taillé au cordeau, la balançoire sous le chant des tourterelles turques, avec qui je chantais (et j'avais l'impression réelle qu'elles me répondaient), le cerisier abondant et les bocaux Le Parfait remplis des quetsches gorgées du soleil lourd de la Bourgogne.

Celle qui aurait préféré que je sois un garçon. Qui a osé le dire à haute voix à la maternité. Celle qui m'avait même tricoté de la layette bleue, il paraît. Cette grand-mère-là, que ma mère déteste aussi pour cette raison. Et que moi, j'aime pour sa droiture presque rigide, ce faux self qu'elle s'est construit et qui cache son hypersensibilité. Et puis, on ne va pas se mentir, parce que je suis vite devenue sa préférée, et qu'elle faisait tout pour me gâter.

Le premier week-end de décembre 2011, l'homme et moi montons d'Avignon à Dijon. On l'embarque au restaurant italien. On s'assoit face à face sur les banquettes de l'alcôve. Prenons un apéro. Si-si. On a un truc à fêter.

MOI (*fébrile*) : Mamie, j'ai quelque chose à t'annoncer…

ELLE (*les yeux brillants, prête à pleurer*) : Ça y est ?

Et non. Raté. Mon cœur qui se brise. On va « juste » se marier, quoi. C'est formidable, trinquer, des accolades, des bises, mais l'arrière-goût amer de n'être encore une fois « pas assez ». Heureusement que le prosecco est frais et le chianti, fruité.

Mais mes parents sont ravis. Les parents de l'homme aussi. Beau-papa : « Bon, c'est pas… mais enfin, c'est bien. » Belle-maman : « Bon et sinon, à part ça ? » La (future) belle-sœur sans aucune réaction. La déception.

Oh je ne suis pas dupe, évidemment qu'au bout de dix ans de vie commune *tout le monde* attend l'annonce d'une *grossesse*. Et c'est cette pression sociale qui fait qu'on souffre deux fois plus. Souffrance de porter notre infertilité, souffrance de la déception des réactions à l'annonce de notre (simple) mariage. La double peine.

Mais je n'ai pas le temps de m'apitoyer. « Personne. Ne me traite. De mauviette[1]. » J'ai la rage. Je me sens à vif, écorchée, avec cette colère que je transforme en énergie pour mener ce projet professionnel colossal dans des journées qui s'éternisent. Cinquante-cinq minutes de trajet sur autoroute et j'arrive chez moi dans la nuit, sans avoir aucun souvenir d'avoir conduit. Je ne touche plus terre, je pars à 7 heures, je rentre à 19 h 30. Je reprends cinq kilos sur les quatorze que j'avais perdus. Bref, je m'épuise. Un bureau à Avignon une fois par semaine ne me suffit pas pour reprendre mon souffle. Je fais une demande de temps partiel dès janvier 2012. Tant pis pour la perte de salaire. Dans le cadre des mesures d'accompagnement liées à la mutation du siège, mon employeur ne peut me le refuser. Mais on me fait comprendre que ma décision n'est pas raisonnable. Ai-je bien réfléchi ? Ai-je conscience que je vais sacrifier ma carrière ? Je m'apprête à passer mon quatrième Noël le ventre vide. Alors oui. Grâce à toi, je sabote ma carrière professionnelle, bien joué !

Nous fêtons nos dix ans d'amour à Rome. Mais la magie de la Cité éternelle n'opère pas.

---

1. Dans la trilogie *Retour vers le futur.* C'est bien connu, prononcer « mauviette » devant un McFly, c'est comme déclencher une alarme : explosion de testostérone garantie. Ah, les hommes [soupir]...

Là, tu insinues en moi la pensée insistante que ~~je n'arrive pas à raisonner en quatre dimensions~~[1] nous n'avons pas tout tenté. Et que je serais bien *prétentieuse* de compter rentrer en PMA et *gâcher* nos précieuses tentatives sans avoir levé *l'évident* blocage psychologique qui nous empêche de procréer. Fin décembre, je reprends contact avec Dr Dany le Rouge afin qu'il nous recommande un psy spécialiste en PMA. Silence radio en face. Je fais l'autruche. Tant mieux : pas de réponse = pas de rendez-vous à prendre. Pas vu, pas pris.

2012 arrive. J'ai obtenu mon 80 % et plutôt que d'en profiter pour panser mes plaies, en janvier, je m'en rajoute une couche et je vais enseigner à l'université de Montpellier. Il paraît qu'il faut *arrêter d'y penser*, on ne pourra pas me reprocher de ne pas multiplier les opportunités.

Début février, je sors la tête du sable. 2012 sera notre année. Je relance Dr Dany le Rouge sur le sujet psy. Il me répond d'un laconique « navré du retard à apporter une réponse à votre demande ». Heureusement que je n'en avais pas profité pour aller jouer à colin-maillard au bord de la falaise, quoi. Il me conseille une psychogénéalogiste. Je prends peur et je n'y vais pas. Mon acupuncteur me conseille une psychologue. Ça tombe bien, j'ai mes lundis. Youpi. Allons déterrer ce qui me bloque. Ça fera 50 euros. En espèces, non remboursés.

En avril 2012, tu me remets une louche de culpabilité. Ma mère vient de Lyon et m'accompagne dans un essayage

1. *Ibid.* Inspirons-nous de Doc, jamais à court de concepts fumeux pour expliciter des problèmes simples.

de robes de mariée. En sortant, elle m'étreint, fait un malaise et s'effondre dans mes bras, manquant de se fracasser la tête contre un rebord de fenêtre en pierre que je lui fais éviter de justesse. Je suis paniquée. Deux ambulanciers qui passaient, par là et par miracle, m'aident à lui mettre les jambes en l'air, et prennent son pouls. Il est faible, mais elle reprend connaissance. Ses malaises inexpliqués et de plus en plus fréquents m'inquiètent. Son généraliste parle de symptômes dépressifs liés au décès de sa mère. Moi, ça me donne une autre raison de pleurer quand je suis seule : mes parents vieillissent et je ne suis même pas foutue d'assurer la descendance.

En mai 2012, mon projet de Banque Directe est livré. Six mois. Mes prévisions étaient correctes. J'ai géré d'une main de maître, en bricolant une pseudo-fusée grâce à zéro budget, un management transverse, mais pas de réelle équipe projet, avec tout de même trois élastiques et un bout de ficelle (*poke MacGyver*[1]). Je me suis mise à fond dans mon boulot, pour m'éviter de penser. Il paraît que ça fait tomber enceinte, de *ne pas y penser.* Bilan : mon ventre est toujours vide.

En juin 2012, tout commence à se caler doucement pour le mariage. Pour cocher toutes les cases à fond, on fait une séance d'engagement avec l'incroyable Cécile Creiche, la photographe pour laquelle on a eu un véritable coup de foudre, et qui couvrira aussi notre mariage. La séance a lieu en toute logique dans le quartier de Lyon Confluence, la

1. MacGyver, mon héros, le magicien du bricolage improbable, capable de sauver la planète avec un trombone, un chewing-gum et trois bouts de ficelle. Littéralement.

ville où nous ~~avons péché~~ nous sommes rencontrés. Là où se rejoignent Saône et Rhône, tout un symbole, pour moi qui suis née à côté de l'un et l'homme près de l'autre. Il y a un chat, du SQL, des masques d'Anonymous. Il y a l'amour. Il y a un changement de tenue en pleine rue (et même un papy qui mate mon cul). Il y a les rires et une partie de Scrabble sur une voie ferrée désaffectée. Mais il n'y a toujours pas de bébé.

En juillet 2012, je remplis le questionnaire de l'officiante de notre cérémonie laïque (au grand dam de ma mère, qui pense que je vais regretter de ne pas passer par l'église). Et vient la question qui tue: « Des enfants ? » J'écris: « Disons qu'on y travaille. D'arrache-pied. Depuis plus de quatre ans. Mais tous les examens et traitements ne nous ont pas menés plus loin qu'une grossesse extra-utérine et une fausse couche. Hypofertilité inexpliquée, il paraît. C'est un vrai parcours du combattant pour notre couple. La prochaine étape, c'est l'insémination. J'ai du mal à encaisser, à faire le deuil d'une procréation "normale". Mais l'horloge biologique tourne. On va se marier, et si l'effet "livret de famille" ne donne rien, c'est décidé, on se lancera. »

L'effet livret de famille. LOL. Tu as dû bien te marrer en lisant par-dessus mon épaule, vu ce que tu nous préparais.

Septembre 2012.

Nom de Zeus! C'est pas tout de faire partie de *la Communauté de l'anneau*, mais on a maintenant un mariage à célébrer. Parfait pour ne pas « y » penser. Tu peux descendre de la DeLorean.

Convoler en justes noces

Celle avec le TW[1] *mièvrerie dedans*

Avignon/Bali, automne 2012

Chère DNLP,

On raconte qu'il y a bien longtemps les humains étaient des boules, pourvues de quatre jambes, quatre bras et deux têtes. Chacun ayant le partenaire idéal cousu à lui-même, ils étaient heureux. On raconte que, pour défier les dieux, ils essayèrent d'accéder à l'Olympe et que Zeus lui-même, se sentant menacé, décida de les couper en deux (le bâtard, sûrement un pote à toi, non ?), leur infligeant ainsi la plus douloureuse des conditions : éprouver en permanence une sensation d'incomplétude. *On raconte* que depuis, chaque demi-boule sur Terre cherche sa moitié complémentaire. Je l'ai trouvée. Je l'ai trouvé. « Ensemble, [nous sommes] complets[2]. »

« Les pièges de l'avenir nous attendent [tu en sais quelque chose, chère DNLP]./Mais on n'a pas peur d'eux./Moi si

1. *Trigger warning* : avertissement au public désignant un type de contenu potentiellement traumatisant.
2. Bernard Werber, *Le Livre du voyage*, Albin Michel, 1997.

un jour j'suis un couple, je voudrais être nous deux[1]. » Alors aujourd'hui, juste aujourd'hui, chère DNLP : fous-moi la paix. Une parenthèse. Une trêve. Un rêve. *Keep calm and marry on.*

Il y aura toujours un peu du (fort) mistral de ce jour-là dans les boucles de mes cheveux.

Un peu des rayons de ce soleil de septembre sur ma peau claire. Un peu de la *golden hour* dans mes yeux bicolores (paraît « qu'ils sont même pas *homologués*[2] »). Les cierges scintillants, les photophores en papier. L'instant suspendu à regarder la lanterne s'envoler dans le silence du champ de luzerne. Les rubans « rouge Coca-Cola » et « bleu Tiffany », les grelots et les applaudissements. Son bouton de manchette coincé dans mon chignon. Nina (Simone), Stevie (Wonder), et Aṣa. Les premières notes du thème d'*Eternal Sunshine of the Spotless Mind*[3] qui n'en finira jamais de nous hérisser les poils. Les rires et les larmes de joie de ce jour-là.

15 septembre 2012.
Tourbillon de bulles de savon sur le parvis de la mairie.
Le livret de famille. Enfin, le précieux sésame.

Et puis un voyage de noces au bout du monde. Le paradis. Des massages, des *nasi goreng*, des rizières, des smoothies.

---

1. Référence à la chanson de Grand Corps Malade, « Comme une évidence », 2008.
2. *Ibid.* D'après l'orthoptiste de ma cadette, je présente une « magnifique hétérochromie irienne » : c'est-à-dire que l'un de mes yeux est bleu, l'autre bleu-marron. Très poétique. Beaucoup moins pour remplir les formulaires officiels.
3. Film de Michel Gondry (2004) et son thème par Jon Brion. Mon film préféré *ever*, celui que j'ai vu huit fois, sans jamais réussir à me résoudre à le regarder en VF.

Partout, des offrandes aux pétales de mille fleurs colorées. Partout, de la musique entêtante, des encens parfumés.

Des chips Lay's au saumon teriyaki. Des chats, ailés et tête en bas ? Ah non, *bordel*, des chauves-souris.

Du *snorkeling* en compagnie de tortues de mer majestueuses. Des champs de cacahuètes, des temples secrets, des routes sinueuses.

Une partie de Scrabble avec des lettres improbables. Des photos de moustaches faites de mes cheveux ingérables.

Les îles Gili (*guili guili ! Oh ça va, si on ne peut plus rigoler*). Dans la brume, le volcan Batur, violet.

Les plages de sable blanc, les paysages à couper le souffle, Lombok en bateau et le *speed boat* qui s'essouffle.

La panne sèche au milieu de la mer : se dire qu'on va y rester, c'est clair.

Et comme un mantra, mes vœux de mariage, répéter (*ça ferait désordre, là, de collapser*).

À Tanah Lot, rituel du grain de riz collé sur nos fronts. Les dieux nous ont bénis et ils nous accompagneront.

Au détour d'un chemin, un temple, un autel ? Prétexte pour un vœu, et pas n'importe lequel.

Devenir père, devenir mère. Profondeur d'un regard, nos mains qui se serrent.

Mais pas la peine de le dire. On a compris, c'est tout. Toujours le même souhait, celui qu'on fait partout.

Les dieux sont avec nous. Voilà, on est mariés. On va l'avoir, ce bébé. Maintenant, ça va marcher.

De l'autre côté du miroir

Celle où pas de bras, pas de chocolat[1]

Avignon, novembre 2012

Chère DNLP,

T'es aussi de mèche avec les dieux balinais, comment ça se passe ? Non parce que franchement, interdire les visites des temples aux femmes pendant les menstruations *et aussi* aux femmes enceintes, c'est capillotracté. À moins que ça ne traduise un vrai choix marketing ? Dans ce cas, je te propose d'afficher directement la couleur en *baseline*. « Bali, l'île des dieux », c'est surfait. « Bali, l'île des Infertiles », c'est plus judicieux. Et en plus ça rime. J'appelle illico l'office de tourisme.

BTW, je te remercie de nous avoir foutu la paix. Même si, à un moment donné, tu as bien essayé de m'avoir en prévoyant de m'apporter mon cadeau mens(tr)uel pile-poil pour la nuit de noces (où bien entendu, comme 100 % des jeunes mariés épuisés, nous avons copulé avec *outrage* et *déraison*). C'était compter sans ma passion pour les maths. Comme on enchaînait avec la lune de miel, j'ai déjoué tes plans en reprenant deux plaquettes de pilules en continu.

1. Et c'est pas Omar Sy qui me contredira (*Intouchables*, 2011).

Avoue que tu ne l'avais pas vu venir ? Je commence à être presque aussi diabolique que toi.

Je sais ce que tu te dis :

« Je les ai laissés faire mumuse dans leurs beaux costumes de mariés, puis faire les guignols en sarong à l'autre bout du monde. Fini de rigoler. Retour à la réalité : la partie de PMA va pouvoir vraiment commencer, *niark niark.* »

« *Come as you are*[1] »

On est prêts mais Dr Dany le Rouge, aux abonnés absents. J'essaie de le contacter à plusieurs reprises. Ça sonne dans le vide. Étrange. Au bout de quelques jours, je finis par réussir à joindre la secrétaire. Elle m'informe qu'il est en « longue maladie » et qu'elle n'a « aucune visibilité » sur son planning. Avec l'homme, on fulmine. Non, parce que nous on est du genre à bien mûrir nos décisions, mais quand c'est décidé, c'est décidé.

Avignon commence à nous courir sur le haricot et l'homme prend les choses en main. L'hôpital de la Conception de Marseille (le nom a de quoi faire rêver n'importe quel infertile) dispose d'un « vrai » centre de PMA, avec des statistiques et des avis pas trop pourris (et je te rappelle qu'*en l'an de grâce 2012* Google My Business n'existe pas et qu'il faut faire avec de sombres listings de centres de PMA publiés par l'UFC-Que Choisir et autres forums type Docticrétin). Il nous dégote un rendez-vous avec Dr Nirvana pour début décembre.

En attendant, Dr Nirvana nous demande d'actualiser nos analyses. ~~Petite branlette~~ Spermogramme pour l'homme. Et

1. Chanson du groupe Nirvana (1991), dont les riffs de guitare tournaient en boucle dans mon walkman en 6e (*boomer*).

pour moi, prise de sang : FSH, LH, œstradiolémie, prolactinémie, testostérone, TSH, la totale.

Fin novembre 2012, tout est parfait

J3 tombe un lundi, soit mon jour de temps partiel. J'arrive au labo les ordonnances bien rangées dans mon dossier et la fleur au fusil.

MOI (*avec entrain*) : Bonjour, j'ai rendez-vous pour un bilan sanguin !

LA SECRÉTAIRE (*mécanique*) : Vous êtes à jeun ?

MOI (*encore sur la digestion de mon petit déjeuner, blurp*) : Euh non, pourquoi ?

ELLE (*inquisitrice*) : Qu'avez-vous mangé ce matin ?

MOI (*l'impression de passer un examen, justifiant presque ma tendance un chouïa orthorexique*) : Un jus d'orange fraîchement pressé, deux tartines de pain complet à la crème d'amande, un thé…

ELLE (*me coupant la parole*) : Je crois que ça va pas être possible.

(*Zebda*[1], sors de ce corps !) *Whaaaaat ?*

Je comprends pas : ~~déjà je ne porte pas de baskets et puis~~ un instant ! Je ne lui ai pas encore parlé de mon yaourt au lait de brebis, nature *et* bio !

ELLE (*continuant*) : Je ne peux pas vous prendre. Pas d'excitant avant le prélèvement pour le dosage de la prolactine. Ni café ni thé.

Les bras m'en tombent. Littéralement.

1. Référence à la chanson de Zebda « Je crois que ça va pas être possible » (1998), la phrase parfaite pour ceux qui veulent dire non sans froisser, mais qui, soyons honnêtes, sonne surtout comme un « dégage » déguisé.

ELLE (*indifférente*) : Ce n'est pas grave, madame, la prise de sang peut être faite jusqu'à J5. Vous pouvez donc revenir demain ou après-demain.

Parfait, me voilà *rassurée* ! Demain, J4, je prends le train aux aurores pour un déplacement pro de trente-six heures à Paris. Elle vient dans le TGV avec moi ? Une *animation seringue*, je suis sûre que ça ferait sensation au milieu des costards-cravates du 6 h 04 !

En vrai, j'ai juste les larmes aux yeux.

ELLE (*voyant que j'en ai gros sur la patate* ~~*par pitié, que je ne me mette pas à chialer à l'accueil, les PMettes éplorées, elle n'en peut plus*~~) : Ou alors vous pouvez reporter au cycle prochain… ?

C'est vrai, c'est pas comme si mon horloge biologique ne cessait de tourner, pas comme si j'attendais depuis presque cinq ans maintenant. Je ne suis plus à un mois près. Mais je compte et je recompte dans ma tête. Pour le prochain cycle, s'il est régulier, J3 tombera le 24 décembre, J4 le 25 décembre, J5 le 26. Nickel. Je vais gérer ça au milieu des fêtes de famille à Noël. Avec ma veine légendaire, rien ne sera régulier et je vais me retrouver à J3 un jour férié ou un jour chômé. Et puis, c'est pas comme si nous avions rendez-vous dans quinze jours au centre de PMA de Marseille pour l'analyse de nos résultats. Non, je vais devoir trouver une solution pour faire mes analyses comme prévu ce mois-ci, soit à J5, à Paris, en plein déplacement pro.

Je ravale ma colère. Pas besoin d'avoir en plus le meurtre de la secrétaire sur la conscience (surtout, et je dis pas ça pour me débiner, mais passer à l'acte *sans bras*, c'est peu commode), elle n'y est pour rien. Par contre, moi, oui. Tu es douée pour me faire culpabiliser. De quoi ? En vrac de ne pas avoir appelé le labo par sécurité avant de venir, d'avoir bu un *fucking* thé ce matin, d'avoir un boulot qui m'oblige à des déplacements loin de chez moi… en plus d'être creuse et d'avoir des ovaires *légèrement* micropolykystiques.

Un instant de découragement, puis je repars au combat. Je trouve un labo proche de l'hôtel parisien où je descends avec mes collègues (que des hommes) demain. Une chance, il y en a un à trois cent cinquante mètres. J'irai mercredi avant d'aller bosser. À Paris, « être au labo aux aurores », ça veut dire 8 heures. C'est l'heure à laquelle je devais partir prendre le métro. Il faudra inventer un bobard pour ne pas quitter l'hôtel en même temps que mes collègues. Genre ma valise qui ne ferme pas ou la classique panne de réveil (« Ne vous inquiétez pas les gars ! Je vous rejoins ! Partez devant sans moi ! »). J'arriverai en retard en réunion. Je passerai à nouveau pour la fille pas fiable. SOIT.

Je passe à la deuxième étape

Prendre rendez-vous pour une échographie pelvienne le vendredi à J7. Là, tu enclenches la deuxième phase de ton plan machiavélique. Je me fais refouler de tous les centres de radiologie d'Avignon. Complet. Partout. Pour au moins trois semaines. On me rétorque qu'il faut « prévoir à l'avance, ma petite dame ». La bonne blague. Mes cycles durent entre vingt-six et trente-quatre jours. Comment je fais pour prévoir le septième jour ? À l'aveuglette ?

« Bonjour, madame la secrétaire, je voudrais prendre des rendez-vous pour *des* échographies pelviennes.… Oui-TOUTAFÉ, j'ai bien dit "DES" rendez-vous. … Quand ? Chaque jour que Dieu fera, entre le 29 et le 7 de chaque mois. … Pourquoi ? Pour le plaisir, ma foi ! Une petite *endo-chattale*, pour bien démarrer la journée, rien ne me met plus en joie ! »

(C'est *curieux*, depuis que j'ai eu deux enfants, mes cycles font naturellement vingt-huit jours précis, parfois à l'heure près. Déroutant de régularité. Preuve indiscutable qu'à cette époque tu jouais à la roulette russe pour déterminer la longueur de mes cycles menstruels, pas vrai ? Tu peux avouer : y a prescription.)

En désespoir de cause, je me dis que j'irai faire le pied de grue chez Dr Dany le Rouge ou aux urgences ; s'il est de garde, il me prendra entre deux patientes (pas au sens figuré, non, espèce de cochonne lubrique).

Le lendemain, mardi, J4, 6 h 04, je suis dans le TGV pour Paris.

Mercredi matin, J5, Paris XIe

Anne-Laure totalement à jeun in Wonderland (Le Chapelier fou[1] ne m'aura pas cette fois avec son thé). Pour un peu, je regrette de n'avoir pas mis mon serre-tête noir, ni mon tablier blanc par-dessus ma robe bleue.

Le labo est proche de la station Filles-du-Calvaire. Quand on a dit ça, je crois qu'on a tout dit.

Première surprise : ce labo fait peur. Mais pas le temps de courir un autre labo maintenant, j'ai la ligne 4 à choper, et une réunion à Montrouge dans une heure. « En r'tard en r'tard, j'ai rendez-vous quelque part[2]. »

Deuxième surprise : je dois m'acquitter de 5 euros de frais de création de dossier patient. Première fois que je vois ça. Surtout pour un labo où je n'irai qu'une seule fois, admettons. Grande princesse, je paie.

---

1. Maître du *tea time* hors normes dans *Alice au pays des merveilles*. En mettant du chaos dans les tasses, il incarne la folie joyeuse et le non-sens à l'état pur.
2. *Ibid.* À deux doigts de sortir ma montre à gousset et mes oreilles de lapin.

Troisième surprise : c'est moi qui dois rappeler à l'infirmière que, dosage de prolactine oblige, je dois rester allongée quinze minutes avant le prélèvement. Et la secrétaire ne m'a jamais demandé si j'avais ingéré du thé avant la prise de sang.

Quatrième surprise : le labo n'est « pas sûr » de pouvoir me faire parvenir les résultats à temps pour notre rendez-vous dans six jours ouvrés avec Dr Nirvana. Dans six jours ouvrés. SIX.

Excusez-moi, ici, on est bien dans la capitale de la France ou alors je suis tombée dans un obscur village de la Creuse ravitaillé par les corbeaux ?

Verdict, Avignon, Paris, même combat : peu de considération du caractère d'importance de la situation. La nonchalance et l'amateurisme ne sont pas uniquement légion en région.

J'arrive au siège, à Montrouge en retard et en nage, en bredouillant une vague excuse.

Plus tard, j'apprendrai que cet automne 2012, si je n'arrivais pas à joindre Dr Dany le Rouge, c'est qu'il se battait contre une saloperie de crabe. Et malgré son côté *peace & love,* il s'est défendu comme un beau diable (rouge). Mais Dany avait beau avoir un air de révolutionnaire, le crabe a gagné. Et l'a finalement emporté, trois ans plus tard. Reposez en paix, docteur Dany le Rouge, je regretterai toujours de n'avoir même pas eu l'occasion de vous dire au revoir…

Fin du monde programmée

Celle où j'atteins le Nirvana

Avignon, décembre 2012

Chère DNLP,

Contre toute attente (*sic*), le labo parisien a bien réussi l'exploit d'envoyer mes résultats d'analyse dans les temps au centre de PMA de Marseille.

La bonne nouvelle, c'est que, malgré mon grand âge (trente-deux ans), ma réserve ovarienne (AMH[1]) est encore opérationnelle.

La mauvaise, c'est qu'avec 5,17 ng/mL, elle est trop élevée. Contrairement au bon vin, je ne me suis donc pas bonifiée avec l'âge. Sans surprise, j'ai beaucoup de follicules mais il y a fort à parier que la quantité est loin d'être gage de qualité.

1. Hormone anti-müllerienne, pour les intimes : petit détecteur high-tech qui fait le point sur la réserve ovarienne. En clair, c'est un peu le compteur kilométrique des ovaires, histoire de savoir combien de tours de piste ils ont encore dans le ventre.

On craint dégun[1] (mais quand même)

Nous voilà partis pour Marseille ce lundi matin de décembre 2012. Autoroute A7. Fébriles et taiseux.

Au détour d'un virage : la mer, les Arnavaux. Et puis la Bonne Mère, là-haut !

Tout un symbole. Je croise les doigts et je formule des vœux intérieurement. Tout va bien aller.

Le cœur qui bat un peu plus fort à chaque minute qui nous rapproche de l'ETA de Waze.

Boulevard Sakakini. Boulevard Baille. Venez ~~comme vous êtes~~ avec votre épais dossier.

Hôpital de la Conception. Première claque : pénétrer dans ce grand établissement de santé, ça me range de fait dans la catégorie des *malades*. Il y a des blouses partout, des brancards poussés par des ambulanciers, ça sent l'aseptisé. Sûrement que tu te frottes les mains d'impatience. Et moi ? J'ai du mal à réaliser. Cette fois, ça y est : on est au pied du mur.

Bureau des entrées pour faire des étiquettes. Deuxième claque : ce sont les entrées « gynécologie et obstétrique ». Les infertiles sont donc mêlées… aux fertiles. Quel est le crétin qui a décidé ça, hein ? Sans doute un pote à toi. Autour de moi des femmes plus ou moins enceintes, des nouveau-nés, parfois leurs aînés, des futurs papas qui patientent avec un café, des discussions de terme, d'échographie, de césarienne.

Mon cœur se serre, au milieu de tous ces espoirs, j'ai l'impression d'être une paria.

---

1. « On ne craint personne » : devise officielle des Marseillais depuis que le Vieux-Port existe. Ici, on ne tremble devant rien ni personne, pas même devant un pastis un peu trop dosé, une pétanque en plein cagnard, ou le PSG. Surtout pas le PSG.

Secrétariat du centre de procréation médicalement assistée. Blondie, la secrétaire, est adorable, aimable et patiente. J'ai tout de suite envie de me lover dans ses bras, mais je me retiens.

Dr Nirvana, la quarantaine, me donne d'emblée confiance. C'est ce genre de femme grande, mince, ancrée. Qui se déplace avec prestance et assurance. Carrée. Ferme.

J'avais le secret espoir qu'elle analyse nos résultats en s'écriant :

« Bon sang, mais c'est bien sûr ! En arrêtant de jouer un ton au-dessus et en accordant plutôt en *mi* mineur[1], tout rentrera dans l'ordre ! »

Qu'elle voie quelque chose qui, ailleurs que dans la deuxième ville de France, serait passé inaperçu, quoi.

Encore raté !

La prochaine étape, c'est bien l'IAC (insémination artificielle avec sperme du conjoint). Troisième claque.

Dr Nirvana a une démarche pragmatique. Elle n'est pas là pour nous vendre du rêve. Une tentative, c'est 15 à 20 % de réussite. Seulement un cycle sur deux. Et encore, si je ne fais pas d'hyperstimulation, car dans ce cas, il faudrait attendre quelques cycles pour permettre au corps de récupérer.

Elle nous prévient aussi : six tentatives d'IAC sont remboursées mais au centre de PMA de Marseille, ils n'iront *a priori* que jusqu'à quatre. Pour nous laisser le choix, si on

1. « Come As You Are », la chanson du groupe Nirvana (1991) enregistrée en *fa* mineur, était généralement jouée par son leader, Kurt Cobain, en *mi* mineur.

le décide, d'utiliser ces deux dernières chances en changeant de centre et de protocole.

Blondie la secrétaire nous fixe un rendez-vous de démarrage en janvier 2013. Je vais rencontrer les psychologues et les biologistes. Les infirmières me montreront comment me piquer le ventre pour la stimulation ovarienne.

J'ai les larmes aux yeux.

Je ne sors pas du rendez-vous regonflée à bloc, pleine d'espoir et d'enthousiasme. Non.

Quand je sors, les vannes lâchent, je m'effondre et je pleure tout le trajet du retour.

Tout va devenir tellement compliqué maintenant. Les prises de sang, les échographies, les injections. Je vais devoir poser des congés à la dernière minute et je n'ai pas envie d'avoir à me justifier auprès de mon employeur.

Toi, je t'imagine comme une gamine surexcitée devant un nouveau jouet avec lequel il te tarde de t'amuser.

Superstition et acupuncture sont sur une gondole. Acupuncture tombe à l'eau. Qu'est-ce qu'il reste ?

Voyageons encore une fois ~~pour tomber enceinte~~ pour oublier : Venise en hiver pour nos onze ans d'amouuuur. Des *pastas*, des *risetti*, des ruelles mystérieuses dans la romantique brume de décembre, le *vaporetto* sur le Canal Grande, la place Saint-Marc encore humide de l'Acqua Alta de novembre, des Spritz (beaucoup de Spritz). Mais pas de bébé. Soupirs de circonstance devant le pont éponyme. On est raccord, c'est parfait.

Depuis deux ans, mon acupuncteur me dit que mon problème, c'est que je ne sais pas renoncer. Alors deux fois par mois, presque à chaque séance, avec patience, il s'obstine à me piquer un point particulier sur la tranche interne du poignet, placé sur le méridien du poumon, celui de l'automne. De l'adaptation au changement. Celui qui renforce l'armure. Mais depuis deux ans, rien n'y fait. Pour renoncer à la grossesse naturelle et accepter une procréation médicalement assistée, si tu connais la partition à jouer, tu la gardes secrète. J'ai l'impression que mon monde est en train de s'écrouler.

Tout comme toi, les Mayas en rient encore

Ça tombe bien : le 21 décembre 2012, le calendrier maya prévoit au mieux un cataclysme, au pire, la fin du monde. En toute logique, c'est le lendemain de cette date que nous avons choisie pour ouvrir la *time capsule* de notre mariage remplie en secret par nos proches et scellée (au Malabar) lors de notre cérémonie laïque. Car si notre union peut survivre à la fin du monde, alors elle pourra tout affronter, hein ?

Le jour d'après, nous ouvrons la boîte. À l'intérieur, il y a pêle-mêle une branche d'olivier, une peluche, des mots doux, du dentifrice (longue histoire)… Mais surtout, dans la boîte, il y a *des chaussons de bébé.* Roses. Parce qu'ils ne pensaient pas à mal, parce que la suite attendue de l'histoire c'est « ils se marièrent et eurent beaucoup d'enfants », pas vrai ? Le cœur qui se serre et cette sensation de honte et d'insuffisance. Et je pleure encore. La fin du monde programmée n'a pas lieu. Du moins, pas comme on l'attendait.

« *It's the most wonderful time of the year* »

Sans attendre, voici venue la joyeuse saison des préparatifs des fêtes de Noël, cette période magique où tu prends un malin plaisir à me rappeler que mon ventre sera vide pour la cinquième année consécutive. Partout des publicités horripilantes de jouets trop bruyants pour enfants agaçants, des téléfilms de Noël à grossesse surprise (c'est sucré comme un Kinder Surprise, mais avec un bébé dedans), et une Mariah Carey que j'ai envie d'étriper chaque fois que j'entends «*All I want for Christmas is youuuuuuu*» dans les galeries marchandes surpeuplées.

Mais cette année, tu ne nous auras pas avec ta mélancolie subtilement saupoudrée sur nos espoirs brisés. Pour ne pas déprimer devant notre sapin déserté par les pantoufles d'enfant, l'homme et moi décidons de fêter Noël loin de chez nous. Adieu réveil du 25 au matin avec un pincement au cœur à compter en silence l'âge qu'il ou elle aurait eu si ça avait marché (réponse: quatre ans et demi).

« Plus la montagne est haute, plus la vallée est profonde » (proverbe alsacien)

Nous partons en Alsace et j'espère secrètement qu'en allant *au pays des cigognes* je vais cocher une dernière case sur notre liste de superstitions pour avoir un bébé.

La légende raconte qu'en dessous de la cathédrale de Strasbourg se trouvait un lac souterrain où les âmes des enfants attendaient de venir au monde. Quand une dame voulait un enfant, un gnome en barque attrapait un bébé pour le déposer au bord. Une cigogne venait alors chercher le bébé et l'amenait à ses futurs parents en le transportant dans un panier.

En Alsace, on dit que si une cigogne vole en rase-mottes au-dessus d'une *jeune* femme, elle tombera enceinte *dans l'année*.

Spoiler: ça n'a PAS fonctionné. Je n'y vois que trois raisons possibles:

1. Je ne suis plus assez *jeune* pour satisfaire la prophétie: à trente-deux ans, on est décrépie.

2. Y aller un 24 décembre, à sept jours de la *fin* de l'année civile, n'était peut-être pas l'idée du siècle, ça laissait peu de temps au miracle d'opérer.
3. Nous n'avons pas vu la plume de l'aile de la moindre cigogne et pour cause : en décembre, les cigognes se font dorer la pilule en Afrique ou en Espagne. Pas folles.

Conclusion, nous rentrons d'Alsace gavés aux *Bredele* mais *bredouilles. Cette fois, ça y est : on est au pied du mur.* 2013 sera LA grande année.

Les voix dans ma tête

Celle où Louane fait une entrée en fanfare

Avignon, janvier 2013

Chère DNLP,

Déjà, je voudrais te souhaiter une bonne année. ~~Je veux mettre toutes les chances de mon côté~~ J'ai pas envie qu'on commence 2013 fâchées. Mes meilleurs vœux pour toi. Une bonne santé, toussa, #coeuraveclesdoigts.

Ce 17 janvier, nous avons rendez-vous à l'hôpital de la Conception de Marseille, pour rencontrer les biologistes et la psychologue au centre de PMA. Pour me soutenir, je suis venue avec mes trois amis : Doute, Culpabilité et Appréhension.

Au bureau des entrées

En plus des femmes caressant leur gros ventre, tu as placé une secrétaire médicale carabinée. Je lui tends mon attestation Sécu de prise en charge à 100 %. **Doute** se ronge les ongles.

LA SECRÉTAIRE (*s'étonnant*) : Et vous, monsieur, vous n'en avez pas ?

L'HOMME (*neutre*) : Non, Dr Nirvana ne m'a rien demandé en ce sens.

ELLE (*avec une délicatesse délicieuse et un air entendu*) : Ah, c'est madame qui a un problème, pas vous.

Un problème ? Un *problème* ? **Culpabilité** n'est pas loin d'exploser.

Je vais lui mettre ma main dans la figure, bien au milieu, bien comme il faut, et on va voir si *Madame* a un problème. Avec un peu de chance, on pourra même voir *Monsieur* avoir des problèmes en s'interposant pour démêler nos corps s'étripant à mains nues.

L'homme me voit fulminer. Ses yeux me disent : « Laisse tomber, va, elle comprend rien. » Je respire. Qu'elle me file mes putains d'étiquettes et que j'aille au secrétariat de PMA voir ma très chère Blondie.

De toute façon, *si ça se trouve je ne reviendrai jamais ici. Je suis à J25 et ma courbe de température est sur un palier haut. Donc, si ça se trouve, je suis enceinte.*

Psychologies Magazine

Blondie nous dirige vers le bureau de la psychologue. **Appréhension** se demande à quelle sauce elle va être mangée. Moi, ce qui me frappe, c'est la tonne de photos et de faire-part accrochés ici. Tous les enfants dont le centre a permis la conception. Comme un encouragement. L'espoir concret pour y croire s'étale sur les quatre murs du cabinet. **Doute** se fait tout petit.

Des jumeaux. Des uniques. Quelques triplés. Des filles. Des garçons. Je suis hypnotisée. Par réflexe, je balaie les noms. À première vue, il n'y a pas « notre » prénom. Celui qui est choisi implicitement depuis plus de dix ans…

LA PSYCHOLOGUE (*consultant mon dossier et me tirant de ma rêverie*) : Qu'est-ce qu'on a prévu pour vous ? Ah une IAC, ça va. Il y a pire.

Et le tact, sinon, c'est en option ? De mon point de vue d'infertile, à ce moment-là, ça ne pourrait pas être pire. Sur mon épaule, **Culpabilité** pèse de plus en plus lourd. Je n'ai pas le droit de me plaindre, c'est ça ? C'est juste une petite IAC de rien du tout. Le protocole ? *Easy*, tranquille. Les injections ? *Peanuts* cacahuète.

LA PSY (*continuant sur sa lancée*) : Et sinon, la PMA, vous la voyez comme un échec ?

Doute reçoit les mots comme une gifle. Ah mais alors PAS. DU. TOUT. Tu penses bien. Comment te dire pour imager : présentement, je me sens un peu à mi-chemin entre Wonder Woman et Tornade des X-Men, tu vois ? Poings sur les hanches, jambes bien ancrées dans le sol, regard déterminé (et canon. Surtout canon).

LA PSY (*toujours aux petits soins*) : Et vous vous sentez moralement outillée pour affronter ce qui vous attend ?

Elle me prend pour une demeurée ou bien ? J'ai l'impression de remplir le formulaire vert de l'avion pour rentrer aux États-Unis : « Êtes-vous un terroriste ? » Mmmmh, laissez-moi réfléchir pour ne pas répondre une connerie…

La psy annote notre dossier. **Appréhension** espère qu'on a fait bonne impression. **Doute** se dit que rien n'est moins sûr. **Culpabilité** rejoue la discussion dans sa tête en se flagellant avec des « j'aurais dû dire/ne pas dire ça ».

Les goûts et les couleurs

On enchaîne avec les biologistes. Là aussi, des faire-part kitsch à souhait, des faits maison avec plus ou moins de grâce, des avec le poids et la taille dessus – ici aussi, la taille compte, apparemment – et des photos de bébés. Partout. Des beaux, des objectivement très moches. **Culpabilité** rattrape cette pensée au vol : on ne voudrait pas avoir l'air de juger. Apporte-moi déjà un bébé, n'importe lequel, je ne ferai pas la fine bouche.

Le professeur P est accompagné de son interne, un jeune homme qui doit avoir vingt-cinq ans à tout casser. Ce qui est pratique, c'est que ça nous permet, à l'homme et moi, une révision du protocole et des étapes en bonne et due forme. **Doute** se régale du *reminder*.

L'interne boit les paroles du professeur P (ce qui me fait un effet bizarre parce qu'il parle quand même de recueil de sperme et de sélection de spermatozoïdes… enfin, chacun ses hobbies). Le professeur P insiste : le jour de l'insémination, il est primordial que l'homme soit à trois/cinq jours d'abstinence. Pas plus. Pas moins. **Appréhension** est en panique. Vu qu'on ne sait pas quand l'insémination va tomber, et que c'est la surveillance du matin qui déterminera le déclenchement de l'ovulation, il va falloir bien viser, c'est le cas de le dire. Déjà qu'avant, programmer les rapports en fonction de l'ovulation, c'était romantique, là, ça devient carrément compliqué. **Culpabilité** commence à geindre. « Non, chéri, déso, pas ce soir, garde TOUT pour ta petite branlette de laboratoire ! »

Venez comme vous êtes

C'est au tour de Dr Nirvana de nous recevoir. Elle nous annonce que si c'est elle qui suit notre dossier, il y a peu de chances qu'elle réalise l'insémination, car elle n'est là que les jeudis. Le reste du temps ? Elle le consacre aux fertiles, en service gynécologie obstétrique. Mais que je ne m'inquiète surtout pas, les autres gynécos sont aussi très professionnels. **Doute** se demande s'ils sont aussi très humains. **Culpabilité** se prépare à être dans tous ses états si jamais l'insémination tombait un mardi. **Appréhension** est occupée à lire l'ordonnance en diagonale : Gonal-F (pour la stimulation ovarienne), Ovitrelle (pour déclencher l'ovulation) et la surprise du jour, qui me ravit d'avance : l'Utrogestan. De molles capsules de progestérone à s'enfoncer au fond du vagin. Miam.

Travaux pratiques

Les sages-femmes prennent le relais. Encore des photos de bébés. Ça fait beaucoup. Je frôle *l'overdose*, là.

Ça tombe bien, elles vont me montrer comment me *piquer*. Car après les cours théoriques, c'est l'heure des travaux pratiques ! On me tend une balle en mousse et un stylo-seringue. **Doute** a un instant d'hésitation. *Easy*, du moins sur une balle en mousse. **Appréhension** prévient : sur mon ventre, ce sera une autre paire de manches. Elles insistent pour que l'homme s'y essaie aussi. **Culpabilité** déplore qu'il ne soit pas épargné…

LA SAGE-FEMME (*étonnée*) : Je lis sur votre dossier que vous venez d'Avignon ? Pourquoi vouloir faire la surveillance ici à Marseille ? Ça va vous rajouter des contraintes…

Tandis que j'évoque mes expériences avignonnaises de rendez-vous refoulés, **Culpabilité** se ronge les ongles. Ça va aller, on a prévu de prendre des congés exprès pour les vacances de février.

Tadaaaam !

Cinq jours plus tard, à J30, ma courbe de température est toujours sur un palier haut. **Doute**, **Appréhension** et **Culpabilité** ont été bâillonnés dans la cave. Je n'arrête pas de me palper les seins, je souris intérieurement. Je me dis que la vie m'a réservé un de ses tours de passe-passe dont elle a le secret. Il aura *juste* suffi que je me mette au pied du mur pour que ça marche. Je n'aurai pas à retourner au centre de PMA de Marseille ! Je n'aurai à faire ni injection ni insémination ! Pour un peu, j'enlèverais (presque) le L et le P à ton surnom, chère DNLP. Hourra !

Et puis… Et puis j'ai mes règles, comme de bien entendu. Tu as encore dû bien te fendre la poire.

Doute réussit à arracher son bâillon et vocifère : « Qu'est-ce que j'avais dit ! » **Culpabilité** pleure d'y avoir cru. **Appréhension** se ronge les sangs en pensant à tout ce qui l'attend.

Louane ne le chantera que l'année prochaine, mais *c'est le jour 1, celui qu'on retient.* La mort dans l'âme, j'appelle donc les sages-femmes de Marseille pour prendre rendez-vous à J10.

Je me traîne à la pharmacie. 300 euros de médicaments, sans compter les rendez-vous médicaux et les analyses de sang. Et cent cinquante mille tentatives de procréation médicalement assistée en France chaque année ? Elle revient cher, la croissance démographique. Tu m'étonnes que la Sécu ne rembourse que dix tentatives. **Culpabilité** s'en veut.

Je fais de la place dans mon frigo et je le remplis de toutes les boîtes de stylos-seringues : celles pour la stimulation et celles pour le déclenchement de l'ovulation.

Je fais de la place dans la salle de bains pour les compléments alimentaires, les vitamines, les capsules intravaginales de progestérone et le collecteur jaune pour aiguilles usagées.

Je suis prête. **Appréhension** a le palpitant qui bat la chamade. **Doute** se demande comment y arriver. **Culpabilité** pleure d'être nulle au point d'en arriver là.

Jour 3 – 19 heures

J'ai tout préparé.

J'ai pris le bus pour rentrer du boulot et me forcer à un horaire précis de retour à la maison.

J'ai désinfecté mon abdomen. J'ai réglé la dose sur le stylo. J'ai chassé la bulle d'air. J'ai pincé le pli du ventre à droite du nombril. J'ai pris une grande inspiration. Et force est de constater que je suis incapable de me piquer moi-même.

J'enrage. J'en pleure. Je bloque. Je n'y arrive pas.

Doute, **Culpabilité** et **Appréhension** sont en train de se chamailler.

L'heure tourne.

Heureusement l'homme est là, et il prend le relais : « Tu es prête ? Allez, j'y vais. »

Ça fait pas si mal, en vrai. Un peu comme un vaccin.

Appréhension s'est évanouie, trop de pression. **Doute** ? L'homme lui a coupé la chique. **Culpabilité** est effondrée.

Et moi, chère DNLP, j'ai une certitude. J'aurais fait une très mauvaise junkie.

Zou collègue

Celle où tombent les masques
(et les culottes aussi)

Avignon, février 2013

Chère DNLP,

— Tu fais quoi pour les vacances de février ? Tu vas skier ?
— Non, j'ai posé des congés pour me faire inséminer.

Cette question, mardi, un collègue de bureau me l'a posée. Mais ce n'est évidemment pas la réponse que j'ai donnée.

J'ai mis mon masque et, en tentant de rester calme, j'ai répondu : « Non, je ne pars pas, on a des travaux à terminer. » Un mensonge. On a posé une semaine de congé exprès pour cette tentative d'IAC.

Je joue le jeu, je fais semblant.

Sept mois que je porte à bout de bras ce projet intrapreneurial, la création *ex nihilo* d'une filiale nationale. Sept mois que je ne compte ni mes heures, ni mon investissement, attendant la considération et l'avancement promis. Sept mois que mon quotidien a changé du tout au tout, mais pas mon poste. C'est long, sept mois.

En janvier, les masques sont tombés et j'ai compris qu'il n'y avait plus rien à espérer. Le responsable de la structure, arrivé après moi, a décidé de me « garder comme ça ». Quand j'ai osé dire que ça ne me convenait pas, on m'a demandé de travailler à « une définition de fiche de poste ». Un moyen à la fois humiliant et commode pour se débarrasser d'un problème tout en exploitant un collaborateur. Et on m'a subtilement asséné qu'abandonner mon temps partiel pourrait aider.

Chemin faisant (ou râlerie aidant), j'ai fini par être convoquée par le directeur général adjoint de ma boîte. Le mec au sourire *ultra bright*, avec la Rolex à dix mille balles à tout juste quarante ans, le costume taillé sur mesure. Celui qui gagne sept fois mon salaire et occupe le bureau vitré en haut de la tour, avec une vue à 360° sur la Sainte-Victoire.

Et là, ça a été le *climax*. La totale. La morale. La culpabilisation (quelle ingrate je fais, franchement, de mettre la pression à mon manager en réclamant mon dû). Les démonstrations sur *paperboard* avec les courbes « effort/rémunération » (si si, Anne-Laure, un jour ça paiera !). Quand j'ai eu le malheur de lui dire ma façon de penser, j'en ai eu les larmes aux yeux. Et là, j'ai eu droit à la remarque mémorable, qui restera gravée dans mes annales de salariée : « Je vous trouve bien émotive, vous ne seriez pas enceinte, par hasard ? » Le coup de couteau dans une plaie béante. Je suis sortie anéantie. Ça m'a donné une nouvelle raison de pleurer dans les toilettes.

La bonne nouvelle, c'est qu'en janvier j'ai ainsi compris que mon projet professionnel c'était… de faire un bébé.

J'ai donc démarré cette tentative d'IAC avec la rage au ventre. Depuis une semaine, nous arrivons plutôt bien à gérer les injections. L'homme est vite devenu un pro, et moi je suis rassurée de m'en remettre à lui. Et puis, ça lui donne une responsabilité autre que la simple petite branlette de laboratoire. On fait équipe.

C'est bientôt mardi gras mais je n'ai pas attendu pour me déguiser : je suis un mélange de Simon dans *La Cité de la peur* et de la créature de *Frankenstein*, qui aurait écouté un peu trop de heavy metal. Je ne suis pas forcément *hyper contente*[1], mais j'ai des nausées. Avec mon acné carabinée sur le front, je peux dégoûter quiconque s'approche à moins d'un mètre. Et j'ai des migraines dignes d'un lendemain de concert bruyant.

À bien y regarder, je suis sûre que tu dois être fan de carnaval. En tout cas, ce mois de février, tu mets le paquet sur le budget costume.

Pour la surveillance au centre de PMA à J10, nous devons être à Marseille à 7 heures. Pour s'éviter la fatigue d'un réveil à 5 heures et le risque de rester bloqués dans les embouteillages du matin, nous décidons de dormir la veille sur place. Pas de faire le piquet dans l'hôpital, mais juste à côté. Un hôtel Mama Shelter vient d'être inauguré à Marseille et il est stratégiquement situé à deux rues de l'entrée du CHU. C'est l'occasion parfaite. Demain vendredi, nous passerons même la journée à flâner dans Marseille, capitale européenne de la culture en cette année 2013.

Ce jeudi soir, je suis donc en vacances pour une semaine. Et le programme n'est pas d'aller skier, non. Je vais me faire inséminer. L'homme passe me chercher à Aix-en-Provence, à la sortie du travail, avec, pour l'injection du soir, la glacière, le stylo-piqûre et tout l'attirail.

Chez Mama, j'aime tout : la moquette et ses dessins sur les quartiers de Marseille, l'ascenseur et ses expressions typiquement marseillaises (et ma préférée « Va caguer à Endoume »), le plafond noir avec ses *letterings* à la craie, le

1. Blurp.

petit déjeuner de roi avec ses pâtisseries maison, les murs rose poudre et jaune pâle de la chambre, la salle de bains designée par Starck, le Velux de notre chambre (même si ce jour-là je ne pourrai pas revisiter mon souvenir d'enfance de pluie ASMR : il fait un grand beau froid), le minibar pratique pour stocker mes stylos-piqûres et surtout, surtout : les deux masques posés sur le lit. Un Titi et un Grosminet. Ni une, ni deux, nous voilà anonymisés. Photo prise devant le miroir sur le côté du lit. Je ne le sais pas encore mais on découvrira plein d'autres masques dans plein d'autres chambres et ces selfies deviendront un rituel PMesque qui remplira de souvenirs les galeries de nos smartphones.

6 h 45. Il fait encore nuit, et Marseille se réveille à peine, les rues désertes en témoignent. La sage-femme m'appelle pour la prise de sang et s'enquiert de mes effets secondaires. Tout est normal, rien d'alarmant. Et l'acné sur le front ? « Il faut ce qu'il faut. » Ben voyons. J'ai un bleu au pli du coude, allons bon.

Retour en salle d'attente, maintenant pleine à craquer. Je ne peux m'en empêcher, je scrute les autres patients, nous cherchant des ressemblances. Il n'y en a pas. Il y a tous les âges, toutes les couleurs de peau, toutes les morphologies, il y a même quelques signes extérieurs de richesse. Il y a des femmes seules et des couples. Des nullipares et des primipares avec leur progéniture (que je me retiens d'étrangler. Les primipares d'avoir osé, pas la progéniture, qui n'a rien demandé). Je n'aurais jamais cru que nous étions si nombreux. C'est la première fois que je suis confrontée à la réalité de la PMA.

L'infirmière m'appelle pour l'échographie. Une petite *endochattale* à jeun, c'est vraiment bien. Dr Nirvana ne sera pas là, puisqu'on est vendredi. Mais me voilà rassurée, en échange, j'ai droit à double dose : la gynéco du jour est assistée d'une interne. Elle tâtonne et avec sa tête à un mètre de mes cuisses ouvertes, elle a l'air autant à l'aise que je le suis. Deux follicules de taille moyenne à droite et un en tête de peloton à gauche. Tout va bien. Les résultats de la prise de sang indiqueront la conduite à tenir.

Retour à l'hôtel à 8 h 30, pour un petit déjeuner gargantuesque et bien mérité. Et puis on va se promener. Le Vieux-Port n'a pas encore son plafond miroir. Mais il y a des sculptures partout dans la ville. Quand je regarde ces photos, sous un front défiguré de boutons, je vois le regard un peu triste d'une fille fatiguée et inquiète.

Le téléphone sonne vers 11 heures, nous devons continuer les injections et revenir lundi pour une nouvelle surveillance. Après un bref aller-retour à Avignon, pour abattre une cloison et donner raison à mon mensonge aux collègues, retour au Mama Shelter le dimanche soir. Masques de Titi et de Daffy Duck cette fois-ci. Selfie. Faire l'amour sous la couette blanche, plus par préparation que par réelle envie.

Lundi matin, c'est reparti. Trajet à pied dans le quartier endormi. La prise de sang, l'échographie. Notre tête de peloton à gauche a fait une échappée et donc, ce sera lui.

Dans un couloir, tu n'auras bien sûr pas manqué de me faire croiser deux patientes de FIV[1] sur des brancards. Elles sortaient de ponction ovocytaire. Et j'ai compris à leur tête

1. Fécondation *in vitro* : Technique de procréation médicalement assistée : on crée en dehors du corps un rendez-vous galant entre un ovule et des spermatozoïdes, histoire de maximiser leurs chances de conclure.

que c'était une autre paire de manches. Que la psy avait raison : « Une-IAC-ça-va-il-y-a-pire. »

Ce soir, l'homme m'injectera l'Ovitrelle pour déclencher artificiellement l'ovulation. Ensuite ? Ce sera ceinture et rendez-vous mercredi matin pour l'insémination.

En février, tu vas pouvoir t'en donner à cœur joie.

Ça tombe bien, mardi gras approche à grands pas.

Bas les masques. Bas les culottes, aussi.

Frottis frotta

Celle avec une incursion dans le présent pour le retour du héros

Avignon, le 30 mars 2023

Chère DNLP,

J'espère que tu ne m'en voudras pas de ce bond dans le temps. Nous sommes en 2023 et je t'écris de la semaine dernière.

Ce matin du dernier jeudi de mars, c'est le jour de mon frottis. Comme tous les deux ans depuis que j'ai abandonné mon rôle de PMette et de PB pour redevenir la patiente *lambda* chez le gynécologue.

Dans l'ascenseur, j'appuie sur le 2 (non, je n'ai pas pris l'escalier. Oh ça va, hein. Ne juge pas, j'avais fait quinze minutes de vélo avant), en pensant à toutes ces montées du passé où l'émotion grimpait dans les tours au fur et à mesure des étages.

Je marche dans la coursive. Je n'ai même pas regardé le banc fuchsia, en bas, dans la cour de la clinique. Le deuxième en partant de l'entrée. Ce banc où je m'étais assise après « le transfert qui a tout changé ». Pas même une œillade de gratitude pour lui, pas même un clin d'œil, ni une pensée, je m'en rends compte avec nostalgie en écrivant maintenant que je suis rentrée. Et j'ai un léger vertige, c'était il y a si longtemps, et en même temps...

J'ai un instant d'hésitation sur la porte à ouvrir ; c'est laquelle déjà ? Et dire qu'avant j'aurais presque pu y aller les yeux fermés.

Un spécialiste en endométriose s'est installé dans le bureau d'à côté. Mais je pousse la porte, la bonne. Lolo la secrétaire est assise derrière son comptoir. Immuable. À la place où je l'ai laissée. Ses cheveux ont poussé. Sa peau, comme la mienne, s'est un peu ridée. Ce qui n'a pas changé, c'est son air un peu pincé. Et voir Lolo qui tire une gueule de six pieds de long comme avant, d'une certaine manière, c'est réconfortant.

Elle lève les yeux vers moi et je m'annonce. Pointe de déception : pas de sourire spécial pour la patiente reconnaissante qui lui avait envoyé un MERCI s'envolant d'un carton, en mars 2016. À l'époque, Lolo m'avait téléphoné, émue et surprise. Du champagne, elle en recevait (et encore, c'était surtout Lui qui était gâté, et elle, souvent oubliée), mais personne ne lui avait jamais envoyé un ballon gonflé à l'hélium, flottant dans son bureau. La parturiente offrant un cadeau pour la naissance de son propre enfant ; c'est ça aussi, la PMA. Remercier tous ceux sans qui on n'aurait pas pu triompher.

Lolo ne me remet pas, mais en même temps, comment lui en vouloir ? C'était il y a près de dix ans. Elle en a vu passer depuis, des PMettes éplorées, des PB angoissées, des femmes normalement constituées...

Dans le cabinet, Angèle chante à tue-tête. Et même Orelsan fait une apparition. « Si c'était facile, ça se saurait[1]. »

---

1. Paroles de la chanson « Évidemment » par Orelsan et Angèle (2022).

Sic. Avec une pointe de nostalgie, je souris. Avant, Lolo écoutait Mylène Farmer. Les temps changent. « Évidemment (évidemment). »

Carte Vitale. Installez-vous.

Je vais aux toilettes, je fais glisser la porte coulissante sans me faire avoir, comme quand j'étais trop stressée et que j'essayais de l'ouvrir à la manière d'une porte battante. Dans les toilettes, le papier toilette girafe a laissé place à un fade blanc immaculé. Avec une pointe de nostalgie, je souris.

Je reviens m'asseoir sur l'un des fauteuils bleus ; ils n'ont pas changé. Dans la salle d'attente, il y a deux patientes, une plus jeune et une à peine plus âgée que moi. De prime abord, je me dis que la plus jeune est peut-être là pour un contrôle de PMA. Avant de réaliser qu'il est 9 heures passées et que ça fait belle lurette qu'ils doivent être terminés.

Lui, n'est pas là. Son bureau est vide. Je L'imagine en salle d'accouchement. Des bribes de « poussez poussez poussez poussez ! » me reviennent. Je souris, nostalgique, avec une impression brumeuse de déjà-vu.

Soudain, Il fait son entrée, majestueux. Dans Son pyjama de bloc et Son calot bleu azur, avec Ses yeux, assortis, eux aussi. Chaussé de Crocs vertes. Ses avant-bras nus moins bronzés qu'avant. Il est toujours aussi imposant.

« Madame Dupuis, s'il vous plaît ! Bonjour, c'est à vous. »

La porte vitrée de Son bureau n'existe plus et je suis choquée qu'elle ferme à présent avec un fin paravent. Déjà qu'avant, la confidentialité n'était pas Son fort, heureusement que Mylène braillait pour couvrir tout ça. « Balance ton quoi », chante Angèle.

Je sais au bruit où se dirige Mme Dupuis. Salle des échographies. J'entends une bribe de conversation sur le rhésus. Mme Dupuis ne vient en effet pas pour un contrôle de

PMA. Mme Dupuis est une PB. Quinze minutes plus tard, le paravent se déplie, Il la raccompagne auprès de Lolo. Bonne continuation.

« Madame Durand, s'il vous plaît ! Bonjour, c'est à vous. »

« Madame Bortolotti, s'il vous plaît ! Bonjour, c'est à vous. »

Je Le suis.

« Comment allez-vous ? » Mais Il n'écoute pas vraiment la réponse, s'excusant immédiatement pour le retard et les impondérables de Sa profession d'obstétricien : « Vous savez ce que c'est. »

Oui, je sais. Il met un point d'honneur à accoucher toutes Ses patientes. Il continue de prendre des gardes de nuit à la clinique. Il a toujours interrompu Ses consultations pour être au rendez-vous. Il l'a été pour moi. Deux fois. Alors je ne Lui en veux pas, et je hoche la tête avec une pensée pour la femme qui L'attend en bas, en salle d'accouchement.

Je Le regarde à la dérobée, taper sur Son clavier et consulter mon dossier. Il a changé, et Lui aussi, comme moi, Il a vieilli. Non, je n'ai pas changé d'adresse. Oui, j'ai apporté les résultats de ma mammographie. Non, je ne prends toujours pas de contraceptif. (Il me l'a dit un jour : « Madame Bortolotti, vous êtes visiblement votre propre contraceptif. »)

Et mon anémie ? Stable dans sa faiblesse.

Oui, les enfants vont bien, merci. Ce matin, je leur ai même expliqué que j'avais rendez-vous chez le docteur qui les avait « sorties de mon ventre ». Littéralement. Il est intrigué par cette tournure. « C'est une drôle de manière de leur présenter mon métier. » À moi de m'étonner : c'est juste la vérité.

Il n'a pas besoin de m'indiquer où aller, pour moi, ce sera à droite : salle des frottis.

« Vous enlevez uniquement le bas. » Je garde les chaussettes. Évidemment. Réflexe de PMette.

Position gynécologique. Lumière.

Ce que je fais dans la vie ? Oh, plein de trucs : j'ai décidé d'arrêter les trajectoires linéaires. Et surtout… j'écris.

J'ai une fenêtre de tir pour Lui dire que je vais avoir l'occasion d'écrire bientôt sur Lui.

J'hésite. L'instant passe et je n'ose pas. Le fait que Sa tête soit à trente centimètres de mon vagin n'y est sans doute pas pour rien.

Mon col est parfait.

Coton-tige. Frotti-frotta. Palpation.

Tout va très bien. « Vous pouvez vous rhabiller. » Et je suis fortiche pour le faire vite.

Quand je reviens dans Son bureau, je Le trouve, une fois n'est pas coutume, tourné vers la fenêtre, à consulter Ses messages sur Son iPhone.

En me rasseyant, j'en profite pour Le guigner. Avec nostalgie, je constate qu'Il a perdu de sa grandiloquence, de sa superbe. Et dire que c'était Lui que j'appelais avec emphase et admiration le « Créateur ». Aujourd'hui, je vois un type presque normal, descendu de son piédestal, un peu comme un héros antique, un héros d'un autre temps. C'est ma perception qui a changé, sûrement. Je les ai eus, mes enfants, grâce à Lui. Le génie. *End of game.*

« Vous pouvez reprendre votre mammographie » (et je suis à peu près sûre qu'Il n'a pas regardé les clichés). On se revoit dans deux ans.

Bonne continuation.

Vous aussi, docteur, vous aussi.

Continuez d'en fabriquer et d'en faire naître, des bébés.

« Ils ont drôlement poussé vos cheveux, Lolo. » Elle retrouve le sourire. « À l'époque, vous les aviez au carré. » Sa tête s'incline à ma mention de la temporalité.

« Vous savez. La GRANDE époque. Celle où on se fréquentait toutes les quarante-huit heures. » Lolo rit, franchement, maintenant. « La grande époque », qu'elle répète, secouant la tête. Carte Vitale, 90 euros. Bonne journée, Lolo, rendez-vous dans deux ans.

Jour de match

Celle où les Fées marraines rencontrent Olive et Tom[1]*, et gagnent à la mort subite*

Avignon, février 2013

Chère DNLP,

Quand ils ont choisi le lieu d'implantation du Mama Shelter de Marseille, les promoteurs avaient-ils imaginé ce qui se jouerait dans leurs chambres ? Que leurs mini-bars accueilleraient des stylos-seringues entre les chips et la vodka ? Quand on installe un hôtel à deux blocs d'un hôpital, est-ce qu'on pense à ça ? Est-ce qu'on se dit qu'une de nos cibles de clientèle sera les couples en PMA ?

Hier en tout cas, le réceptionniste nous a accueillis sans broncher, même s'il y avait, pour la troisième fois de la semaine, notre nom dans les réservations.

Finis les entraînements théoriques et pratiques : aujourd'hui, c'est jour de match. Nous avons rendez-vous pour notre première insémination. Depuis les gradins, tu nous as regardés de loin nous échauffer à proximité du

---

1. L'animé japonais des années 1990 qui a rendu le foot plus épique qu'un combat de super-héros. Dribbles, tirs au but et remontada en perspective dans ce chapitre.

terrain, peut-être en faisant des paris sur nos performances, sûrement en te frottant les mains. Ce matin, tu as enfilé ton costume de Maléfique[1], pris tes billets pour la loge d'honneur, tu ne veux rien rater du spectacle. Nous sommes au pied du mur ; tu attaques les petits-fours.

8 heures

Nous sommes les premiers ~~à entrer dans l'arène~~ au centre de PMA. Une biologiste que nous n'avons jamais rencontrée nous accueille avec une bonne humeur et une énergie à dégommer n'importe quel Droopy. Montée sur ressorts, elle nous débarrasse de la paperasse administrative. Car oui : à chaque tentative, il faudra officialiser notre consentement mutuel. Quand on pense à tous ces enfants conçus par inadvertance à l'arrière des voitures ou dans les toilettes des boîtes de nuit, pour lesquels tu ne daignes même pas interférer… Le monde est mal fait. Droopy validerait ce message. Mais *You know what ? I'm happy*[2]. Consentement doublement signé.

LA BIOLOGISTE (*bonhomme et joyeuse*) : Comment vous sentez-vous, Anne-Laure ?

Ma mine déconfite ne lui échappe pas. Mais j'ai décidé de paraître courageuse, optimiste et déterminée. Tu ne m'auras pas comme ça, je vais te montrer mon mental de *winner* pour ce match.

MOI (*donnant le change*) : Je suis juste un peu inquiète. J'ai peur d'avoir mal.

---

1. Maîtresse absolue du mal dans *La Belle au bois dormant* : peau verdâtre, cornes noires et cape de chauve-souris doublée lavande.
2. Réplique culte de *Droopy*, le chien le plus apathique du cartoon, qui annonce sa joie avec l'enthousiasme d'un fonctionnaire en fin de contrôle fiscal, comme moi, en signant ce fichu papier.

LA BIOLOGISTE (*rassurante et confiante*) : Vous ne sentirez presque rien. Ce ne sera pas agréable, mais pour nous, c'est la routine, et vous ne devez pas vous sentir gênée.

Depuis ta loge, la vue de mon expression face à cette remarque manque de te faire renverser ta verrine. Car tu le sais : dans quelques heures, je vais me retrouver les fesses à l'air, les cuisses grandes ouvertes, avec quatre paires d'yeux inconnus rivés sur moi (et ma vulve). Aucune raison de se sentir gênée, tu penses (et tu ricanes, en essuyant un peu du *guacamole* tombé sur ta cape par inadvertance).

8 h 20

C'est l'heure de gloire pour l'homme, il fait son entrée sur le terrain sous les applaudissements de la foule en liesse. Il part pour le « recueil ». Oh, tu peux lever les yeux au ciel, je le sais, tu le sais : c'est bien la manière poétique d'évoquer devant des inconnus l'étape cruciale de la « branlette aseptisée ».

Je patiente en salle d'attente. Face à moi, il y a cette fille dont je garderai le souvenir longtemps. Elle se tient le ventre et elle a l'air d'avoir mal. Son compagnon fait les cent pas en bougonnant : « Je ne serai jamais à l'heure au boulot. » Elle a l'air triste. Apparemment à eux non plus, tu ne lâches pas la grappe.

Je tricote. Un *snood, gris anthracite*, avec des aiguilles en bambou *taille 14*. Même depuis ta loge VIP, aucune méprise possible : il ne s'agit pas de *layette*. Je n'oserais jamais. Après cinq ans passés à tes côtés, j'ai compris qu'il ne faut jamais te narguer. Je tricote pour occuper mes doigts. Je pense à ceux de l'homme, en salle de recueil, occupés à… une tout autre activité.

L'homme, d'ailleurs, ne revient pas. L'heure tourne et je m'inquiète. Est-ce qu'il a dû faire la queue (expression choisie sans aucune arrière-pensée) ? Est-ce qu'à cause du stress, de l'enjeu, il « n'y » arrive pas ? Je l'imagine dans cette pièce aveugle, à quoi peut-il bien penser ? À moi ? À la perspective d'un bébé ? Tu as beau me souffler : « Mais non enfin : il pense aux magazines pornos posés à côté. » Je chasse l'idée ; j'ai décidé de ne pas pleurer.

L'homme revient. C'est fait.

Toi, dans ta loge royale, le guacamole te semble bien fade et tu commences à t'ennuyer. Il va falloir pimenter un peu le jeu pour s'amuser…

La sage-femme nous demande de revenir à 10 heures, le temps que la royale semence prometteuse soit techniquée.

LA SAGE-FEMME (*s'attardant sur mon dossier*) : Ah. Je vois que vous avez l'utérus rétroversé… Pour faciliter l'introduction du cathéter, il faudra revenir à 10 heures, avec la vessie ni vide ni pleine.

Ça sonne un peu comme mi-figue, mi-raisin. Ça commence bien.

9 h 10

C'est l'heure de la mi-temps. Nous profitons de l'entracte pour faire le tour du quartier, main dans la main, en silence. Toi, tu vas te resservir une coupe de champagne. Et moi, je vais boire un thé place Notre-Dame *du Mont* (Dumont, comme mon nom d'épouse désormais. Tes subtils clins d'œil aux allures de calembours m'épateront toujours).

10 heures

C'est la fin de la mi-temps. Tu retournes à ta place et le match peut recommencer. La fille de la salle d'attente est toujours là. Elle semble toujours souffrante. Son compagnon est parti (bosser ?) et c'est sa mère qui le remplace. Je me remets à tricoter.

10 h 35

Depuis ta loge, tu fais signe à l'arbitre, qui siffle. La biologiste boute-en-train nous reçoit pour nous remettre les résultats de la sélection de la royale semence prometteuse. (Seulement) 50 % de spermatozoïdes mobiles progressifs. L'arbitre ne nous donne pas pour autant un carton rouge, le match peut continuer.

LA BIOLOGISTE (*annonçant la couleur et me tendant un Spasfon*) : Vous serez inséminée dans dix minutes.

J'ai l'impression qu'elle parle d'une *vache* ; je *rumine* mon Spasfon.

Là, tu décides d'accélérer un peu le *game* en envoyant tes instructions.

LA BIOLOGISTE (*les recevant dans l'oreillette*) : Il faudrait vider *à moitié* votre vessie.

Pendant que je me demande comment vider précisément la moitié d'une vessie, toi, chère DNLP, tu ris. Un demi(?)-pipi plus tard, bon an, mal an, retour en salle d'attente.

10 h 45

La sage-femme vient nous chercher, et toi tu attaques les pop-corn, t'inclinant en avant vers le terrain, pour mieux observer le match.

Quand j'entre dans la salle, quatre personnes sont présentes : la gynécologue, l'interne en gynécologie, la sage-femme et la biologiste, *telles des fées marraines penchées sur une table d'examen*. Pour être au complet, rajoutons l'homme, et toi, maléfique et spectrale, dans un coin de la pièce minuscule, aux premières loges.

Je suis intimidée, mais frappée par l'attention minutieuse apportée aux détails pour que le moment soit le plus doux possible : les volets roulants sont à moitié tirés et de la musique paisible est diffusée doucement.

J'enlève le bas, tremblante, et je m'installe en me félicitant d'avoir eu l'idée de mettre une longue chemise sur mon legging « spécial stimulation et ventre gonflé ». La gynécologue incline la table, j'ai légèrement la tête en bas. Les tirs au but, nous y voilà.

LA GYNÉCOLOGUE (*compatissante*) : Comment vous sentez-vous, Anne-Laure ?

Moi ? Oh, parfaitement bien : je suis offerte à quatre inconnues, l'homme est là pour superviser l'ensemble. J'ai le cœur qui bat dans mes tempes, à moins que ce soit le sang qui commence à me monter à la tête ?

MOI (*muette*) : …

LA GYNÉCOLOGUE (*tel le coach motivant*) : Tout va très bien se passer.

Je respire. Je regarde le plafond et je sors ma carte habituelle : la diversion par plaisanterie. Il est superbe ce plafond avec ses dalles. Pourquoi personne n'a encore pensé à y installer un écran et projeter des documentaires de voyage ? Ou des images de bébés, pour faire de la visualisation positive ? Les soignantes blaguent avec moi.

LA GYNÉCOLOGUE (*boute-en-train*) : C'est exactement la situation que vous vouliez vivre et l'endroit où vous rêviez d'être, on le sait !

Je n'aurais pas dit mieux. J'en rêvais, et DNLP l'a fait. C'est formidable.

L'interne introduit un cathéter vide pour vérifier le bon passage du col de l'utérus. L'homme à ma gauche me tient la main et me caresse la tête.

LA GYNÉCOLOGUE (*se tenant à ma droite et me frottant le bras avec douceur*) : Courage, je sais que c'est stressant, mais ça va aller.

Je pleurniche un peu et tu lèves les yeux au ciel.

Je tente de frotter mes yeux et une de mes lentilles se fait la malle derrière mon œil. Me voilà à moitié myope. Fini d'admirer le chouette plafond, c'est couillon.

L'INTERNE (*rassurante*) : Tout est OK, je vais retirer le cathéter vide et on va refaire exactement pareil avec le cathéter plein.

La biologiste court chercher la pipette contenant la « semence prometteuse ».

Je suis soulagée, tout le monde est aux petits soins, ça va le faire. Ça n'est pas si terrible. Je vais être courageuse.

1-0 pour nous.

Tout va bien, sauf pour toi. Tu n'es apparemment pas ravie des égards qu'on me témoigne et des ailes qui me poussent soudain. Tu fulmines depuis ta place : une vache avec des ailes, c'est n'importe quoi.

C'est précisément là que tu décides de corser le jeu, tu entres sur le terrain, tu armes ton pied, et tu tires.

11 heures

L'interne commence à réintroduire le cathéter plein.

Toc. Toc. Toc.

Il plie et refuse de remonter dans l'utérus. Elle bataille. Et toi, tu te frottes les mains. 1 partout. La gynécologue superviseuse vient à son secours. La sage-femme prend sa place et vient poser sa main sur mon avant-bras droit.

LA GYNÉCOLOGUE (*expliquant avec pédagogie pendant que je me mets à pleurer*) : Comme il est tiède, le cathéter plein est un peu plus souple que le vide. Du coup, il plie et on n'arrive pas à le faire monter dans votre utérus. Alors, nous allons changer de technique.

Tu ris d'un air narquois : la *nouvelle* technique consiste à poser une pince en métal sur le col de mon utérus pour guider le passage du cathéter.

Tu *essaies* de me déstabiliser. *J'essaie* de respirer. L'interne *essaie* de me changer les idées en proposant de me faire une ordonnance pour un massage des pieds d'une heure par l'homme quand je serai rentrée.

Pince en place.

LA GYNÉCOLOGUE (*introduisant le cathéter dans la pince*) : On y va, Anne-Laure, c'est parti.

1-1. Tu es revenue au score.

L'arbitre siffle la fin du temps réglementaire, c'est l'heure de la mort subite.

L'instant est paroxystique. Je pleure un peu et toi, tu te moques de ma sensiblerie.

LA GYNÉCOLOGUE (*visant et tirant dans la lucarne, GOOOOOOOOOAAAAAAAAAL !*) : Voilà, c'est terminé. Maintenant on croise les doigts.

11 h 10

En larmes, je remercie l'équipe des soignantes d'avoir été aussi patientes, et je ne peux m'empêcher de m'excuser d'avoir manqué de courage.

LA GYNÉCOLOGUE (*rassurante*) : Anne-Laure : vous avez été très bien.

La bonne élève en moi fait un salto avant tout en rejoignant le bord du terrain.

Table à l'horizontale, pour quinze minutes de repos allongée et histoire que mon visage arrête de rougeoyer. Tout le monde quitte la pièce, sauf la sage-femme qui rédige une prescription pour les capsules de progestérone « en intravaginal, deux fois par jour, j'insiste, c'est important » et la prise de sang dans quatorze jours. Quatorze jours à attendre.

Je me rhabille, j'ai les jambes qui tremblent encore. Sur le parvis de l'hôpital, je m'effondre. L'impression d'avoir été lessivée en mode essorage 1 400 tours/minute. Ou, vu qu'une vache rentrerait difficilement dans une machine à laver, d'être passée sous un *tracteur*. L'homme me serre fort dans ses bras. On marche doucement jusqu'à la voiture.

Après

On est montés à Notre-Dame-de-la-Garde. Plus pour le symbole que par croyance. La Bonne Mère, toussa toussa. J'ai allumé un lumignon. J'ai fait mon vœu. Encore et toujours le même.

On s'est réconfortés avec des *bagels* et des *cupcakes*, puis on est rentrés à la maison et j'ai dormi tout l'après-midi.

Toi, chère DNLP ? Tu as quitté ta loge VIP, en secouant la tête et en encaissant ta défaite, retirant ton costume de Maléfique. Tout en maugréant quelque chose comme « Dors, la Belle. Dors, si tu veux. Je n'ai pas dit mon dernier mot, tu vas voir : attends un peu ».

Plaisirs solitaires

Celle où je me touche les seins et je me mets des doigts

Avignon, mars 2013

Chère DNLP,

En quittant le centre de PMA en février, la sage-femme m'a recommandé : « En attendant, essayez de ne pas *trop* y penser. » Et à ton avis, qu'est-ce que j'ai fait ?

Je n'ai fait qu'y penser. Trop, c'est évident. En même temps, je vois mal comment il pourrait en être autrement. Déjà, laisse-moi te détailler ma nouvelle *morning routine.*

Chaque matin, avant même de poser un pied par terre, ma journée commence par la prise de ma température basale, que je saisis dans mon appli de fertilité. Plus élevée qu'hier ? Je me lève avec le sourire et une bonne humeur digne de Joie dans *Vice-Versa*[1]. Mais tout dixième de degré perdu me fait paniquer, et est prétexte à plomber ma journée.

Ensuite, le rituel continue avec le comprimé d'acide folique que j'avale au petit déjeuner. Juste au cas où. Si

1. Film d'animation Pixar (2015) où nos émotions ont voix au chapitre. Joie y est cette hyperactive en robe, persuadée que tout problème peut se régler avec un grand sourire. Même un lundi de grève SNCF.

jamais grossesse il y avait, pour éviter toute anomalie du tube neural. Faire tout comme il faut, surtout. Pour ne rien pouvoir se reprocher.

Après, c'est l'heure de la fantaisie matinale avec la capsule de progestérone à se fourrer au fond du vagin, j'ai nommé Utrogestan. J'ai cherché l'étymologie possible du nom de ce médicament. Pour le *naming*, ils ont dû bien se marrer, au siège du labo pharmaceutique. Je les imagine autour de la table à *brainstormer*…

PHILIPPE (*cinquante-quatre ans, cis-hétéro en puissance, qui s'en balec de ce médicament, n'attendant rien de cette réunion*) : Thierry ? Une idée ?

THIERRY (*regardant ses chaussures, pas très à l'aise sur ce produit*) : J'avais pensé à Powerluté…

PHILIPPE (*levant les yeux au ciel, désabusé*) : N'importe quoi, personne ne va comprendre que Luté est pour « lutéale ». On va le confondre avec un complément alimentaire hyperprotéiné spécial body combat pour faire pousser du muscle. Bon, Josiane, tu penses à quoi ?

JOSIANE (*joues s'empourprant car s'apprêtant à oser une folie*) : Alors, moi, vu la texture et le mode d'administration, je comptais suggérer… Douvagina.

PHILIPPE (*excédé*) : Douvagina ? Tu te fous de ma gueule, Josiane ? On dirait le nom d'un lubrifiant ! Ah bordel, qui m'a collé une équipe de bras cassés pareils, je le savais qu'on aurait dû faire appel à Publicis…

JENSEN (*avec un fort accent nordique*) : *Undskyld mig.* Euh. Excuse-moi, Philippe ?

PHILIPPE (*l'écoutant à peine, déjà en train de rédiger un mail à destination de son contact chez Publicis*) : Oui, Jensen, tu as un truc intelligent à dire peut-être ?

JENSEN (*toujours avec un fort accent nordique*) : Je propose Utrogestan.

Silence autour de la table de réunion. Philippe lève la tête de son laptop.

JENSEN (*reprenant, tout sourire*) : En danois, « utro » signifie « peu fiable » et « gestan », je pense que vous avez compris l'idée.

PHILIPPE (*pensant à l'économie de 10 000 euros qu'il s'apprête à réaliser*) : Vendu.

Dans la rubrique « effet indésirable » du Vidal, on lit : « Par voie vaginale, aucun effet indésirable n'est généralement constaté aux doses usuelles. » Il s'agit d'un oubli, n'est-ce pas ? Parce que *spoiler* : non, le vagin ne *digère* pas la capsule (miam). Et donc ? Je fais exploser à moi toute seule la consommation mondiale de protège-slips. Tu penses peut-être : « Je lui donne un prétexte pour se mettre des doigts deux fois par jour, et encore, elle n'est pas contente ! » Que veux-tu, il semblerait que je sois une ingrate.

Récapitulons, il est 8 heures du matin et (température, acide folique, Utrodégueu) : j'« y » ai donc déjà pensé (au moins) trois fois.

La suite de la journée se déroule avec son lot de petits cérémonials liés à ce qui deviendra mon nouveau hobby tous les quinze jours suivant chaque tentative de PMA : psychoter. Manie la plus visible : à peu près toutes les heures, palper mes seins, avec plus ou moins de discrétion (je sais que tu me vois me coller l'avant-bras contre la poitrine pour faire genre « je me gratte le menton »). Verdict ? Sont-ils douloureux et tendus ? Jusqu'ici tout va bien, c'est annonciateur d'une grossesse, bien entendu. Paraissent-ils plus mous ? Je me remets à désespérer.

J'analyse aussi la moindre crampe utérine que je tente de qualifier, pour la catégoriser : ressemble-t-elle à celles annonciatrices de règles ? Est-elle différente et alors peut-être synonyme de nidation ? Je compte et je recompte les jours (et les possibles) dans ma tête.

Je suis à l'affût, le nez en l'air, reniflant le moindre symptôme de grossesse en comptant les jours post-ovulation. 10 DPO (10 Days Post Ovulation[1]), 10 h 02 : bordel, si ça avait marché, je devrais déjà ressentir un peu de nausée ou au moins des vertiges, non ? Je désespère. 10 DPO, 10 h 06 : c'était un léger vertige, ça, non ? Mais… et si c'était juste les effets secondaires de la progestérone ?

J'épie le moindre signe : mal à la tête ? Envie subite de faire le ménage ? Typique de mon syndrome prémenstruel classique. Je déprime : c'est sûr, c'est foutu.

Je scrute mes fonds de culotte, je retiens ma respiration chaque fois que je m'essuie après être allée aux toilettes. Toi ? Tu es toujours là, dans un coin de ma tête, à ricaner sous ta cape et à t'amuser des montagnes russes dans lesquelles tu m'as fait monter contre mon gré.

Le soir, rebelote après la douche, je me remets des doigts pour la deuxième capsule d'Utrodégueu de la journée. Je pense à Josiane. Douvagina, c'était vraiment naze comme nom. J'ai beau essayer de faire contre mauvaise fortune bon cœur, il n'y a rien de doux dans tout ça.

Tout bien considéré, en une journée, j'y pense en moyenne trente fois. En dix heures, laisse-moi compter, chère DNLP, ça fait rien qu'une seule petite fois toutes les vingt minutes. *Ça vaaaaaa.*

1. Dix jours après ovulation. En PMA, les jours post-ovulation sont primordiaux et prétextes à scrutations irrationnelles.

L'homme, éternel optimiste, me serine que « tant qu'il n'y a pas de preuve du contraire, c'est possible ». Certes. En attendant, autour de moi, une amie vient d'accoucher, un collègue annonce qu'il sera bientôt papa… et moi, à la dérobée, je me tâte les seins comme une damnée.

Au matin du treizième jour, ma température fait une dégringolade, ne me laissant aucun doute possible.

Quatorzième jour après l'insémination, je me traîne au labo d'analyses médicales avec une jauge d'espoir proche du néant. « C'est pour une grossesse ? » Et ma main dans sa figure, elle la veut ? Non, je ne pense pas que ce soit le cas. « Date des dernières règles ? » Je réponds, mais je sais que ça ne sert à rien : mes seins ne me font plus mal, j'ai mal au crâne et des crampes à l'utérus.

Le verdict que je redoutais tombe quatre heures plus tard, c'est l'homme qui ouvre le compte rendu, moi c'est au-dessus de mes forces : < 2 UI/L. Négatif.

Tu décides de me faire enrager un peu plus et ne m'apportes mon cadeau mens(tr)uel que trois jours après. Vu qu'un bonheur n'arrive jamais seul, tu m'apportes aussi la grippe, par-dessus le marché.

Et comme pour me donner une parfaite illustration de la loi de Murphy, c'est le moment précis que choisit ma belle-sœur pour annoncer qu'elle est enceinte de cinq mois, alors qu'on ne savait même pas qu'elle fréquentait quelqu'un. À elle, tu as apporté de la magie, là où pour nous tout n'est que « protocole, traitement, calendrier, statistiques, injections et contraintes ». Merci !

Penser : « Elle en est à cinq mois. Le premier trimestre est passé. Ça va donc vraiment arriver. Pourquoi elle, et pas nous, qui essayons depuis *cinq ans* ? »

Me détester. Pleurer. Être emportée par la vague. Loin. Très loin du rivage. Trois jours de désespoir et trois nuits blanches, où je finis par m'endormir, épuisée, entre deux sanglots.

Mettre un pied devant l'autre malgré tout. Donner le change. Sourire au boulot. En allant travailler, entendre Rose chanter « Et puis juin[1] ». Se dire que moi aussi, il y a quelques jours, j'avais « le sourire à la con ».

Et me remettre à pleurer.

Je comprends qu'on n'a pas fini d'encaisser les coups. Et qu'il va falloir recommencer à se battre.

Finalement, il m'aurait peut-être été utile Thierry, avec son Powerluté.

Est-ce ma faute ? Y ai-je *trop* pensé ?

1. « Et puis juin », chanson de Rose (2013) où elle raconte l'histoire de sa grossesse (et qui donne envie aux infertiles de pleurer sous un plaid).

Mars, et ça repart

Celle où toujours plus loin, toujours plus haut
(c'est la voie du ~~mellow~~ mélodrame[1])

Avignon, printemps 2013

Chère DNLP,

C'est dans la tête.

C'est *forcément* dans la tête. Pourquoi ça n'aurait pas marché, sinon ?

Au mois de mars, avec un peu d'avance sur le calendrier astrologique, je prends donc le *taureau* par les cornes et je vais voir une (nouvelle) psy. Plus par acquit de conscience que par réelle conviction. Je connais tes combines machiavéliques pour me faire tourner en bourrique. Genre me laisser subir examens et traitements pendant des lustres pour finalement m'entendre dire dans quelques mois que ça ne *pouvait pas* fonctionner, car j'avais un *évident* blocage psychologique que je devais au préalable déverrouiller. Tu ne m'auras pas comme ça.

1. Paroles de la chanson « La Voie du Mellow », du groupe Mellowman (1995).

Mars, et ça repart

Cette psychologue, on me l'a conseillée pour les problématiques d'infertilité. Bilan de la première séance ? Mon vocabulaire autour de la recherche de maternité est trop typé « challenge professionnel », et voilà pourquoi je suis *défectueuse* : j'en fais un enjeu trop important. Je dois trouver un moyen d'accepter la réalité et de transformer mon *perfectionnisme* (instable et névrotique) en *optimalisme* (positif et favorable). En somme, un genre de « perfectionnisme sain », qui consiste à atteindre les objectifs que je me suis fixés (avoir un bébé) en faisant le meilleur usage possible des ressources dont je dispose (une union heureuse, une prise en charge de la PMA, des soignants aidants). Sur les conseils de la psy spécialiste du lâcher-prise, j'ai donc commencé *L'Apprentissage de l'imperfection*, de Tal Ben-Shahar[1].

Et s'il y a un domaine où je *m'applique* à être *imparfaite*, c'est bien au boulot. Parce que si sur le papier, ce cycle a beau être un cycle de « repos entre deux tentatives », j'ai recommencé les cachotteries. À moi les (nombreuses) pauses clope sur le parvis devant l'entrée où l'addiction nicotinique laisse place à l'addiction téléphonique. Je suis devenue une spécialiste des conversations à voix basse (« Je vous rappelle dans cinq minutes ») et de l'éclipse en dévalant l'escalier pour joindre le labo, les biologistes ou le centre de PMA. Et je calcule, puis recalcule, pour planifier à la louche d'hypothétiques jours de congés aux dates stratégiques le mois prochain (qu'il me faudra sans doute décaler, puisque mes cycles ne sont pas réguliers).

1. Pocket, 2011.

« Au-dessus des nuages pour le panorama d'un nouveau paysage[1] »

Fin mars arrive et nous voilà repartis pour une prochaine tentative d'insémination. À J4, direction le labo pour actualiser nos sérologies et mon diagnostic de toxoplasmose.

LA SECRÉTAIRE (*fille spirituelle de Gaston Lagaffe*) : Vous en êtes à combien de semaines de grossesse ?

Je sais que tu es à la régie, prête à appuyer des deux mains sur le bouton des rires enregistrés, parce qu'en temps normal, à la simple évocation du mot « grossesse », j'aurais eu des palpitations. Mais surprise…

MOI (*ni résignée, ni énervée, ni même blessée, m'étonnant de mon propre calme*) : Je. Ne. Suis. Pas. Enceinte.

LA SECRÉTAIRE (*également descendante de François Pignon [la boulette], enfonçant le clou*) : Mais alors *pourquoi* faites-vous cette prise de sang ?

Bruitage de claques et de huées à la régie, tu te crois dans une mauvaise *sitcom*.

MOI (*sereine et impassible*) : Je suis suivie pour PMA.

LA SECRÉTAIRE (*le visage s'éclairant comme si elle avait enfin saisi tous les mystères de l'Univers*) : Aaaah ! J'ai compris ! Vous êtes *stérile* !

En coulisse, tu t'attends sans doute à ce que j'étrangle la secrétaire. À une remarque cinglante. À une crispation. Ou au moins à un frémissement sincère. Mais non. Rien. *Nada*.

MOI (*prenant la parole pour expliquer, pédagogue et apaisée*) : Si ça ne vous embête pas, je préfère qu'on dise *infertile*.

(Ferme la bouche, ou tu vas finir par gober une mouche.)

1. « La Voie du Mellow », du groupe Mellowman (1995).

La secrétaire s'excuse et baragouine, gênée, un truc qui contient « espoir, y croire et croiser les doigts ».

Salle d'attente. L'homme me dévisage en silence. Il ne me reconnaît pas. « T'es sûre que ça va ? » Ça va. Quelque chose a changé avec cette petite victoire contre toi. Pour une fois, j'ai gagné la manche. Je me sens forte, je vais y arriver.

« Une fois de plus, tu cours, tu cours et tu rates ton bus[1] »

Quelques jours plus tard, je suis pour la deuxième fois les quatre fers en l'air et je ne peux m'empêcher de penser : « Est-ce qu'une femme s'est déjà présentée pour une insémination artificielle avec une de ces culottes fendues à l'entrejambe qu'on trouve dans les boutiques érotiques ? » J'ai bien envie de poser la question à la gynécologue mais je me ravise juste à temps. Mauvais timing : c'est le moment du passage du col de l'utérus pour le cathéter.

Je glousse. C'est malin : à présent, en plus d'avoir l'air vulnérable, j'ai l'air de la fille qui s'amuse de la situation. Une parfaite idiote. Tout se déroule à merveille, pas besoin de la pince qui fait mal, le cathéter trouve son chemin du premier coup. Tous les voyants sont au vert et, plus que jamais, j'ai envie de croire que cette deuxième insémination sera la dernière.

C'est un échec. Mais cette humiliation n'est pas assez cuisante à ton goût.

1. *Ibid.*

C'est la ~~voie du mellow~~ voie du mélo(drame) [1]

Fin avril, comme d'ordinaire, je ~~digère~~ ressasse mon fiasco au volant de ma voiture en rentrant du boulot. Ma meilleure amie, de cinq ans ma cadette, m'appelle alors que je suis lancée sur l'autoroute A7. Elle m'annonce paniquée qu'elle vient de faire deux tests de grossesse. Positifs.

Sous le choc, je fais une embardée (c'était quoi ton plan ce jour-là : me tuer ?). Entre deux sanglots, il est question d'une histoire banale de préservatif qui craque avec un mec de quelques *dates*. Un mec qui n'est pas le bon.

Elle est enceinte. Elle est en larmes. Je contiens les miennes tant bien que mal. Quand on raccroche, c'est la déferlante à 130. *Toyota Yaris Amphibie is back again.*

Trois jours plus tard, elle a fait deux prises de sang, bien entendu : évolutives. Et elle est totalement perdue. Je suis totalement abasourdie. Pourquoi, chère DNLP, pourquoi lui faire à elle ce cadeau empoisonné, alors que je me languis depuis tant d'années ?

Elle n'envisage pas d'avorter, elle veut garder ce bébé. Même si elle n'a pas terminé ses études de médecine. Même si le mec a douze ans de plus qu'elle, qu'il est déjà papa et pas tout à fait séparé. Même s'ils ont mis un terme à leur liaison le lendemain de cette nuit cruciale.

Encore une fois, tu t'acharnes à manigancer des scénarios dignes des meilleurs vaudevilles en apportant des bébés avec *mismatch* de protagonistes. Sors de ta *sitcom*, espèce de radasse mélodramatique.

1. *Ibid.*

« La course vers le succès n'est pas la matière première[1] »

Le centre de PMA nous accorde un cycle de repos avant de repartir au combat.

De repos relatif, parce qu'au boulot on me demande de revenir sur mon temps partiel pendant trois mois afin d'absorber une surcharge de travail. D'emblée, ma bonne élève accepte, avec la peur d'être jugée (et trop contente d'avoir un os à ronger pour faire le deuil de cette deuxième IAC).

Malgré moi, les réflexes reviennent : j'essaie toujours de faire mon maximum pour que ma vie perso n'interfère pas avec ma vie pro, de faire comme si de rien n'était, d'être toujours la *Anne-Laure* d'avant. Performante, irréprochable. Parce que je ne veux pas que les regards sur moi changent, paraître décevante ou pas assez impliquée.

Mais je sais que physiquement je ne tiendrai pas. Les examens médicaux, les suivis réguliers qui me génèrent fatigue et stress… J'ai besoin que ma semaine ne fasse que quatre jours, et de rester aux bureaux d'Avignon un jour par semaine. Je ne peux plus me permettre de faire passer mon travail avant ma santé.

Alors, je finis par me raviser et refuse de revenir à 100 %, dans l'incompréhension générale. Tu applaudis des deux mains cette nouvelle étape d'autosabotage de ma carrière professionnelle, laissant planer le doute parmi mes collègues sur l'affreux mal qui me ronge pour m'obliger à tant de rendez-vous médicaux et à abandonner mes obligations pros.

Faillibilité 1, Anne-Laure 0.

1. *Ibid.*

« Les rayons du soleil ne brûleront pas [ma] peau[1] »

En mai, je prends contact avec la femme d'un ami, naturopathe à Paris. Hasard ou coïncidence, elle a fait son mémoire de fin d'études sur l'infertilité. Elle passe au crible toutes mes habitudes de vie. On établit des réglages pour mettre toutes les chances de mon côté : réalcaliniser mon alimentation, épurer mon foie, drainer mes reins, avoir un apport important en antioxydants, favoriser les sucres à index glycémique bas, consommer les œufs mollets ou coques et limiter la consommation en légumes secs à tous les deux jours maximum. Ma bonne élève consciencieuse applique les recommandations à la lettre et avale quantité de compléments alimentaires.

Fin mai, c'est notre troisième tentative d'insémination. Statistiquement, c'est la troisième IAC qui donne les meilleurs taux de succès. Je crains plus le déroulement du protocole que la tentative en elle-même. Je sais que mon organisation professionnelle va être complexe. Alors qu'on m'a expressément demandé de revenir sur mon temps partiel, poser des congés à la dernière minute et quitter mon travail le soir à des horaires fixes pour honorer les injections sera à la fois très compliqué et très mal vu.

Les regards en coin et les jugements des collègues et des managers, il va falloir faire avec.

Accepter de fissurer la façade. Que le bateau prenne l'eau de toutes parts. Tout en maintenant le cap, droit devant.

1. *Ibid.*

Un ~~mellow~~ mélo(drame) habile[1]

Et ma meilleure amie ? Elle a tergiversé, puis elle a décidé d'avorter.

En préparation de cette IVG, elle a passé une écho de contrôle. Le cœur s'était arrêté. Avortement spontané.

End of game.

Comme quoi, tes coups de Trafalgar sous forme de montagnes russes ne me sont pas exclusivement réservés…

« Toujours plus loin, toujours plus haut[2]. »

1. *Ibid.*
2. *Ibid.*

GAME OVER

Celle où, au pays de Super Mario ou pas,
j'enchaîne les game over

Avignon, été 2013

Chère DNLP,

Pour notre troisième IAC, tu nous as foutu une paix royale. Le cathéter, on aurait dit Richard Virenque dans l'ascension du mont Ventoux (à la belle époque). Il est passé tout seul.

Quand l'équipe soignante nous a laissés profiter de l'instant (*sic*), moi en position horizontale, l'homme assis à mes côtés, me tenant la main, on entendait la musique d'ouverture de bal de notre mariage. Tu me connais, j'ai encore chouiné, mais surtout j'y ai vu un signe : à l'insu de notre plein gré[1], ça allait fonctionner.

Il faut dire que j'étais pas mal galvanisée. À l'occasion d'une banale écho de contrôle pour la surveillance de cette IAC, la gynéco avait vu un corps jaune résiduel de trois

1. Expression rendue culte par *Les Guignols de l'Info* sur Canal + où la marionnette de Richard Virenque, cycliste au palmarès aussi chargé que ses veines, clamait n'avoir jamais su qu'il se dopait volontairement.

centimètres à l'ovaire droit. En d'autres termes, pendant le cycle de repos entre IAC 2 et IAC 3, j'étais tombée enceinte naturellement. Eh oui. Alors certes, tu m'as fait le coup de la fausse couche spontanée qui passe inaperçue, et cela aurait pu me déprimer. Mais moi j'y ai vu un encouragement incroyable. Surtout que, grâce à mon diplôme ès PMA, je sais à présent qu'une fausse couche augmente statistiquement les chances de réussite de la prochaine grossesse. Parfait.

Les quinze jours qui suivent l'insémination, alors que je m'étais juré qu'on ne m'y prendrait plus, je me remets à psychoter sévère, à me palper les seins, à scruter mes fonds de culotte, à chercher des signes. Et mon espoir s'effondre définitivement quand mon appli de fertilité, au vu de mes symptômes consignés chaque jour avec une discipline et une discrétion dignes des meilleurs dopages cyclistes, m'octroie un score dégueulasse de 38 % de chances d'être enceinte. Même quand elle m'annonçait un 75 %, je n'étais pas enceinte, alors 38 %…

Le dimanche de la fête des pères, n'y tenant plus, je pisse sur un bâton. En patientant les trois minutes réglementaires, je ne peux m'empêcher de me dire que le timing serait parfait, que ça ferait un magnifique cadeau de fête des bientôt-pères. Je me surprends à rêver que je sors des toilettes avec un sourire niais, pour tapoter sur l'épaule de l'homme, lui tendre le bâton blanc que j'aurais caché dans mon dos. En un instant, il aurait compris. Nous serions transportés de joie. Il me prendrait dans ses bras et me ferait tournoyer dans les airs. Tu es tapie dans l'ombre et tu ricanes. Car, au bout de trois minutes, j'ai beau regarder ledit bâton sous toutes les coutures, c'est bien entendu négatif.

Game over. C'est officiel, il ne nous reste qu'une seule tentative d'IAC, et après, il faudra passer aux FIV (ou changer de centre de PMA). Chaque fois qu'un essai échoue, chaque fois qu'on grille une de nos chances, c'est comme perdre une vie à Super Mario. Chaque fois je me dis que je vais rejouer le même niveau, en ajustant quelques sauts, en changeant de tuyaux (façon de parler, j'ai bien compris quel était le côté à utiliser, merci), en veillant aux ~~Goombas~~[1] embûches sur le chemin pour ~~battre Bowser~~[2] triompher. Mais chaque fois je trébuche ou je saute en manquant la plateforme. Et chaque « vie » perdue nous rapproche de la fin (définitive) de la partie. L'endroit où il faudra se faire une raison et accepter qu'on n'arrivera pas à procréer, que nous n'aurons jamais d'enfant ou alors qu'il faudra adopter. Il n'y aura pas de *try again,* pas de nouveau bouton *start.*

On s'est toujours dit que commencer les FIV serait synonyme de lancer en parallèle les procédures d'adoption, pour ne pas avoir à attendre encore trois ans, cinq ans, dix ans supplémentaires. Mais admettre que je ne porterai jamais d'enfant, renoncer, genre vraiment, me terrifie. Je ne suis pas sûre de pouvoir surmonter ça. Et d'ailleurs rien que d'y penser, j'ai peur que ça me porte la poisse.

Ce mois de juin, je suis obsédée par ce que je pourrais faire pour que ça marche : perdre du poids ? Insister sur le

1. Petites créatures marron en forme de champignon sur pattes, pas très malins, toujours froncés du sourcil, les Goombas sont les ennemis de base de l'univers Mario.
2. Boss final emblématique de la saga Super Mario, Bowser est un monstre mi-dragon, mi-tortue, 100 % relou, qui passe son temps à kidnapper Princess Peach comme si c'était une tradition familiale. Carapace piquante, haleine barbecue, et obsession pour les châteaux à pièges : le parfait mix entre un ex toxique et un ennemi qu'on redoute ET qu'on adore.

sport ? Avoir des rapports tous les deux jours sans regarder le calendrier ? Faire le poirier après l'amour ? Rire plus et m'amuser pour me changer les idées ? Refaire des courbes d'ovulation ? Partir en vacances ? Tout ça à la fois ? Ou carrément ne rien faire du tout ? J'ai l'impression d'être un hamster dans sa roue, et que toi, à l'extérieur de la cage, tu ricanes à me voir ainsi emprisonnée, fatiguée et désespérée.

Dans ta grande générosité, tu m'en rajoutes une couche en insinuant un nouveau doute en moi. Et si un jour l'homme me quittait pour une « fertile » ? Une qui pourrait lui donner des enfants ? Parce que peut-être qu'avec une autre ça marcherait. S'il se lassait, en cours de route ? Ou pire : s'il restait avec moi par pitié avec une rancœur au fond de lui dont il me tiendrait rigueur et me rendrait responsable toute la vie ?

En attendant, il faut croire que tu aimes aussi t'amuser avec les calendriers des rendez-vous. Étant donné la moins bonne qualité du recueil de la troisième IAC, l'homme doit refaire un spermogramme. Les labos d'Avignon nous annoncent cinq semaines de délai + deux semaines pour obtenir les résultats. Ensuite, nous devons revoir la gynéco pour interprétation et moduler le protocole de la quatrième IAC. Ce qui repousse la quatrième tentative au cycle de septembre. Sauf qu'en septembre nous serons en vacances à l'autre bout du monde. Je marque un temps d'arrêt en comprenant qu'il ne se passera rien avant octobre. Tu vas me dire, au bout de cinq ans, c'est quoi, trois mois de plus à attendre ? Certes. Trois mois. Pour une chance de se donner de meilleures chances.

Alors je fais contre mauvaise fortune bon cœur et j'en profite pour mettre en application les recommandations de ma naturopathe. Je suis une cure pour purger mon foie surchargé par toutes ces hormones et l'homme aussi joue le jeu : nous voilà à écumer les parapharmacies et les magasins bio pour trouver du pollen frais de saule et autres décoctions de bourgeons de séquoia, chêne et bouleau. Je suis à deux doigts de me laisser pousser des *dreadlocks* et de partir élever des chèvres dans le Larzac.

Début juillet, je craque complètement (ce ne sont pas des oméga-3 que j'aurais dû acheter, mais de la *marie-jeanne*, et en grande quantité. Pas de pot, en 2013, le CBD n'est pas encore légalisé). Mon médecin acupuncteur me fait un arrêt de travail d'une semaine. La psy me met en congés forcés. Mes devoirs de vacances ? Ne pas reconsulter avant octobre. Vivre et profiter. Me lâcher la grappe.

Fin juillet, on revoit Dr Nirvana. Et là, tout ne se passe pas comme tu l'avais orchestré : l'imprimante refuse de sortir les ordonnances pour l'IAC d'octobre. J'y vois un signe évident. Si les satanées feuilles ne sortent pas, c'est que nous n'en aurons pas besoin. D'ici là, j'aurai réussi à ~~battre Bowser~~ tomber enceinte.

En août, tout est calme et je compte les jours qui me séparent du pays du Soleil-Levant. Surtout que mon ovulation est prévue juste avant mon départ en vacances. *Perfect timing*. Mais c'était compter sans ton goût pour la dramaturgie. À ce moment précis, tu m'envoies la deuxième infection urinaire de ma vie. Je décolle avec mes antibios (c'était bien la peine de purger mon foie) et les dix-sept heures d'avion sont un calvaire sans nom. Mais en atterrissant à Tokyo, par magie, tout est oublié. Sushis, voyages en train, *onsen*, grillons, jardins zen (et même un tremblement de terre et un typhon) nous offrent le dépaysement total dont nous avions besoin.

En traversant Honshu du nord au sud, on en profite pour multiplier les actions porte-bonheur : vœux de concert accrochés aux arbres dédiés aux femmes enceintes, prières à Jizo, caresses de ventre de statues de Bouddha, tirages de baguettes de bambou de bonne fortune dans les temples, tablettes votives en bois écrites à deux mains, en unissant tout notre amouuuur…

Et même si, dans le parc d'Ueno, on n'a jamais trouvé l'endroit dans le temple de Kannon où déposer une poupée pour le rite du 25 septembre, symbolisant les enfants qu'on a perdus, ou ceux qu'on voudrait, je me dis que nous allons finir par avoir tous les dieux de la planète avec nous. Si avec ça, ça ne marche pas…

Pour tout te dire, en bouclant ma valise, j'avais décidé de conjurer le sort en partant sans tampons, ni serviettes périodiques. Malgré tout, à Arashiyama, je suis obligée de me ruer dans un *konbini* pour déchiffrer les *kanjis* sur des paquets d'Always nippons. Même au pays de Super Mario, la partie se termine par un *game over*.

Mais on a profité des vacances. Et la bonne nouvelle, c'est que j'ai pu tester le véritable *saké*.

De retour en France, je retrouve une amulette en forme de minuscule poupée achetée à Barcelone. Je n'avais jamais pris le temps de traduire le message en espagnol qui l'accompagnait : « Vous êtes enceinte ? Quelle joie ! Placée sous votre oreiller, cette poupée vous évitera tous les tracas de la grossesse. » Tu commences à me connaître, je suis un chouïa superstitieuse et je décide… de la brûler. On se retrouve donc un soir sur notre terrasse, à regarder se consumer la petite amulette, réalisant – hasard ou pas ? – qu'on est précisément le 25 septembre. La date du rite japonais consacré à la maternité.

En parlant de maternité, je ne tarde pas à découvrir que tu as plus d'un tour dans ton sac. Avant de partir en congés, j'avais lorgné le ventre de ma manager. « Elle est enceinte, sûr à 100 % », j'avais parié avec ma collègue, qui m'avait alors raillée.

De retour au bureau, le ventre rebondi m'a sauté aux yeux avant la nouvelle coupe de cheveux. Pendant mes vacances, ma manager a bien annoncé qu'elle était enceinte. Et de pratiquement six mois. Déni de grossesse. (Moi, je le savais, suffisait de demander… Comme tu le sais, avec le temps, j'ai développé un indéfectible radar à PB.) Je ~~suis grave jalouse la *bitch*~~ ne suis pas jalouse, mais c'est affreux de la voir se balader avec ce ventre proéminent, se plaignant en plus que ce n'est vraiment pas le bon moment…

Encore un *mismatch* de destinataires, chère DNLP, t'as pas un peu fini de jouer avec mes nerfs ?

La piscine

Celle où il n'y a ni Alain ni Romy
(ni Jean-Édouard ni Loana, BTW[1]*)*

Avignon, automne 2013

Chère DNLP,

Après les capacités amphibies de la Toyota Yaris, je teste pour toi celles de mon oreiller.

L'homme ? Il dort, paisible, à l'autre bout de la couette. Pendant que moi, consciencieusement, larme après larme, je m'applique à nous construire sans un bruit une piscine dans notre lit. Quand il va se réveiller demain matin, notre appartement aura pris une valeur inestimable : (quasi)-trois pièces avec piscine intérieure d'eau salée ; à la revente, on devrait faire une sacrée plus-value. Grâce à bibi. C'est même scandaleux que l'homme *dorme* à côté, il pourrait au moins m'encourager.

---

1. Double plongeon culturel : *La Piscine* avec Alain Delon et Romy Schneider (1969), et la scène torride de « Loft Story », entre les candidats Jean-Édouard et Loana (2001). Deux ambiances, un même décor aquatique. Mais dans ce chapitre, point de cinéma d'auteur, ni de télé-réalité vintage. Désolée.

Aujourd'hui (enfin, étant donné l'heure avancée, c'était techniquement hier, mais tu ne vas pas chipoter), nous avons vu le cousin de l'homme et son bébé. En la voyant, j'ai pris conscience que ce nourrisson, tout frais pondu juste avant notre mariage, a donc désormais… un an. Une *année* entière est passée. Ce couple, qui n'existait même pas quand l'homme et moi avons décidé d'avoir un enfant, a aujourd'hui une petite fille qui marche à quatre pattes et babille, là, juste sous mon nez.

En le réalisant, je n'en menais déjà pas large, mais quand l'homme a pris la petite dans ses bras, a joué avec elle, lui a parlé, l'a mise sur ses genoux, j'avais l'impression vivace que tu m'enfonçais un pieu en plein dans le péricarde de la main droite tout en m'éviscérant de la gauche.

Tout à sa joie, l'homme n'a rien remarqué du supplice qui se jouait en coulisse. J'ai dû endurer ce crève-cœur le temps d'un repas, serrant les dents et retenant mes larmes. La souffrance était telle que je n'ai même pas culpabilisé de ne pas me réjouir du bonheur que répandait ce si bel enfant. Anesthésie par la douleur. Un concept.

On est rentrés, on s'est couchés, l'homme s'est endormi. De mon côté du lit, j'ai commencé à remplir la piscine, pour finalement m'endormir, épuisée de pleurer en silence. J'ai fait des cauchemars atroces et je me suis réveillée en nage, en larmes, avec des crampes aux maxillaires d'avoir trop serré les dents dans mon sommeil. Et donc, là, ça fait deux heures que je continue de remplir le bassin. Mon oreiller est mouillé des deux côtés et, regardant le plafond les yeux embués, j'attends que le réveil sonne pour aller travailler.

Ce matin, l'homme ne se rend compte de rien. Je n'ai peut-être pas assez pleuré, il voudrait sans doute que je termine le boulot. Là, c'est ni fait ni à faire : on ne peut même pas patauger dans cette piscine. Je pars travailler comme une furie, en retard de trois quarts d'heure. Sur le chemin, dans ma Toyota Yaris amphibie, deux fois, je manque de faire demi-tour. Je me demande, après cinq ans, où puiser encore la force de mettre un pied devant l'autre chaque jour. Sourire. Donner le change. Être concentrée. Travailler. Combien de temps encore, avant de définitivement basculer ?

La boule dans ma gorge ne me quitte pas. J'écris un SMS à l'homme pour lui avouer que le voir avec cette enfant m'a bouleversée. Il me répond au bout d'une heure un laconique « je t'aime ». Puis plus rien. Pendant trois heures. Pour finalement me faire un autre message concernant un choix de papier peint. Je suis désespérée.

La bonne nouvelle, c'est que lui semble totalement hermétique à tes manigances. Tu n'as absolument aucune prise sur lui. Son leitmotiv ? Continuer et ne pas perdre espoir. Avec lui, tu es mal tombée.

Et moi, les projets personnels que j'enchaîne les uns après les autres (repeindre la chambre, coudre des rideaux, réfléchir à ce qu'on fera pour Noël, *booker* des vacances pour le pont du 11 novembre…) sont autant de bouées qui m'aident à ne pas me noyer. Le seul remède au doute, c'est l'action. Alors je me mets en mouvement et j'agis. Je m'essouffle à nager, j'ai l'impression d'être un peu seule dans ma piscine mais je peux me raccrocher aux bouées. Là où j'ai une prise.

Début novembre, ma courbe de température atteint des sommets, mon appli de fertilité me score à 79 % de chances d'être enceinte et, avec une naïveté qui confine à l'insolence, je me dis que ça y est : j'ai *hacké* le code, *alléluia* ! Mais il faut croire que tu n'aimes pas me voir barboter, tu ne vas pas tarder à faire montre de générosité.

Note que tu aurais pu tout bonnement retirer l'échelle de la piscine et me regarder m'épuiser tel le Sims d'un joueur sadique, mais non. Tu m'enfonces la tête dans l'eau : mes règles. J'ai mal. Mal à en crever. Et dans ce magasin Hema, au rayon bébé, je résiste à l'envie de me laisser couler, je lutte pour ne pas craquer, me jeter par terre en serrant, en larmes, un body rose tout contre moi.

Quelques jours plus tard, il faut reprendre le traitement pour notre dernière tentative d'insémination. Après cet essai, il faudra passer aux FIV. Ou écouter les fertiles qui pensent dédramatiser en me disant : « Si ça ne marche pas ? Ne t'inquiète pas. Tu pourras toujours faire de la PMA en Espagne ou en République tchèque. » Ben voyons. *Fastoche*.

Dr Nirvana a un plan : augmenter les doses d'hormones pour maximiser nos chances. « Here we are now, entertain us[1]. » Les effets secondaires d'anthologie, le ventre gros comme un ballon et lourd comme le plomb ? *Nevermind*, j'ai commandé l'album collector. Ça va marcher.

Mon endurance te complique un peu la tâche, alors tu m'envoies de discrets petits signes pour tenter d'entamer ma motivation. Cette adorable gigoteuse mouton dans une vitrine de la Croix-Rousse, des PB à chaque coin de rue, ou encore des poussettes pour me barrer le passage (au sens propre). Si tu crois que je ne t'ai pas repérée ! Mais je rigole moyen, et mon généraliste à qui je demande, honteuse, de m'arrêter trois jours préfère me prescrire carrément dix jours de congés. Je remplis une piscine de larmes dans le cabinet. Je me sens telle une paria, qui n'arrive même pas à conjuguer vie professionnelle et personnelle. « Ne t'en fais pas, c'est

1. Clin d'œil à « Smells Like Teen Spirit » de Nirvana, hymne grunge des années 1990. Allez, soyons fous, balançons la dose et voyons le spectacle – sans guitare électrique, mais avec beaucoup plus d'hormones.

médicalement justifié. C'est normal de ne pas se sentir bien, c'est difficile le traitement d'hormones que tu prends. »

Alors certes impossible de voir mon ovaire droit qui se cache avec malice (ou ta complicité) derrière mon utérus, mais avec deux follicules à gauche, et un endomètre de compète, on pourrait croire que tout va bien. Sauf que tu es sur tes gardes et tu trouves ce 50 mètres nage libre un peu trop simpliste.

À J11, on prend la direction désormais familière de Marseille pour arriver rue Hugueny, côté parking, on a notre favori dans Waze. On l'a baptisé « Conception par-derrière ». Je te vois rigoler : c'est vrai que, question superstition, quand j'y pense, c'était peut-être pas la meilleure des idées. On quitte le Mama Shelter avant le petit déjeuner, comme d'habitude.

Sauf que cette fois le centre de PMA est en travaux, la salle d'attente supprimée, les sages-femmes en grève.

Sauf que cette fois je n'ai pas droit à UNE *endochattale*, mais à trois d'affilée, dont une à plat ventre (parfaite illustration de « conception par-derrière », je note ton sens de l'humour).

LA GYNÉCOLOGUE (*catégorique*) : « Je suis désolée, j'ai aussi deux images à l'ovaire droit. Quatre follicules, c'est beaucoup trop risqué, on annule l'IAC. »

Je m'effondre sur la table d'examen. À plat ventre, c'est commode : je peux éponger mes larmes dans le drap en papier.

LA GYNÉCOLOGUE (*constatant ma déception et se voulant rassurante*) : « Soyez tranquille. Cette *non-IAC* ne sera bien sûr pas décomptée. Vous êtes toujours officiellement à trois. Il faut finir ce cycle, laisser le corps se reposer sur le prochain, et vous pourrez recommencer. »

Je compte et je comprends que c'est la fin des tentatives pour 2013. IAC 4bis sera pour janvier 2014. Six ans que j'aurai arrêté la pilule. Six années.

Pas de petit déjeuner. J'ai déjà des larmes plein la gorge, je ne peux rien avaler. On plie, on rentre. Je pleure tout le trajet retour. Cinq mois de cycle de repos, ma perte de poids, mon nouveau régime alimentaire, l'ostéopathe pour tous les deux, mon arrêt de travail en prévision de cette insémination, le stress, les contraintes horaires, les bleus sur le ventre pour… une annulation.

Dans la voiture, je tente de négocier avec l'homme :

« On s'en tape de leurs recommandations, moi je veux bien des triplés, des quadruplés même ! Ils ne veulent pas prendre le risque ? Prenons-le, nous. »

Il est raisonnable et refuse. Il veut m'épargner une grossesse multiple et compliquée.

« Mais allons, soyons sérieux. Je suis tombée enceinte genre trois fois en soixante-dix cycles, quelle est la probabilité que quatre ovocytes soient fécondés d'un seul coup ? »

Il ne veut rien entendre. Je sais qu'il a raison. Mais c'est tellement frustrant. Quatre ovocytes à la poubelle. Une fois à la maison, je suis dans un état léthargique. Je prends une douche, un gramme de Doliprane, je mets mon pyjama parce que mon ventre énorme semble près d'exploser et je me couche avec mon chat. Heureusement que je suis en arrêt. J'aurais été bien incapable d'aller travailler.

Le lendemain, à 13 heures, je n'ai pleuré que trois fois. Je m'améliore. L'acupuncteur me reçoit dans un état minable. Je pleure sur sa table d'examen, il me caresse la joue d'un air paternel, ses vieux yeux verts fatigués me regardent tout mouillés. Parfait : à deux, ça ira plus vite pour remplir la piscine. Il me pique des points jamais touchés depuis trois ans « pour les cas d'extrême urgence » me dit-il. Après la séance, j'ai droit à une leçon de philosophie. La vie, c'est comme le surf. Si la mer est calme, on tombe. Si la mer est agitée, on tombe. Il faut trouver son équilibre. Savoir laisser passer une vague, si ce n'est pas la bonne. Ne pas vouloir à tout prix surfer une vague énorme. Se laisser porter, avec les hauts et avec les bas. Laisser glisser parfois, parce qu'on n'y peut rien. Que ce n'est pas une bataille.

Ce matin, je me suis surprise à penser avec niaiserie que, puisqu'on avait fait l'amour à J9, avec un peu de chance, un des spermatozoïdes survivrait et féconderait un des quatre ovules. Je fais pitié.

J'ai l'impression d'avoir touché le fond de la piscine. Alors que je n'ai même pas de petit pull marine[1].

1. Référence à la chanson « Pull marine » écrite par Serge Gainsbourg et interprétée par Isabelle Adjani (1984).

Ping-pong

Celle avec « Barbie tennis de table (de gynéco) »

Avignon, hiver 2013

Chère DNLP,

« Hiver 2013 », ça sonne un peu comme « hiver 54 », même si ça n'a rien à voir. Pourtant, moi aussi je souffre. Moi aussi, j'ai besoin de reprendre espoir.

Toi ? Tu t'en fous royalement. Voire tu fais ripaille de croustillants détails. J'imagine que tu te dis : « Tu fais moins la maligne, maintenant, pas vrai ? » Toi, ma meilleure ennemie. Parviendra-t-on un jour à faire la paix ? À se serrer la main, *fair-play* ?

You can ~~brush my hair,~~ undress me everywhere[1]

Pour le moment, j'ai l'impression d'une partie de ping-pong endiablée. Les concurrents se font face. Toi, avec ta lourde cape sombre (même si c'est pas tellement commode pour jouer, rien ne semble pouvoir t'entraver). Moi ? Je

1. Référence à la chanson « Barbie Girl », d'Aqua (1997). Me coiffer, ça n'est pas prévu. Me déshabiller, oui.

suis dans ma tenue de PMette : à poil, avec des chaussettes. Comme d'habitude, tu ne m'as rien laissé.

Mais, j'ai une raquette et je compte en faire bon usage.

En croisant les doigts, j'envoie la balle avec mollesse : « Infime espoir de grossesse pour ce cycle d'annulation de ma quatrième IAC. » Après tout, j'ai fabriqué quatre magnifiques ovocytes, j'avais un endomètre de compétition et on a quand même eu un rapport à J9.

Tu rigoles et tu me renvoies, du tac au tac, une balle surprise : « Clap de fin de cycle à J23, na ! » Le moins qu'on puisse dire, c'est que je ne m'y attendais pas et je me prends la balle en pleine poire. J'accuse le coup. Un point pour toi. Quatre ovocytes à la poubelle.

Mais au lieu des mouchoirs, je sors les derniers espoirs qui me restent. Tu me toises, étonnée.

Je regarde la balle dans ma main, puis l'homme dans les gradins. « Et si cette annulation de notre quatrième insémination, c'était le signe qu'on attendait ? » Il acquiesce.

Je suis toujours au service, je prends de l'élan. Et une grande décision, par la même occasion. On va passer aux FIV, finies les inséminations.

Tu ne t'y attendais pas et ma balle t'arrive, assez vive.

Un point pour moi.

Maintenant, c'est toi qui sers, et tu as l'air un peu *vénère*.

Je m'attends à tout. Mais pas à ce que je vais vivre, j'avoue.

You're a blond ~~bimbo~~ girl, in a fantasy world[1]

Un lundi de mi-décembre au centre de PMA de l'hôpital de la Conception de Marseille. Dr Barbie nous reçoit. Elle est juste la réplique parfaite de la célèbre poupée mannequin. Blonde. Mais le sourire en moins. Elle ne me demande ni comment je vais, ni comment j'ai vécu cette annulation, ni même où j'en suis de mon cycle.

DR BARBIE (*inquisitrice*) : Pourquoi avez-vous pris rendez-vous avec moi, alors que c'est Dr Nirvana qui suit votre parcours de PMA ?

MOI (*rationnelle et un chouïa dans la justification*) : C'est un rendez-vous de contrôle post-hyperstimulation après la quatrième tentative d'IAC, demandé par l'équipe soignante. Dr Nirvana ne consulte que les jeudis. Je ne travaille pas les lundis, c'était plus simple pour…

ELLE (*me coupant la parole, sèchement*) : Ce n'était PAS une hyperstimulation. Mais une hyper-RÉPONSE. Vous avez JUSTE surréagi au traitement.

Ah, tout va bien alors, c'est encore ma faute. Ouf ! Moi qui croyais que cette fois je n'étais pas incriminée ! Me voilà rassurée ! On ne change pas une équipe qui gagne, pas vrai ?

ELLE (*consultant notre dossier, et le refermant aussi sec*) : Je vais faire les ordonnances pour l'IAC 4bis, voire prévoir la cinquième.

L'HOMME (*ouvrant la bouche, voyant que la mienne reste bée*) : Comment ça, la *cinquième* ?

ELLE (*visiblement agacée d'avoir à expliquer les fondements des mathématiques aux deux demeurés assis face à elle*

1. *Ibid.* Blonde, oui. Bimbo, je n'irais pas jusque-là. Un peu de respect pour le corps médical, diantre !

– *mais-qui-m'a-envoyé-des-couillons-pareils-bordel*) : Eh bien, vous savez, après la quatrième... ?!

« ***You're my Barbie girl, in a Barbie world***[1] »

Je suis sous le choc, ma bouche refuse de sortir un son.

L'HOMME (*reprenant la parole, avec le grand flegme qui le caractérise*) : C'est-à-dire qu'après cette non-IAC nous nous sentons prêts pour envisager plutôt une FIV en janvier.

MOI (*ajoutant, ayant retrouvé le courage et la parole, par la même occasion*) : Nous avons bien réfléchi. Pour nous, c'est une nouvelle étape qui nous donne un nouvel espoir.

DR BARBIE (*perdant patience*) : Comme vous le voyez, notre centre de PMA est en travaux. Il n'y aura aucune FIV ici avant février-mars, au mieux. Ça nous laisse le temps de faire *au moins* une nouvelle tentative d'IAC.

MOI (*insistante*) : Je crois qu'on ne s'est pas bien compris, nous ne voulons pas d'une nouvelle tentative d'insémination. Nous vous demandons de passer à la FIV.

ELLE (*s'insurgeant que j'ose remettre en doute la sacro-sainte recommandation médicale*) : Je crois que c'est *vous* qui ne m'avez pas bien comprise. Avec vous, de toute façon, c'est certain qu'on en arrivera aux FIV. Votre tour viendra. En attendant, laissez-nous faire ces inséminations. On va refaire au moins une tentative.

Notre tour viendra ? Alors pourquoi me meurtrir avec des tentatives d'insémination entre-temps ? Quel intérêt ? Pour le plaisir de creuser un peu plus le trou de la Sécu ? Pour que je me tape encore des montagnes russes d'espoir/désespoir ?

---

1. *Ibid.* Ode technicolor à un univers où tout est plastique, stéréotype et faux-semblant – bref, un monde parfait si l'on est une poupée en vinyle sans émotion. Toute ressemblance avec l'environnement du personnage ici évoqué n'est évidemment pas fortuite.

Ah non ! Je sais, c'est évident : pour que l'homme s'entraîne avec les injections et soit un champion pour les FIV. Voilà, ça doit être pour ça. *Barbie aime les Ken bien costauds.*

« *Come on Barbie, let's go party*[1] »

Là, je ne sais pas bien ce qui t'a pris. Tu t'es sans doute dit qu'il était grand temps de nous démontrer qu'on agissait comme des gamins capricieux, réclamant un jouet inaccessible. Que « six ans d'attente », faudrait voir à rester un peu patients, franchement. Sales ingrats.

Et donc, Dr Barbie nous passe un savon. N'en déplaise à Isabelle Filliozat[2] : une correction en bonne et due forme n'a jamais tué personne. Nous ne sommes qu'un dossier parmi tant d'autres.

La gynécologue ne cherche ni à comprendre, ni à argumenter pour nous convaincre. Pire, comme nous insistons, elle m'assène un « vous, vous êtes de ces patientes qui demandent une césarienne programmée parce qu'elles refusent d'attendre le terme ».

Parler *d'accouchement* à une patiente qui consulte pour six ans *d'infertilité* ? Sérieusement ? La médaille du tact est attribuée à Dr Barbie ! J'applaudis.

Elle sonne la fin du rendez-vous en nous faisant la lecture de son compte rendu.

« La patiente refuse catégoriquement l'IAC 4bis proposée et réclame une FIV. »

---

1. *Ibid.* Il n'est jamais trop tard pour enfiler des talons fluos et faire la fête. Surtout avec DNLP dans les parages.
2. Psychothérapeute, auteure et conférencière française, prônant la parentalité positive et l'intelligence émotionnelle.

(Je blêmis. Quelque part dans mon dossier qui va me suivre toute ma carrière de PMette, il est écrit que je suis une ~~casse-couille~~ casse-ovaires.)

« Orientation pour consultation biologistes + psychologue en janvier 2014. »

Heureusement qu'une poupée Barbie ça plie les jambes avec difficulté, sinon elle nous aurait sortis de son bureau à coups de pied aux fesses, la doctoresse.

Je n'ai même pas vu passer la balle. Ton service s'est terminé en *ace*. Acclamations de la foule en liesse. Un (gros) point pour toi.

« *Well Barbie, we're just getting started*[1] »

Galvanisée par ton beau coup, puissante et moqueuse, tu sers, en me prenant de haut : « Voilà, je t'ai bien laminée. Service pour le principe, mais je t'ai bien eue, Anne-Laure, tu ne pourras pas te relever. »

Je vois la balle arriver, comme au ralenti.

Moi, laminée ? Il paraît que, dans l'adversité, il faut toujours voir des opportunités. Après cet épisode d'anthologie, j'ai la drôle d'impression d'être arrivée au bout de notre relation avec le centre de PMA de Marseille. Si nous les quittons maintenant, avant de tenter IAC 4bis, il nous restera encore trois IAC et quatre FIV à faire dans un autre centre.

Je prépare ma raquette. Je n'ai pas dit mon dernier mot. Revers.

1. Référence à la chanson « Barbie Girl », d'Aqua (1997). Ultime punchline du morceau lancée par Ken. « Rangez vos scrupules, sortez les raquettes, ça va saigner. »

Dr Dany le Rouge n'exerçant plus, pour mon suivi gynéco « classique », je dois me trouver un nouveau médecin. Mais je ne choisis pas au petit bonheur la chance. Non. Je joue mon va-tout et je contacte LE spécialiste avignonnais de la fertilité. Il paraît qu'il est complet, qu'il y a des mois d'attente pour obtenir un rendez-vous, quand on a la chance de ne pas se faire tout bonnement refouler.

J'appelle le secrétariat. Et j'obtiens un rendez-vous. En janvier. Dans un mois. La chance sourit aux audacieux.

Smash. Dans tes dents, chère DNLP.

Imagination, life is NOT your creation[1]

FYI[2], docteur Barbie, je me permets ici un bond dans le futur. Nous sommes en 2018. Et je viens d'accoucher de mon deuxième enfant.

Tu avais raison sur un point, Barbie : je viens d'avoir une césarienne. (Pour ne rien te cacher, c'est même ma deuxième.)

Pas parce que je refusais « d'attendre le terme », non. (Laisse-moi rire.) Mais parce que le terme était largement dépassé. Pour la deuxième fois.

Faut dire qu'on était bien, chaque fois. On a profité de ces grossesses, mes filles et moi. (Ou bien, mais c'est pas le sujet : j'ai des gestations de pachyderme.) Chaque fois, non seulement je l'attends, mais je le dépasse, le terme. À tel point qu'à un moment donné il a bien fallu les sortir de là, elle commençait à être fripée, la peau de leurs doigts.

Comme quoi, et à plus d'un titre, docteur Barbie, tu n'avais pas complètement raison, ce jour-là.

---

1. *Ibid.* Clin d'œil acide à la ritournelle du tube. Bisous, docteur Barbie.
2. *For your information.*

Noël

Celle où non, 'tis NOT the season to be jolly[1]

Avignon, Noël 2013

Chère DNLP,

Tu as réussi un véritable tour de force. Je ne peux que m'incliner devant ton talent. Pour la première fois, je me mets à détester Noël, je ne l'aurais jamais cru possible. D'habitude, à peine la Toussaint passée, je suis le genre de meuf à remplir la maison des notes jazz de mes *Christmas carols* préférés, à cuisiner des sablés de l'avent à tous les parfums et de toutes les formes, à décorer mes fenêtres de flocons blancs dessinés au feutre craie, à m'enchanter au rayon des décorations chez Botanic en me demandant de quelle couleur faire le sapin, à courir admirer les illuminations dans les rues, à chercher le *Christmas jumper* de l'année.

Mais ça, c'était avant.

Avant la PMA.

Aujourd'hui, je hais cette période de l'année. Je ne peux m'empêcher de compter les enfants qu'on a ratés. De songer à l'âge qu'ils auraient. À l'absence cruelle de chaussons sous le sapin. Au manque.

---

1. « Ce n'est PAS la saison des réjouissances. Fa la la la la, la la la la. »

Au détour d'un marché de Noël, un verre de vin chaud à la main, Mariah braille «*All I want for Christmas is youuuuuuuu*». Je me surprends à transposer. *You.* Toi. (Non pas toi, chère DNLP, si tu pouvais me lâcher la chaussette – de Noël – une fois dans l'année, ça me ferait des vacances.) Toi, le bébé tant désiré que j'attends depuis six années.

Larmes aux yeux instantanées. J'ai envie de la trucider, Mariah Carey. Qu'on lui confisque le micro, pitié. Je vide mon verre d'un trait. Ça a au moins le mérite de me réchauffer. Je vais en prendre un deuxième. Juste histoire d'engourdir ma peine.

Quelques jours plus tard, voici venu le traditionnel moment du sapin. L'homme part chercher les décorations à la cave de notre quasi-trois pièces. Je me retrouve seule assise en tailleur sur le parquet à regarder ce fier Nordmann tout nu.

Et c'est précisément à cet instant que tu choisis de faire ton entrée. À croire qu'à mon insu, tu as décidé de me mettre au casting d'un de ces films de Noël. Ceux aux intrigues éprouvées, toujours dans le même registre. Je t'accorde qu'avec mon histoire tu pourrais cocher pas mal de cases.

Crainte de ne pas pouvoir passer Noël en famille ? *CHECK*, faudrait déjà réussir à la construire, la famille.

Relations familiales houleuses qui donnent envie de zapper le réveillon ? *CHECK*, là, tout de suite, j'ai juste envie de faire avance rapide jusqu'en 2014.

Solitude ou deuil accrus d'un personnage au moment des fêtes ? *CHECK*, pour toute PMette qui se respecte, Noël, c'est juste la pire période de l'année. L'occasion de déplorer un sapin sans chausson de bébé à son pied. Une vision d'horreur incitant à se terrer dans son trou tout le mois de décembre.

Tu t'approches en silence. Et, alors que je ne m'y attendais pas, tu me souffles à l'oreille qu'un an a passé. Je me revois à Noël l'année dernière. Pleine d'espoir en pensant à ce que la PMA pourrait nous apporter. Me voici un an et quatre tentatives d'IAC plus tard… c'est donc mon sixième Noël le ventre vide. *Cheers*. Je sanglote.

J'entends l'homme qui remonte de la cave avec son carton de décorations. Je l'imagine tout joyeux à l'idée de le déballer ensemble en redécouvrant les trésors des années passées, et s'attendrissant devant les mochetés qu'on accumule sans pour autant réussir à s'en séparer. Je me tourne vers la fenêtre le temps de reprendre ma respiration. Je n'ai pas envie d'être encore la reloue de service qui plombe l'ambiance d'un moment supposé heureux. Surtout que je chantonnais quand il est parti. Par quelle sorcellerie me retrouverait-il baignant dans mes larmes en remontant ? Inspiration, expiration. Peine perdue, il m'a vue. Il ne dit rien, je ne parle pas. Je fais semblant. Grâce à toi, j'ai développé un précieux talent : la *poker face*.

En apparence, je me montre courageuse. En fait, c'est juste que je n'ai pas le choix. Quelle autre option ? M'effondrer et me laisser aller, à chaque fois ? Surtout que tu es assez sournoise pour faire surgir la douleur n'importe où et n'importe quand. Une femme enceinte sur mon chemin. Un enfant qui touche sa maman de sa potelée petite main. Ou au détour d'une conversation anodine. Tout revient d'un seul coup, comme une claque.

Tiens, comme ce soir. On organise chez nous notre traditionnel dîner de Noël entre copains. Nous avons invité trois couples d'amis d'enfance de l'homme. Deux d'entre eux ont (chacun) trois enfants (mais Dieu merci, ils sont venus sans. Six enfants dans mon appartement, c'est plus que je n'aurais pu supporter, surtout en ce moment). Le troisième couple est plus récent. A priori, je suis tranquille. Ils ne vont pas nous sortir un polichinelle du tiroir, c'est bien trop tôt. Nous allons passer une bonne soirée, ça va nous changer les idées.

C'était compter sans ta fourberie. Pour le scénario de ton film de Noël, tu ne m'épargnes aucun cliché. Ce dîner, c'est l'occasion rêvée pour toi d'enfoncer le clou. (Et je ne dis pas ça rapport à Noël et *Jésus*, toussa.)

Comme tout bon parent qui se respecte, voilà nos amis à se plaindre de leurs rejetons. « Faites des gosses, qu'ils disaient. » Je fuis dans la cuisine pour lever les yeux au ciel, prétextant un plat à aller chercher.

Sérieusement ? Je dois subir leurs jérémiades, alors que je me bats depuis six ans ? Je me rassois. Un silence.

LE COUPLE RÉCENT (*se regardant amoureusement*) : Justement, on a quelque chose à vous annoncer.

J'ai les jambes qui tremblent, le temps se suspend, mon cœur se prépare à se briser, je retiens ma respiration. Ça va se produire ici, chez nous, là où je rêve d'avoir moi-même une annonce à faire depuis six dîners de Noël. Je regarde l'homme furtivement. Mes mains sont crispées, mon sourire tout autant. Je m'attends au pire.

ELLE (*joyeuse*) : J'ai arrêté la pilule ! On a décidé de faire un bébé !

Soulagement. Elle n'a pas annoncé qu'elle était enceinte. On est passés à rien du drame. Je me remets à respirer.

ELLE (*interpellant un des deux autres couples qui se tâte pour faire un quatrième [QUATRIÈME !] enfant*) : Ça tomberait trop mal question timing, mais, si je suis enceinte ce mois-ci, on dit que vous mettez un quatrième en route ! *Deal ?*

[*Spoiler*: ce jour-là, notre amie ne le savait pas encore mais elle était effectivement enceinte. Une insouciante PB C1. Son (adorable) fille est née huit mois plus tard.]

Je suis stupéfaite par la confiance des couples autour de nous. Qu'ils soient capables d'annoncer un arrêt de pilule avec un tel aplomb me sidère. Ça semble tellement simple et facile pour eux. Que leur parcours pour devenir parent puisse être compliqué ne leur traverse même pas l'esprit. Ils sont sereins. Pour la plupart des couples, faire un bébé, c'est aussi évident que « nous décidons d'avoir un enfant, nous arrêtons tout contraceptif, elle tombe enceinte ». Pire, certains peuvent se payer le luxe de prévoir la date de la naissance, en fonction du signe astrologique souhaité pour le bébé à naître, voire des vacances scolaires. Un monde d'insouciance, à des années-lumière du nôtre.

Pourquoi le 25 % de couples infertiles est-il tombé sur nous ? Comment ça s'est passé pour le casting ? Quelle audition ai-je réussie pour obtenir le premier rôle dans ton film de Noël pourri ? Pourquoi eux, et pas nous ?

Comme d'habitude, je sors ma *poker face*. Je commence à être rompue à l'exercice. Je souris, je trinque et félicite mes amis pour leur nouveau projet, mais à l'intérieur, je suis accablée. L'homme me regarde en coin, je sais qu'il sait que je n'en pense pas moins.

Quelques jours plus tard, nous fêtons Noël chez mes parents. L'occasion de revoir mon frère et ma belle-sœur. Elle vient d'avoir trente ans, lui trente et un. Je me doute que « ça ne va pas tarder ». Comme chaque fois qu'on les retrouve, je passe la nuit d'avant à me ronger les sangs. Dès notre arrivée, je la regarde à la dérobée. Son ventre, son teint, je cherche un signe, n'importe lequel qui pourrait confirmer ou infirmer l'information tant redoutée : que mon frère, de deux ans mon puîné, annonce avant moi son premier bébé. Soulagement quand je la vois boire du champagne et fumer des clopes. Je peux me détendre et me remettre à respirer. Ce n'est pas pour tout de suite, le raz-de-marée.

Il y a un an, il y avait un espoir. La PMA allait nous donner l'enfant que nous désirions.

Aujourd'hui, j'ai un peu l'impression d'avoir été trimballée de force dans un grand huit. Je me languis de 2014, même si j'ai lu mon horoscope, qu'il est plutôt dégueulasse et qu'il m'annonce même une rupture. Il ne manquait plus que ça. Je ne vais pas dire que 2014 pourrait difficilement être pire que 2013. S'il y a une chose que j'ai apprise avec la PMA, c'est que, même quand on croit être au plus bas, la descente n'en finit pas.

Je rêve d'un *Christmas jumper* où serait brodé « *All I want for Christmas is…* qu'on me foute la paix ».

L'INSTANT X[1]

Celle où le Grand Architecte
commence à trahir DNLP

Avignon, janvier 2014

Chère DNLP,

Ce lundi de mi-janvier, je ne le sais pas encore, mais ma vie va changer. Pour l'heure, je rumine encore notre entrevue de la semaine dernière, avec la psychologue et les biologistes du centre de PMA de Marseille.

« C'est l'heure pour moi de prendre la pose[2] »

Bureau aux mille faire-part, premier lundi de janvier.

Nous marchons sur des œufs : si tu te souviens bien, dans mon dossier, il est écrit que je ~~suis une casse-ovaires~~ réclame une FIV. C'est le moment de faire profil bas et surtout amende honorable. Raser les murs. Rentrer dans le moule. Ce rendez-vous sera déterminant pour l'avancement de

1. Contrairement à Mylène Farmer dans son titre éponyme (1995), je n'ironise pas du tout dans ce chapitre. C'est Noël.
2. *Ibid.*

mon dossier. Mon seul objectif, c'est de démentir la version hystérique et capricieuse de moi dépeinte par Dr Barbie.

LA PSYCHOLOGUE (*après lecture de mon dossier*) : Et donc, vous avez *demandé* à passer aux FIV ?

Haussement de sourcils + légère inflexion sur le mot « demandé ». C'est parti pour le numéro de séduction. C'est décidé, je vais montrer la version *plus-que-parfaite* de moi-même.

MOI (*plus-que-motivée pour rattraper le coup afin d'obtenir le précieux sésame*) : Tout à fait. L'annulation de la dernière IAC nous a incités à tenter autre chose. Nous avons besoin de dépasser cela. La perspective d'un changement nous motive et nous met plus en confiance.

LA PSY (*dubitative mais désireuse de comprendre*) : Vous vous sentez suffisamment forts pour passer à cette étape ? C'est beaucoup plus médicalisé. En plus, je vois que vous habitez loin... Comment allez-vous vous organiser ? Vous y avez réfléchi ?

MOI (*plus-que-souriante [voici toutes mes dents], plus-que-croisant les doigts sous la table [plus, ça ferait mal] et plus-que-mentant effrontément [j'espère que mon nez ne va pas s'allonger]*) : Nous poserons des congés et nous nous organiserons. Nous sommes parfaitement conscients des obligations.

La psychologue nous regarde. Elle demande vaguement à l'homme comment se passent les injections. Plus-que-parfaitement-bien. Et elle referme le dossier en souriant. « C'est tout bon pour moi. »

1/2. Je te fais la nique intérieurement. *Bisque bisque rage !* Reste la formalité des biologistes.

« Du fun pour une fin de siècle[1] »

LE PROFESSEUR P. (*glacial*) : Donc, nous nous acheminons vers une fécondation *in vitro*. Permettez-moi de vous en rappeler les étapes.

Au ton qu'il emploie, je me ratatine. J'aurais dû m'en douter, le professeur P est à ta botte. Il manipule des gamètes, vous êtes comme cul et chemise. Logique.

Le début du protocole ressemble à celui des inséminations. Sauf que la dose d'hormones injectée est multipliée par trois. La surveillance, presque identique : prise de sang et *endochattale* toutes les quarante-huit heures pour monitorer le développement des follicules. Quand ils sont matures (c'est-à-dire de la taille d'un grain de raisin) et que l'endomètre est correct (triple feuillet, entre sept et dix millimètres), l'ovulation est déclenchée artificiellement grâce à une injection réalisée à heure précise qui détermine l'heure de passage au bloc pour le prélèvement. Le matin de l'ovulation, l'homme part pour le *recueil* et moi, je suis anesthésiée pour la ponction ovarienne.

LE PROFESSEUR P. (*précisant*) : La ponction ovarienne consiste en une anesthésie du col de l'utérus. Puis en une aspiration du contenu des ovaires à l'aide d'une seringue échoguidée grâce à une sonde, à travers les parois du vagin. Généralement, une aspiration à l'ovaire gauche et une à l'ovaire droit suffisent. Parfois, il faut s'y reprendre à plusieurs fois.

Des piqûres à travers le vagin. Je déglutis. Toi, tu me regardes, l'air narquois.

1. *Ibid.*

MOI (*perdant un peu de ma superbe-presque-parfaite*) : Comment ça se passe, l'anesthésie du col de l'utérus, *exactement* ?

Genre : EXACTEMENT ?

LE PROFESSEUR P. (*pédagogue*) : Cela dépend du calendrier. Nous préférons réaliser les ponctions sous anesthésie générale, mais selon votre cycle, si votre ponction a lieu un week-end, il faut savoir que, pour des raisons administratives, l'anesthésie sera locale.

Je te vois, tu te gausses dans le coin du bureau. Je n'avais pas prévu que ça pourrait se passer comme ça. Tu m'as bien eue.

MOI (*plus-que-parfaitement-livide*) : Une anesthésie *locale* ?

Genre : LOCALE !? J'ai envie de partir en courant.

LE BIOLOGISTE (*rassurant*) : Quatre piqûres au fond du vagin, sur le col de l'utérus. Pour l'endormir complètement, puis le prélèvement à proprement parler. Vous êtes consciente mais vous ne sentez rien. L'intervention dure une vingtaine de minutes au total.

Quatre piqûres sur le col de l'utérus. Ça m'a tout l'air FORMIDABLE ! Tu guettes ma réaction. Vais-je capoter ? Je te regarde avec aplomb. Inspiration, expiration. Ne rien montrer. Surtout paraître forte, digne.

LE PROFESSEUR P. (*qui n'a rien vu de mon trouble, continuant*) : Ensuite, nous sélectionnons le sperme de monsieur et vos meilleurs ovocytes. Soit nous les mettons en contact et nous les laissons incuber, afin que la fécondation se fasse naturellement, c'est ce qu'on appelle une « FIV classique ». Soit nous micro-injectons un spermatozoïde dans chaque ovocyte, c'est alors une FIV ICSI[1].

1. Fécondation in vitro avec injection intracytoplasmique de spermatozoïde (ICSI, de l'anglais *IntraCytoplasmic Sperm Injection*), FIV version « mission

LE BIOLOGISTE (*terminant son exposé*) : Les résultats de la fécondation sont connus quelques jours plus tard. Les embryons conçus et viables sont transférés dans votre utérus, généralement un ou deux, les surnuméraires sont congelés au laboratoire pour une utilisation ultérieure. Avez-vous des questions ?

Moi ? J'en ai environ *deux mille*, des questions. Et la moitié concerne les « et si ». Et si je ne supporte pas les effets secondaires ? Et si je rate l'heure d'une injection ? Et s'il y a du monde sur la route et qu'on arrive en retard au bloc le matin de la ponction ? Et si on n'obtient aucun follicule ? Et si on n'obtient aucun embryon ? Et si je fais un malaise au bloc en pleine anesthésie locale ? Et si je me mets à hurler comme une damnée, que je me lève et que je lui arrache la seringue des mains ?

Mais tu crois que je vais me prendre les pieds dans le tapis aussi facilement ?

J'ai décidé de faire bonne impression. IL. ME. FAUT. LA. VALIDATION.

« *Humeur* killer[1] »

L'anesthésie locale ?

Okayyyy, aucun problème ! Je suis trop forte en anesthésie locale. (Taire le fait que j'ai craqué quand on m'a enlevé un pauvre kyste de deux centimètres à l'épaule gauche. Je tremblais tellement que l'infirmière était à deux doigts de me

---

commando » : quand les spermatozoïdes font la grève et refusent d'entrer seuls, on passe à l'injection directe dans l'ovule. Un petit coup de micro-aiguille et hop, ça démarre (en théorie).

1. Je compte sur « L'Instant X » de Mylène Farmer pour aplanir mes humeurs.

sangler. Verrouiller la bouche. Fermer à double tour. Jeter la clé. Ne pas pleurer. Ne *surtout* pas pleurer.)

Les allers-retours à Marseille ?

J'adore ! Marseille, la Bonne Mère, les rues désembouteillées, les passerelles routières hasardeuses qu'il ne faut pas rater sous peine de faire un détour de dix kilomètres, et la mer ! Et je vous l'ai dit que ma mère est née à Marseille ? Non ? C'est un signe, forcément. (Tais-toi, mais tais-toi, bon sang ! Professeur P. est à deux doigts de me refaire passer chez sa collègue psy.)

2/2. Biologistes : OK

Oui. C'était inespéré, mais on sort du centre de PMA vainqueurs. On est passés pour des gens équilibrés. C'est déjà ça. Victoire et danse de la joie.

« Quand tu descendras du ciel[1] »

Ce lundi de mi-janvier.

Aujourd'hui, dans son livre du Destin, le Grand Architecte est en train d'écrire que l'homme et moi allons faire la rencontre qui va bouleverser le cours de notre vie.

Mais ça, je ne le sais pas encore.

C'est un pote à toi, pourtant, le grand Architecte, non ? Tu le sens, le vent qui commence à tourner ? *Niark niark.*

On arrive au cabinet de ce nouveau gynéco gonflés d'espoir et d'entrain. Après tout, c'est le ponte de la fertilité d'Avignon. Celui qui fait avoir des bébés.

C'était compter sans la secrétaire qui nous accueille.

Pour son rôle, tu t'es inspirée d'*Harry Potter à l'école des sorciers* ? Bien qu'elle n'ait qu'une seule tête (et, je te

1. *Ibid.* C'est bientôt Noël, que la vie est belle, bientôt viendra le Père Noël (patience).

l'accorde, beaucoup moins de poils et de dents), on dirait Touffu qui garde la pierre philosophale. J'ai envie de la baptiser « Cerbère la Secrétaire ».

Salle d'attente, un peu ébranlés.

L'ambiance musicale est disons… discutable. Et la confidentialité du bureau très limite à travers la porte en verre.

Pour autant, rien ne me fera changer d'avis : ce gynéco a le droit d'avoir des goûts musicaux spéciaux et de parler fort parce qu'il est le sauveur du monde, du moment qu'il nous aide à avoir notre bébé, je suis prête à bouffer l'intégrale de Mylène Farmer. *Désenchantée*[1] ? Jamais.

Les murs sont recouverts de stickers de citations.

« Il faut toujours un coup de folie pour bâtir un destin » (Marguerite Yourcenar).

« L'attente est pareille à des ailes. Plus les ailes sont fortes, plus le vol est long » (Djalal Al-Dîn Rûmi).

Je suis en train de méditer sur la seconde quand la porte s'ouvre.

« C'est l'instant X[2] »

Il apparaît. J'entends presque les chœurs et les orgues en fond sonore. Grand et musculeux, Il porte la belle quarantaine, un jean, aussi, et une chemise à carreaux Ralph Lauren. Des yeux bleus. Des cheveux blonds et un brushing à la Simon Baker[3]. Et par je ne sais quelle magie, Il est bronzé. En plein mois de janvier.

Il sourit et nous invite à entrer, Son ton dynamique et passionné me plaît d'emblée.

---

1. Chanson de Mylène Farmer (1991).
2. Cette fois, on y est. L'instant magique.
3. Patrick Jane dans la série à succès *Mentalist*.

Ma Bonne Élève a consciencieusement préparé ce rendez-vous, tu penses. Parcours résumé sur deux post-it A5, collés à l'intérieur de la couverture de mon dossier jaune à élastiques. Une date et en face une étape. Six années.

S'asseyant dos à la fenêtre, Il nous écoute résumer, puis Il prend la parole : « Parfois, je vois des couples qui consultent en larmes au bout de six mois. Là, il faut les rassurer et leur faire voir la réalité en face : six mois d'attente, avant 35 ans, c'est normal. Mon rôle, c'est de leur apprendre à attendre. Mais pour vous, ce n'est clairement pas ça. Six ans, c'est long, et votre parcours a été difficile, on est d'accord. »

J'ai envie de glisser sur son bureau noir d'un mètre vingt de large pour L'embrasser.

Il reprend : « Dites-moi : comment vivez-vous votre parcours, cette infertilité, la situation ? »

Il s'est penché en avant, prêt à nous écouter. Il attend une réponse. Genre *vraiment*. Il a beau être une référence dans Sa profession, Il n'en a pas oublié d'être humain.

Je n'en reviens pas. Je crois que je vais pleurer. Ou me prosterner.

« Qu'on attend comme le Messie[1] »

Il s'étonne que le centre de PMA de Marseille n'ait pas fait l'analyse de nos caryotypes respectifs, l'étude numérique et structurelle de tous les chromosomes d'une cellule, pour détecter une éventuelle anomalie responsable de notre infertilité.

Au vu de notre parcours, notamment de ma grossesse extra-utérine, Il nous dit qu'Il nous aurait orientés dès le

1. « L'instant X », chanson de Mylène Farmer, 1995. Et pour une fois, l'expression n'est ni galvaudée, ni grandiloquente.

départ vers une FIV, sans passer par les inséminations, parce que c'était risqué.

Tout en restant beau joueur, sans médire, Il nous fait comprendre que nous avons perdu notre temps avec Dr Dany le Rouge, pas réputé pour ses compétences en procréation médicalement assistée.

Il nous dit que si nous décidons de changer de centre de PMA, Il sera en charge de notre dossier de A à Z (des contrôles, à la ponction, en passant par le transfert), qu'Il sera notre seul interlocuteur. Et, le *must*, Il ne fait que des ponctions sous anesthésie *générale*. (Générale !)

En nous remettant une brochure, Il nous explique le protocole et note les *next steps* sur notre dossier dans Son ordinateur. Il sort des ordonnances, pour les prises de sang de nos caryotypes, la spermoculture. Il ajoute une note à l'intention des biologistes. « Vous verrez, le labo est deux étages en dessous, attenant à la clinique. C'est pratique. »

En nous raccompagnant, Il indique à Sa secrétaire (qui, finalement, ne s'appelle pas Cerbère, mais Lolo) d'organiser un rendez-vous dans quatre semaines pour une échographie, et un deuxième, dans six semaines pour la synthèse des résultats des examens.

En nous quittant, Il nous dit que ce sont des rendez-vous de principe. Que nous avons le choix. Qu'Il ne nous force pas la main pour qu'on Le choisisse, Lui.

« Comme l'instant magique[1] »

Derrière Lui.

« La vie est comme un miroir. Si tu lui souris, elle te renvoie ton image » (Louis Nucera).

---

1. *Ibid.*

Et je souris. *Anamorphosée.*

Entre ~~le bœuf et l'âne gris~~ Mylène et Ralph Lauren, ~~dort, dort, dort le petit fils~~ rêve, rêve, rêve la PMette. « Mille anges divins. Mille séraphins, volent alentour de ce grand Dieu d'amour. » Bref : c'est Noël.

Chère DNLP, Il n'aura pas besoin d'insister beaucoup : c'est Lui.

Salade de fruits

Celle où Dame Nature La Pute ramène sa fraise (et Bruce Willis)

Avignon, avril 2014

Chère DNLP,

Si on était dans une comédie romantique, on aurait passé le moment de la mise en place (le couple est infertile mais ils s'aimeeeeent) et celui de la rencontre (le couple fait la connaissance du Créateur, l'espoir renaît). En toute logique, vient ensuite la complication. Tu es aux commandes, toute-puissante. Tu te retrousses les manches et tu fais craquer tes doigts. Je serai le pantin de tes pervers desseins.

Silence, on tourne !

Mars.

Nous avons décidé de faire confiance au Créateur, et le prochain cycle sera celui de notre première FIV. Mais, puisque dans tes scénarios tu aimes les rebondissements, tu m'as offert un dernier cycle désespérément long. Comme si mon corps refusait de se rendre à l'évidence, à savoir que le jour 1, le jour de sang, marquerait également le commencement d'une nouvelle étape de notre parcours de PMA.

Ce matin, avec la voix chevrotante de la culpabilité, j'ai réclamé un arrêt de travail à mon généraliste. *Vu de 2023, ça peut paraître saugrenu.* Depuis le 28 janvier 2016, le code du travail permet à toute patiente en PMA qui en fait la demande auprès de son employeur de bénéficier d'absences autorisées pour réaliser les examens et les suivis nécessaires à son parcours. Pour autant, si cet amendement avait existé ce matin de mars 2014, l'aurais-je utilisé ? Pour être honnête, je ne crois pas. Car ç'aurait été révéler mon désir de grossesse par la même occasion. Mais ce n'est pas le sujet, on en reparlera. Revenons-en à tes talents de scénariste.

Avec cet arrêt de travail en poche, je mets toutes les chances de mon côté. Je n'aurai pas à cumuler les effets secondaires, la pression professionnelle, les cent soixante-dix kilomètres que je fais quotidiennement et le stress des absences de dernière minute. Non, tu ne m'auras pas. Du moins, pas comme ça.

J5, vendredi. Troisième jour de stimulation ovarienne

Première *endochattale* de surveillance pour ce cycle.

Quatorze follicules !

Quatorze follicules et… c'est ton premier rebondissement de la journée : l'image d'un corps jaune résiduel à l'ovaire droit. Le mois dernier, j'ai donc dû tomber enceinte naturellement. Encore.

Et c'est passé inaperçu. Encore. Pas le temps de s'apitoyer, la machine est en train de s'emballer. Alors, en plus du Gonal-F qui stimule la production ovarienne, le Créateur me prescrit du Cetrotide pour prévenir une ovulation spontanée prématurée. Une piqûre de plus chaque soir ? Vas-y avec ton deuxième rebondissement, je ne suis plus à ça près.

Sauf que cette injection doit se faire, non pas avec un stylo injectable, mais une véritable seringue, en sous-cutané. Et là, l'homme a beau bénéficier des gènes d'un père cadre infirmier, et de l'expérience de quatre stimulations pour insémination, la seringue : il ne le sent pas. Moi ? N'en parlons pas. Aucun problème, il nous suffit de faire appel à une infirmière. Là, tu envoies ton troisième rebondissement.

MOI (*fleur au fusil, bouche en cœur*) : « Allô ? Je suis en protocole FIV, et j'ai besoin d'une injection de Cetrotide demain samedi, dimanche soir et probablement jusqu'à mercredi. C'est possible pour vous ? »

L'INFIRMIÈRE À DOMICILE (*des pages jaunes, de surcroît conseillée par mon généraliste*) : Oui, mais il faudrait venir au cabinet.

MOI. Ah. Et vous fermez à quelle heure ?

ELLE. 17 h 30.

MOI. Je dois injecter le Cetrotide en même temps que le Gonal-F, à 19 h 30.

ELLE (*catégorique*) : Alors il va falloir vous trouver une autre infirmière.

Je n'ai visiblement pas bien compris le concept d'infirmière *à domicile*. Les hormones jouent en ta faveur : me voilà à sangloter. J'épluche les pages jaunes à la recherche d'une autre infirmière qui accepterait de venir chez moi faire cette injection en fin de tournée. Après deux appels, je trouve un infirmier qui veut bien se déplacer. Je cale les rendez-vous. J'arrête de pleurer.

Mais qui a dit que trois rebondissements par jour étaient suffisants, enfin ? Quelle petite effrontée je fais ! En rangeant ma feuille de protocole, je m'aperçois que ce matin le Créateur a dénombré les follicules dans la case « J6 » alors que je suis à J5. Vertige et palpitations. Ce qui fait qu'il a prescrit la conduite à tenir en me croyant à J6. Dans ce cas, je ne dois pas commencer le Cetrotide demain J6, mais dimanche à J7 ? Est-ce que je vais tout faire foirer si je commence demain ?

Je respire, allons, il suffit que j'appelle le secrétariat pour me le faire confirmer !

Sauf que le secrétariat est fermé le vendredi après-midi. Et demain, samedi, aussi. Les larmes affluent de plus belle. Ton quatrième rebondissement m'a terrassée. Je décide de laisser faire. De toute façon, je suis une telle loque, je n'arrive plus à penser…

J12, une semaine plus tard, vendredi. Dixième jour de stimulation ovarienne

C'est le jour du printemps. J'ai tenu bon. J'ai suivi le protocole à la lettre, me suis pliée à tous les contrôles, ai vu les anesthésistes. La secrétaire me confirme le planning. Autrement dit, les prochaines scènes de ton scénario machiavélique. *Starring* Dr Gentille, c'est son tour de garde pour les ponctions. Je l'ai vue pour un contrôle hier, parce que le Créateur était en salle d'accouchement. Je l'ai trouvée douce et humaine. Je suis rassurée. Ça va aller. Je vais y arriver.

Et action !

J13, samedi 22 h 30

L'homme me fait l'injection d'Ovitrelle pour déclencher l'ovulation. Les dés sont jetés. Le compte à rebours a commencé. Il s'allonge à côté de moi sur le lit. Je pleure un peu. On se serre fort l'un contre l'autre, en faisant (encore) le vœu que cette injection soit la dernière. Toi, tu nous dévisages d'un air désespéré : « Regardez-moi ça ! Ça dégouline d'amour. C'est beau mais c'est insupportable[1]. »

1. Référence à « Mon cœur, mon amour », chanson d'Anaïs (2005).

J15, lundi 5 h 45

Avant de nous lever, coup d'œil à l'affiche de Mr. Wonderful accrochée sur le mur, face à notre lit. Une licorne ailée, dans les nuages : « *Wake up and make your dreams come true.* »

Je me lève pour me doucher à la Betadine, orange, qui ruisselle sur mon corps et mes cheveux mouillés. Faire mousser. Rincer. Recommencer. Rincer. Sécher dans une serviette propre. Mettre des vêtements propres. Pendant ce temps, l'homme a bu son café. Mangé une tartine. Ça va être une grosse journée. Ne pas flancher. *Make your dreams come true.*

J15, lundi 6 h 55

L'homme vient de me déposer à la clinique. Il m'embrasse et file au labo (baiser d'hôpital aseptisé, ambiance de pré-branlette de laboratoire, parfait, c'est bien le *remake* de *Love Story*). Nous sommes trois PMettes au bureau des entrées. Je récupère ma « chambre individuelle » d'ambulatoire, une pièce aveugle avec un placard qui ne ferme pas à clé.

Me déshabiller intégralement. Enfiler la blouse en papier-tissu bleu marine qui ne ferme pas dans le dos. Mettre la charlotte sur la tête. Bien rentrer tous les cheveux. Se sentir super sexy. *I'm blue da dou di da dou da*[1]. L'homme revient du labo. Pour lui, l'affaire est faite. Je m'interroge, dois-je le féliciter ? Au moins d'être revenu à temps pour me garder mon sac à main et mes lunettes.

1. Référence à « Blue (Da Ba Dee) », tube eurodance d'Eiffel 65 (1999), dont personne ne connaît vraiment les paroles.

J15, lundi 8 h 45

Bruce Willis vient me chercher. Ah non, c'est simplement le brancardier. Naïvement, je m'attendais à partir à pied avec lui, mais il ne veut me prendre que sur mon lit (enfin, façon de parler. Mais quelle cochonne tu fais, c'est pas vrai !). Je suis là pour faire un bébé, mais sur ce brancard, j'ai l'impression d'être malade.

Couloir du bloc opératoire. J'ai froid.

Sans lunettes, mes yeux myopes ne reconnaissent rien. Je ne suis même pas sûre de regarder dans les yeux PMette-n° 2 allongée elle aussi sur son brancard, de l'autre côté du couloir : « C'est l'heure de pointe ! La prochaine, c'est moi, et puis ce sera votre tour. » On se sourit. Blaguer pour faire diversion. Aucune de nous n'est dupe. Mes yeux voient trouble, mais c'est bien un cathéter au pli de son bras gauche. Je vais y avoir droit. Je hais les cathéters.

C'est à elle, on l'emmène.

J15, lundi quelque part entre 9 heures et 10 heures

Apparition dans le couloir, silhouette de femme, en pyjama de bloc, avec une blouse, des gants, un masque et un calot. Je ne reconnais que sa voix. C'est Dr Gentille. Elle porte une mallette. La porte battante s'ouvre. Elle remet la mallette à un homme que je suppose être celui de PMette-n° 1. J'entr'aperçois, flou, mon homme à moi, faisant les cent pas. Il ne me voit pas. Déjà, la porte se referme. Je voudrais qu'il soit là. Les larmes, en silence. Dr Gentille passe à côté de moi pour retourner au bloc avec PMette-n° 2. Elle me dit bonjour, constate que je pleure, me presse l'épaule, part un instant et revient avec un mouchoir.

« C'est normal d'avoir peur, ça va bientôt être à votre tour, tout va bien se passer. »

Elle rouvre la porte battante.

« Votre mari est de l'autre côté, regardez. »

Devant mes yeux rouges, l'homme a son air inquiet. Je lui lance : « La licorne ! » La porte se referme. Toi, tu lèves les yeux au ciel : « C'est pas possible d'être aussi mièvre ! »

L'anesthésiste du jour se présente et me pose le cathéter.

« Ce sera à vous dans vingt minutes. »

L'infirmier du bloc vient me chercher. Il est jeune, il est sympa, il tente de plaisanter pour me détendre. Le bloc opératoire est grand, et évidemment, très froid (*surtout* les fesses à l'air). Il colle mon lit à la table d'opération et me demande de translater. Petite victoire, j'y arrive, sans trop mes fesses montrer. Précaution ridicule : l'instant d'après le voilà qui me badigeonne le sexe et le creux des cuisses de Betadine. L'anesthésiste me demande de respirer calmement. Les joues me picotent. *Black out.*

J15, lundi vers 10 heures

Pendant que je comate, Dr Gentille réalise sa ponction. Met le liquide folliculaire dans des bocaux. Place les bocaux dans une mallette. Ferme la mallette et l'étiquette. Puis sort du bloc, marche jusqu'à la porte battante. Retrouve l'homme de l'autre côté. C'est à lui de jouer, grosse responsabilité. Ne pas perdre la mallette. Ne pas la faire tomber. Foncer au labo, prestement, mais avec précaution. Remettre le résultat de douze jours d'injection, de larmes et d'organisation aux biologistes. Tout est entre leurs mains désormais. Croiser les doigts.

J15, lundi vers 10 h 30

Salle de réveil, j'émerge, cotonneuse. L'anesthésiste est à mes côtés et me demande comment je me sens. J'ai mal au ventre. Tu soupires : « Mais quelle petite nature ! » L'infirmière ne t'entend pas et me passe un gramme de paracétamol et du Spasfon en perfusion.

Bruce Willis me ramène dans ma chambre. L'homme est là. Il est rassuré. Je suis soulagée. Il a réussi sa mission et moi la mienne. Dans la mallette, il y avait cinq bocaux. Dr Gentille lui a dit que c'était une grosse ponction. J'ai survécu. Je peux souffler. Tu ricanes sous ta cape : « Souffler ? Mais on n'a même pas commencé les festivités ! »

J15, lundi 12 heures

Pmette-n° 1 et PMette-n° 2 ont quitté la clinique depuis longtemps.

J'ai mal, le paracétamol et le Spasfon n'y font rien.

J15, lundi 14 heures

L'infirmière me repasse un gramme de paracétamol et du Spasfon en intraveineuse.

Tu ricanes doucement dans un coin de cette chambre minuscule.

J15, lundi 16 heures

L'infirmière me sermonne. Il est temps de me lever pour aller faire pipi. Faire les deux mètres qui séparent mon lit des toilettes est un calvaire. J'essaie d'uriner et je ressens une telle brûlure que je ne peux m'empêcher de crier. J'ai l'impression que je vais mourir, là, sur la cuvette des toilettes. L'infirmière rapplique et se décide à téléphoner à Dr Gentille, qui répète que la douleur est normale, vu la quantité de follicules prélevés.

J15, lundi 18 h 30

À bloc de ma dose de calmants pour vingt-quatre heures, on ne peut plus rien pour moi et on me renvoie chez moi. Je n'ai quasiment pas vu la lumière du jour. L'homme me soutient jusqu'à la voiture. Il a beau rouler à 20 km/h, chaque secousse est un supplice. Assise à l'arrière, tu ris à gorge déployée.

À la maison, incapable de me tenir debout, ni même de m'allonger. Mon ventre est énorme et gonflé. J'ai mal comme jamais. À côté, le Cytotec pris pour ma fausse couche, c'était du pipi de chat.

J16, mardi 7 h 30

Au terme d'une nuit quasi blanche, assise dans mon lit à pleurer, on appelle le Créateur, qui réclame à me voir sans tarder.

Il consulte mon dossier : on m'a prélevé dix-neuf follicules. Dix-neuf ! Il a besoin de me faire une échographie endovaginale, me prévenant qu'Il fera son maximum mais que ça risque d'être douloureux. Il n'a pas menti : j'ai l'impression que je vais crever.

L'image est sans appel : *hyperstimulation ovarienne*. Au lieu de grains de raisin, des ovaires gros comme des pamplemousses. La douleur ? C'est que les ovaires se sont remplis de liquide inflammatoire. Que mon ventre a pris la taille de celui d'une femme enceinte de quatre mois. En quelques heures et sans prévenir.

Je ne voudrais pas m'avancer, mais il me semble que dans ton scénario diabolique on est arrivés au moment de la *complication*.

Le Créateur décide de m'hospitaliser. La clinique est attenante, je n'ai que la cour à traverser. À deux à l'heure, comme une mémé.

À peine retiré à gauche, on me réinstalle un cathéter au pli du coude droit. Puisqu'on attend les résultats de la mise en FIV, et un éventuel transfert d'embryon, je n'ai le droit à aucun autre antidouleur que le paracétamol, qui ne me soulage pas.

Comme si ça ne suffisait pas, avec l'hyperstimulation, je risque la thrombose, j'ai donc droit à des injections d'anticoagulant.

L'homme fait un aller-retour à la maison pour récupérer des affaires. En l'attendant, je ne fais que pleurer. Je n'ai rien avalé depuis dimanche soir, mon estomac est trop comprimé pour supporter quoi que ce soit. On me passe du glucose. Je ne peux pas respirer à fond, mes poumons sont coincés par le volume inhabituel de mes ovaires. Et toi, tu te délectes de la tournure des événements : je fais une parfaite héroïne dans la tourmente.

J17, mercredi 6 h 30

Deuxième nuit quasi blanche, bercée au loin par les cris des nouveau-nés et les discussions des nouvelles mamans. La chance que j'ai, c'est d'être en chambre particulière. Quel est le crétin qui a décidé de mêler les PMettes aux fertiles, sérieusement ?

L'homme revient aux aurores, le Créateur passe dans ma chambre après ses blocs du jour, nous expliquant qu'on attend les résultats du labo, mais que, si transfert d'embryon frais il doit y avoir, il sera compromis, vu mon état. Surtout que, si le transfert fonctionne, la sécrétion d'hormones de grossesse risquerait d'aggraver mon hyperstimulation.

Justement, mon téléphone sonne. C'est le labo.

Roulement de tambour.

Dix-neuf follicules prélevés.

Huit sélectionnés à maturité.

Des millions de spermatozoïdes…

Zéro embryon.

Zéro.

Mon hyperstimulation et moi, nous avons le droit de quitter la clinique. Avec une ordonnance d'anti-inflammatoires. En suppositoires.

Coupez !

Avril

Trois semaines d'arrêt de travail.

Trois semaines à souffrir. *Trois semaines* à dormir assise. *Trois semaines* sans pouvoir presque rien manger. *Trois semaines* sans pouvoir respirer à pleins poumons.

Trois semaines à accepter que l'homme m'aide à me lever, à me déplacer pour aller aux toilettes, à m'habiller, à me laver. *Trois semaines* à prendre des douches assise sur une chaise. Courbée et douloureuse. Comme une aïeule. *Trois semaines* à toucher du doigt la deuxième partie de la phrase « pour le meilleur et pour le pire ».

Mais aussi *trois semaines* pour traverser le désert émotionnel. Se rendre à l'évidence.

Des millions de spermatozoïdes mis en culture avec huit ovocytes matures pour zéro embryon. Zéro. Pas le moindre développement cellulaire. Pas même le début de quelque chose. Rien. Le néant.

Faire le deuil d'une tentative échouée, mais surtout accepter que ça n'ait rien donné. Pire, en portant ce fardeau d'HSO[1] en « cadeau bonus ».

---

1. Hyperstimulation ovarienne : où les ovaires, surexcités par les hormones, se mettent à pondre comme si la survie de l'humanité dépendait de leur

Le Créateur a fait Ses suivis. Mes ovaires pamplemousse sont redevenus petit à petit des oranges, des clémentines, des kumquats, et puis, enfin, des grains de raisin (« Salade de fruits, jolie, jolie, jolie »[1]).

Comme si de rien n'était.

Mon ventre a retrouvé sa platitude (relative). La nature a repris ses droits. La vie a continué.

Comme si de rien n'était.

Je suis retournée travailler. J'ai noyé le poisson pour éviter les questions.

Comme si de rien n'était.

---

production, se remplissant de liquide une fois ponctionnés, par réaction inflammatoire.

1. Référence à la chanson « Salade de fruits » (1959) de Bourvil, pionnier de la métaphore vitaminée.

Les autres

Celle sans Nicole Kidman[1]*,*
mais avec Julien Clerc dedans

Avignon, printemps 2014

Chère DNLP,

Je te présente le complexe de la PMette, c'est comme le complexe du hérisson. En moins piquant. Quoique. #humourtoutdroitsortidunstyloinjectable

La PMette se sent seule et incomprise. Elle aimerait en parler, mais quand les fertiles sont au courant de son infertilité et qu'ils ont (immanquablement) des paroles maladroites, elle est blessée. Et sa blessure est proportionnelle à sa proximité d'avec la personne fertile.

Alors la PMette se tait. Ainsi, elle arrive à trouver des excuses aux fertiles qui ignorent tout de sa situation, se convainquant qu'ils ne peuvent pas savoir, que ce n'est pas leur faute. Elle préfère ne rien dire pour se protéger… Mais moins elle parle, plus elle s'isole et plus elle se sent incomprise. Le cercle vicieux.

1. Référence au film *Les Autres*, avec Nicole Kidman (2001).

Norman et son chat

Parfois j'arrive à éviter soigneusement le sujet. Comme avec Iris, une ex-colocataire de bureau. Elle m'envoie le lien vers la vidéo mythique de Norman[1] où (feu) Sergi dédaigne un magnifique jouet pour chat *Made in China*, au profit d'un énigmatique morceau de plastique transparent.

Un échange de vidéos de chats plus tard, je lui avoue que je n'osais pas lui demander si elle avait d'ailleurs retrouvé son chat, perdu l'été d'avant. Non. Iris a tiré un trait. Mais elle enchaîne :

« Moi, je n'osais pas te demander si un bébé arrivera bientôt dans votre famille. Mais j'espère bien que tu me le diras en temps utile ? »

BIM. Heureusement qu'on est par mail, Iris n'entendra pas le bruit de mon cœur qui se brise.

Mentir, vite : « Oh là là, non ! Mais alors *pas du tout* de bébé en vue. »

Faire diversion, tout aussi vite : « Sinon, je commence un bilan de compétences le mois prochain. Le tien, comment s'était-il passé ? »

Esquive réussie.

Ulysse revient (et c'est un bien long chemin)

Parfois, je suis meurtrie par les fertiles mais je me fais violence et je serre les dents. Par exemple, comme au bureau, ce matin, où je suis accueillie par une grande nouvelle : ma N+1 a accouché. J'ouvre Outlook main tremblante et cœur

1. Norman, « Avoir un chat » (2013) : www.youtube.com/watch?v=fQO2Opzvyeg.

battant. « Heureux qui comme Ulysse a fait un beau voyage[1] » (cinq mois de déni de grossesse, mais bon, je vais pas faire ma vipère) bla-bla-bla « 2014 sera un cru d'exception » (sérieusement, on est sur l'attendue métaphore du vin ?) bla-bla-bla « un beau bébé de 3,3 kilos » (formidable) bla-bla-bla « viendrai vite vous le montrer au bureau » (combien il me reste de RTT à poser, déjà ?) bla-bla-bla « bébé et maman se portent bien » (évidemment) et, jointe, la photo d'elle rayonnante de bonheur avec son ange sur le cœur.

Deuxième nouvelle, Aure, ma collègue de marguerite d'*open space*, la seule personne de l'entreprise au courant de mon infertilité, est enceinte. Elle n'avait même pas rencontré son mari quand nous avons décidé d'avoir un bébé il y a six ans. Jalouse, moi ? Naaaaaaaan. Je vais l'avoir face à moi pour les cinq prochains mois, avec son ventre arrondi, ses cheveux soyeux et son teint de rose. Parfait.

Dieu merci, notre marguerite dispose d'une opportune séparation en verre trempé opaque, qui mettra son ventre hors d'atteinte de mes yeux envieux. Je n'aurai qu'à mettre mes écouteurs pour ne pas entendre tinter son bola de grossesse me narguant de ma propre incapacité à procréer. Serrer les dents. Donner le change.

La léoparde en blouse nylon (c'est comme la fille aux bas nylon[2], en moins blonde et en plus sauvage)

Mais parfois, c'est plus fort que moi. Il suffit d'un rien pour que les vannes lâchent et que tout parte à vau-l'eau. Comme cette fin d'après-midi-là. J'ai rendez-vous au salon

1. Vers tiré du sonnet « Heureux qui comme Ulysse » de Joachim du Bellay (1558).
2. Référence à la chanson « La Fille aux bas nylon » interprétée par Julien Clerc (1984).

de coiffure, pour recouvrir ces cheveux blancs qui me rappellent que l'horloge biologique n'en finit pas de tourner. Dans une blouse de coiffeur motif léopard, je fais face au miroir.

JULIA (*ma coiffeuse, la moitié de la tête rasée, une mèche de cheveux bleus, s'interrompant, pinceau en l'air*) : Ça fait deux ans que vous vous faites coiffer ici l'homme et toi, et je ne vous vois jamais avec des enfants. Vous n'en avez pas ?

Elle attend ma réponse. Insolente innocence de la jeunesse insouciante. Du haut de ses vingt ans, elle ne pense pas à mal, elle ne peut pas savoir.

La léoparde en blouse nylon a les larmes aux yeux, la gorge serrée, le ventre noué et une féroce envie de s'isoler pour ~~pleurer~~ (les léopardes ne pleurent pas) panser ses plaies. Je secoue la tête.

JULIA (*voulant savoir*) : Tu en veux, toi, des enfants ?

J'opine de la crinière.

ELLE (*hésitante et un peu gênée*) : Et lui, pas ?

MOI (*marmonnant*) : Si, lui aussi.

ELLE (*commençant à comprendre*) : Ah. Et vous avez essayé… des trucs ?

MOI. Ça fait six ans. On a essayé *des tonnes* de trucs.

J'ai envie de sortir prendre l'air. Mais quelle personne saine d'esprit se précipite dehors en blouse léopard, avec une moitié de couleur sur la tête, pour chialer tranquille sur le trottoir ?

ELLE (*m'assénant une affligeante banalité*) : Il y a des femmes qui tombent enceintes quand elles ne s'y attendent plus…

LÉOPARDE EN BLOUSE NYLON (*les babines commençant à se retrousser*) : Parce qu'on ne parle que des jolies histoires ! C'est comme les couples qui y arrivent après avoir adopté. Dans les stats, c'est en fait 7 % des gens. Donc y a aussi des tas de femmes qui ne finissent *jamais* par tomber enceintes. Genre des TAS.

Silence.

Julia s'arrêtera-t-elle là ? (Eh non.)

ELLE. Mais… pourquoi ça ne marche pas ?

MOI. Justement, on ne sait pas.

À partir de là, c'est la débandade. Je réponds à ses questions, je me justifie, je suis pathétique. Et je subis la logorrhée de lieux communs et de maladresses due à son ignorance.

Heureusement, elle s'éloigne pour laisser poser ma couleur. Je regarde la léoparde dans le miroir, elle s'est battue comme une lionne, elle a le pelage ébouriffé et les yeux hagards.

La léoparde en blouse nylon passe au bac.

ELLE (*chuchotant à mon oreille avec sincérité*) : Je suis vraiment désolée de t'avoir parlé de ça, je ne voulais pas te faire de la peine…

Le coup de grâce. Les vannes lâchent : je suis incapable de retenir mes larmes plus longtemps.

Alors, en parler ? Ou le taire ?

Dilemme. En tout cas, je n'ai toujours pas trouvé où positionner le curseur entre « feindre l'indifférence et pleurer en dedans » et « être transparente et pleurer publiquement ».

Hocus pocus

Celle où tout tout tout, vous saurez TOUT...
sur les méthodes miracles pour tomber enceinte

Avignon, septembre 2014

Chère DNLP,

Cet été, je me suis transformée en machine à tester. *60 millions de consommateurs*, à côté, aurait la capacité de benchmark d'un client face à un rayon de supermarché mono-référence de soupes déshydratées.

Comme d'habitude, les magazines féminins étalent à qui mieux mieux leurs titres aguicheurs: « Couple: le test vérité », « Astro Love: découvrez les signes compatibles », « Apéros réussis: équilibrés et gourmands », « Peau, corps, cheveux: préparez-vous au soleil! ».

Sur mon magazine à moi, il y aurait juste écrit: « Sept recettes miracles pour tomber enceinte cet été. »

1) (Les désormais célèbres) « ne pas y penser » et « partir en vacances »

Le Créateur a beau nous attendre de pied ferme avec son nouveau traitement, j'ai décidé de laisser faire la nature. Il n'y aura pas de FIV cet été car je vais faire un *break* et arrêter d'y penser. Il paraît que c'est « facile », pour nous, de voyager, puisque nous n'avons pas d'enfant. Dont acte. Copenhague et Oslo fin juin, puis, fin août, un incroyable *road trip* de trois mille cinq cents kilomètres dans l'ouest des États-Unis, seuls. À avaler des kilomètres de bitume, cheveux au vent et musique à fond dans notre SUV de location dont les roues m'arrivent plus haut que la taille, à faire la course avec le soleil pour le voir se lever sur les Mittens de Monument Valley, les séquoias géants du Yosemite, les falaises du Grand Canyon, les arches de pierre ocre ou les cheminées de fée. Trois semaines de nature et de pur dépaysement à sillonner quatre États, à dormir dans des motels, comme au cinéma. Des vacances inoubliables, loin de toi, loin de la PMA.

2) Conjurer le sort

La *pièce à bordel* que nous nous refusions à meubler, pensant que cela nous porterait malheur ? Elle semble à présent tout droit sortie d'un catalogue Ikea. Avec deux bureaux, des étagères, une imprimante et tout le tralala. Ce n'est plus « la-petite-chambre-en-attente-d'un-bébé-qui-ne-vient-pas », c'est officiellement notre *bureau.*

3) Un esprit sain dans un corps sain

C'est bien connu, je dois « faire du bien à mon corps pour ~~qu'une âme ait envie de s'y installer~~ que mon âme ait envie d'y rester ». Acupuncteur, yoga, ostéopathe, tout y passe. Et pour couronner le tout : alimentation 100 % bio, je deviens végétarienne, j'ingurgite de l'extrait de pépins de pamplemousse et j'arrête totalement l'alcool. Une ascète. Et avec ma psy, je creuse un sujet latent : ma relation avec ma propre mère et ma place dans ma famille nucléaire. Ouille.

Même l'homme s'y met : pour la première fois de sa vie, il consulte un psy.

4) Total lâcher-prise + zéro culpabilité

Je décide que, si à l'issue de cette période de jeûne de PMA et d'une nouvelle tentative de FIV, aucune grossesse n'est à constater, je quitterai mon travail. Je mettrai mon énergie ailleurs que dans des déplacements à Paris, des allers-retours quotidiens à Aix-en-Provence, des projets vides de sens ou déontologiquement discutables.

À notre retour de vacances, je culpabilise à peine trois minutes et je vais me faire arrêter. Mon généraliste m'accueille avec le sourire, et signe le formulaire marron sans même hausser un sourcil, en me souhaitant bonne chance.

5) Autohypnose

J'achète un programme spécial PMA pour pratiquer l'autohypnose sur Natal Hypnotherapy : « Se préparer à concevoir », « L'accompagnateur à la FIV » et je m'offre même « Relaxation et gestion du stress », soyons fous. Je convoque la lumière dorée derrière mes paupières closes. 3… 2… 1… se détendre. Je me détends, je médite quotidiennement. (En plus, la meuf s'appelle Maggie *Howell*. Ça sonne presque comme *Halliwell*[1]. Coïncidence ? Je ne crois pas.)

---

1. Référence à la série télévisée *Charmed* (1998-2006) qui raconte l'histoire des trois sœurs Halliwell, sorcières de leur état : Prue, Piper et Phoebe.

6) Reiki

Quand mes beaux-parents rentrent de Bourgogne et nous parlent de reiki, j'ai un air dubitatif. Le reiki est « une méthode consistant à équilibrer les énergies, pour que le patient trouve un apaisement durable et profond au niveau de son corps, de son psychique et de son émotionnel ».

La propriétaire du gîte où mes beaux-parents ont logé est praticienne de reiki. Et la dame fait avoir des bébés aux gens. DES BÉBÉS. Même si Belle-Maman n'a pas eu l'occasion de tester personnellement (à soixante-deux ans, c'était chelou), ce ne peut pas être le fruit du hasard.

Ni une, ni deux, nous voilà partis près d'Autun, à faire des câlins à un chêne plus que centenaire, dont nos quatre bras ne circonscrivent même pas le tronc, en lui chuchotant des vœux.

Quand elle me prodigue ses deux soins de reiki, l'hôte semble possédée, marmonnant d'étranges bribes de phrases. À un moment, elle pousse un cri et je ressens une puissante douleur à l'ovaire droit. Le fait que ma grossesse extra-utérine et ma fausse couche soient arrivées à droite de mon appareil génital n'est pas fortuit. C'est symboliquement le côté « féminin ». « Vous avez un nœud énergétique non résolu avec votre mère, et vous ne pourrez pas être mère tant que vous la maternerez elle-même. » BIM.

7) Le Magnétiseur

Une collègue-amie m'a conseillé un magnétiseur, à Salon-de-Provence. Un genre de marabout miraculeux qui résoudrait tous les problèmes. Genre vraiment, pas comme le *très excellent vaudou guérisseur professeur Cissé M'Béré* qui dépose des flyers sur les pare-brise.

Le Magnétiseur est très sérieux, installé ici depuis des années. Il a même la réputation de couper le feu, toussa. Il nous a demandé de venir avec un plan de notre appartement à la quasi-troisième pièce maudite. On le rencontre un après-midi. Il se concentre.

Au bout de quelques minutes, le verdict tombe : il y a chez nous une mauvaise âme. On se croirait dans un *remake* de *Charmed* : il va nous falloir lutter contre les forces démoniaques.

LE MAGNÉTISEUR (*réprobateur*) : Votre chat a dû vous prévenir, vous n'aviez rien remarqué ?

À bien y réfléchir, parfois il a un comportement étrange. Avec sa patte, il sort ses croquettes de son bol pour les boulotter, il pique des crises d'énergie à courir partout, la queue hérissée. Et il fixe dans le vide derrière moi sans bouger. Je pensais qu'il était juste frappadingue. Ou cyclothymique (il paraît qu'on a l'animal qu'on mérite).

LE MAGNÉTISEUR (*consterné*) : Il ne fixe pas dans le vide, madame, *enfin*. Il fixe la *mauvaise âme*. Il la voit. Il communique.

Je suis sûre que Prue, Piper et Phoebe l'auraient immédiatement détectée, elles[1].

Quel dommage que mes parents ne m'aient pas prénommée Patricia. Ou Priscilla. Ou même Pétronille, tiens. Pétronille, ç'aurait été sympa. J'aurais pu convoquer le « pouvoir des trois[2] ».

Le Magnétiseur fait une croix sur le plan. La Source du Mal est là. Dans la salle de bains.

LE MAGNÉTISEUR (*inspiré*) : Ici, il s'est passé quelque chose, vous ne le sentez pas la nuit quand vous allez aux toilettes ? Le rideau de douche ne bouge-t-il pas tout seul ?

---

1. *Ibid.*
2. *Ibid.* Pouvoir collectif utilisé par les sœurs Halliwell. Mais pour ça, il m'aurait fallu un prénom commençant par P. Pas de pot.

Raté. Dieu merci, la paroi vitrée de la douche à l'italienne ne s'est pas encore dévissée du mur pour faire la rumba nocturne. Il faut croire que la mauvaise âme n'a pas de boîte à outils. Je suis passée *à un tournevis* de faire un arrêt cardiaque en pleine nuit.

LE MAGNÉTISEUR (*sans se démonter*) : La mauvaise âme vous rend visite la nuit. Vous ne sentez jamais quelqu'un s'asseoir au bout de votre lit quand vous dormez ?

Là, il me fait vraiment flipper.

Mais il enchaîne : pour s'en débarrasser définitivement, il nous suffit de faire brûler des bâtonnets d'encens dans chaque pièce de la maison (surtout dans la salle de bains. Et ne pas laisser de tournevis en évidence. Non, ça c'est moi qui rajoute). De ne *pas* toucher au bâtonnet avant qu'il soit entièrement consumé. Frapper dans les mains un nombre égal de fois au nombre de morceaux brûlés tombés, visibles après combustion.

Et finir en buvant un grand *bug* de tisane de sauge.

« Un bug ? », qu'est-ce que c'est que cette sorcellerie ? Il se lève, joignant le geste à la parole, et me montre… une tasse.

Un grand **MUG**.

Il y avait manifestement un *bug*.

L'homme et moi on se regarde en retenant un fou rire.

(N'empêche. On achètera de l'encens en sortant. Et on en mettra à brûler partout, en tapant dans les mains avec entrain.)

Ça fera 60 euros. En espèces.

Voilà, j'ai testé quantité de méthodes pour favoriser une grossesse. J'ai *benchmarké de ouf.* Je pense que je peux me reconvertir. FIV 1bis s'annonce sous les meilleurs auspices !

Karma

Celle où on fait bien « 3 »,
mais pas celui qu'on croit

Avignon, fin 2014

Chère DNLP,

Pour la FIV 1bis, le Créateur décide de changer mon traitement hormonal. Stimulation ovarienne : adieu Gonal-F, bonjour Menopur. On reste dans les sortilèges : il faut préparer une potion magique en mélangeant de la poudre et du solvant, puis l'injecter à l'aide d'une vraie seringue. Tu croyais que j'allais me débiner devant ces expériences à la *Breaking Bad* ? Pas de bol, je dégaine la carte de mon super-infirmier. Il vient chez nous tous les soirs, et même, comme c'est un véritable comique, on se marre.

Je suis positive et détendue, *Maggie Howell* dans les oreilles, avant l'injection quotidienne, après l'injection quotidienne. J'ai même programmé mon Philips Hue pour que l'ampoule du lampadaire au-dessus du canapé prenne la couleur d'une magnifique *lumière dorée.*

Anne-Laure 1, Protocole 0

Au contrôle à J11, le gynécologue qui me sonde prend un air renfrogné: il y a beaucoup, beaucoup de follicules. Il appelle le Créateur, qui joue Son va-tout et valide un déclenchement d'ovulation le soir même. L'homme n'a pas perdu la main, un petit coup d'Ovitrelle et me voilà le lundi matin, à jeun, douchée et désinfectée, *parée pour* et *gonflée à*... bloc (au sens propre, comme au figuré).

Mais cette fois: je ne laisse pas traîner le flacon de Betadine dans la salle de bains et – Hocus-Pocus –, je le fais disparaître au fond du tiroir, histoire de conjurer le mauvais sort.

Pour tout te dire, j'ai même préparé une amulette porte-bonheur que je range dans la poche kangourou de ma tunique. (Ouais: ventre de femme enceinte = leggings + hoodie. Et puis, on n'a jamais trop la classe pour se rendre à la clinique.) Puisque tu insistes, voilà ce que contient le précieux sachet en organza fuchsia: le half dollar Kennedy en argent de l'homme, datant de 1967 et mon liard en cuivre de Louis XV le Bien-Aimé, environ 1770, trouvé avec mon frère quand j'avais huit ans. Au fil du temps, et des tentatives, cette amulette s'agrémentera de bien d'autres symboles et grigris.

Tu as le droit de trouver cela pathétique. L'espoir, c'est un peu comme Odile Deray[1] à la sortie des projections, il s'accroche partout là où il peut.

Christine Haas[2] l'a prédit ce matin: « Vous serez témoins d'un mariage, mais pas le vôtre, celui de l'un de vos proches,

1. Je fais référence à *La Cité de la peur* (1994) et à sa scène d'anthologie où Odile Deray s'accroche désespérément au pied d'un journaliste (Dominique Besnehard) venu assister à la projection.
2. Astrologue française, notamment pour la radio RTL.

en tout cas, ce sera une bonne nouvelle. » Je me sens là-tout-de-suite très *très* en proximité avec mes ovocytes. (Et je ne dis pas ça parce que mon ventre lourd a pris la taille de celui d'une gestante de quatre mois, non.) Une union entre un spermatozoïde et un ovocyte m'irait très bien, tiens.

L'infirmière qui m'accueille est adorable et me file même un Atarax sans que j'aie à demander quoi que ce soit ! Avec – c'est Byzance – un *demi*-centimètre d'eau au fond d'un gobelet pour l'avaler. L'homme part au labo pour la « cueillette », avec mon amulette. On a demandé des *winners*, il aura bien besoin d'un porte-bonheur !

Fait notable : mon brancardier est une brancardière. Suzanna, une Argentine à l'accent chantant, ronde et gaie comme le soleil. Je veux y voir un signe.

Il est 10 heures et je patiente dans le couloir du bloc, avec une légère impression de déjà-vu, les larmes en moins. La ponction aura lieu avec Dr Gentille, la voilà d'ailleurs qui entrouvre la porte battante pour que je voie l'homme. Après une blague, elle referme la porte et moi les paupières. Je me concentre sur ma respiration. J'entends presque la voix de Maggie dans ma tête : « La lumière dorée… 3… 2… 1… se détendre. » Quand l'anesthésiste arrive pour poser le cathéter et me trouve si calme, il me propose de réaliser la ponction sous *hypnose*. Alors oui, mais non, hein, faut pas pousser le bouchon trop loin. On ne va pas se leurrer, c'est surtout l'Atarax qui commence à faire effet. Je ne suis pas venue ici pour enfiler des perles, je réclame mon anesthésie générale.

Black out.

J'émerge en salle de réveil. J'ai beaucoup moins mal que pour la dernière ponction. Mes yeux myopes distinguent les aiguilles floues de l'horloge : il est 11 heures. Je comate, puis Suzanna me ramène dans ma chambre. L'adorable infirmière m'a préparé un plateau aux petits oignons. En m'installant, elle me raconte qu'elle a eu ses jumeaux ici même, il y a dix-huit ans, grâce à une FIV et que cela va nous porter bonheur. Sous le drap, contre mon ventre, mes doigts croisés se referment sur mon amulette.

À 14 heures, je sors de la clinique en marchant normalement, c'est une victoire. Le Créateur me surveille comme le lait sur le feu : me sommant de me peser et de mesurer mon ventre régulièrement. Nous sommes sur le qui-vive d'un *remake* d'hyperstimulation ovarienne. Mais rien.

Anne-Laure 1, HSO 0

Quarante-huit heures plus tard, le labo nous appelle à 8 heures. Dix-neuf ovocytes, seize à maturité, tous micro-injectés et on a douze embryons. Douze ! C'est inespéré, on n'en revient pas, je pleure de joie. Et je raccroche en demandant au labo de surtout bien les *coacher* jusqu'au cinquième jour de la mise en culture.

Aure, ma collègue de marguerite en congé maternité, la seule au courant de notre tentative, m'envoie un SMS. Elle nous a tiré les cartes. Quand elle le fait pour d'autres, elle n'en parle jamais d'ordinaire, mais le résultat est très positif et elle se devait de le partager : « des évolutions rapides pour le couple, le début d'un nouveau cycle de vie et mise en place des fondements du futur + la carte de la chance ».

Je porte l'amulette 24 h/24 contre mon ventre et plus que jamais je continue l'autohypnose.

J'ai un karma *de malade*.

Le samedi suivant, on s'est levés très tôt, attendant des nouvelles du labo. C'est le biologiste en personne qui nous appelle et de sa voix enjouée nous annonce : « Nous allons faire un transfert aujourd'hui ! » En tremblant, le sourire jusqu'aux oreilles, j'avale le Valium que le Créateur m'a prescrit. Une dernière séance d'hypnose et c'est parti. Ce sera notre premier transfert, et le dernier, je l'espère.

Anne-Laure 1, DNLP 0

En arrivant au centre de PMA ce samedi-là, hasard ou coïncidence, c'est le Créateur qui est de garde. Nous remplissons les formulaires de consentement avec Sa secrétaire. Je me déshabille non sans conserver mes chaussettes et mon amulette, cachée dans la poche kangourou de ma tunique *hoodie*. (Ouais t'as vu, même pour les transferts d'embryon, je sais me parer de mes plus beaux atours.)

La salle des transferts est une pièce aveugle, qui communique directement avec le laboratoire de PMA, à l'aide d'une sorte de passe-plat. De l'autre côté, dans le labo, se trouve la sympathique Jenny. Le Créateur et elle plaisantent à travers la trappe entrouverte.

Il m'informe qu'on était d'accord pour transférer un embryon, mais que cinq jours après la mise en FIV, sur douze, nous n'en avons plus que trois. Et on entend Jenny préciser que ces embryons « ne vitrifient pas ». Autrement dit, ils ne seront pas « congelables ». Le Créateur écarte la possibilité de transférer les trois, mais nous fait comprendre que ce qui ne sera pas transféré aujourd'hui partira à la poubelle. Il nous rappelle qu'en en transférant deux, on augmente nos chances de succès, mais aussi le risque d'une grossesse multiple.

En un regard, l'homme et moi nous décidons de prendre le risque : on ne va pas laisser une potentielle vie, si chèrement acquise, sur le bord de la route. Le deuxième mérite aussi sa place au chaud.

Le transfert est délicat. Comme demandé, je suis venue vessie pleine mais mon utérus rétroversé complique un peu la donne. Pour passer le cathéter via le col de l'utérus, le Créateur doit s'y reprendre à deux fois. Enfin, les deux embryons sont déposés bien au creux du dedans de moi.

Anne-Laure 1, DNLP toujours 0 !

Nous rentrons à la maison sans nous presser, et tout le trajet, je ne retire pas mes mains de la poche ventrale de mon *hoodie*. Je couve deux vies, c'est du sérieux.

Maintenant, il faut attendre. Jusqu'à la prise de sang. Quatorze jours.

Et même si dans la nuit du samedi au dimanche, je suis réveillée par des contractions de l'utérus et un peu de fièvre, le lundi, je vais mieux. Attendre. Encore.

Plus que douze dodos

Les jours qui suivent sont calmes. Pour m'occuper, je passe à la phase 2 de mon programme d'autohypnose « après le transfert d'embryon ». On parle à nos « œufs » matin et soir, en les encourageant à bien s'accrocher. On imagine plein de choses positives, pour notre futur, pour les accueillir dans notre vie. On invente même une petite chorégraphie de la joie, allongés dans notre lit.

Le labo nous adresse le compte rendu de la FIV par mail. Les deux embryons qui m'ont été transférés ont un *scoring* B3 et B4AB. Rien à voir avec le système de notation financière de solvabilité des entreprises, non. Le compte rendu sans autre explication nous laissant un peu sur notre faim, nous cherchons sur Internet, tu penses bien.

Je découvre que je couve un honorable blastocyste[1] complet (B3) et, même si nous n'avons pas le triple A de

1. Un blastocyste est un embryon de cinq/six jours qui a une structure cellulaire complexe composée d'environ deux cents cellules.

l'embryon à mise en culture prolongée, un formidable blastocyste expansé (B4) avec un bouton embryonnaire *magnifaïk-ma-chérie* (A sur une échelle allant de A à D) avec un beau trophoblaste[1] (B sur une échelle allant de A à D[2]).

En somme, des blastos[3] à corps de rêve, aux proportions parfaites, et, même si le score n'est pas gage de réussite, on l'espère prometteur. Mais peu importe leur nombre de cellules et leur beauté, nous, on les a aimés dès qu'ils ont existé.

Six jours après le transfert. Plus que huit dodos avant la prise de sang

Et là, dans mon FDC, un peu de sang, justement.

Je ne cède pas à la panique, ça peut être le symptôme d'une nidation.

Mais non.

Beaucoup de sang. La déferlante.

Il semblerait que tu aies décidé de mettre fin au rêve, là, tout de suite, maintenant.

Dix jours après transfert, officiellement plus que quatre dodos avant la prise de sang

Mais je viens de passer quatre jours à saigner. Et donc, à pleurer. Qu'est-ce que j'ai mal fait, cette fois ? Je repasse en boucle chacune des étapes. Je ne comprends pas. On avait le karma. À quel moment ça a foiré ?

---

1. Le trophoblaste est la couche externe de cellules qui entoure l'embryon. Un genre de service de sécurité VIP qui, en bonus, se reconvertit ensuite en placenta 5 étoiles, room service inclus.
2. Source : www.fiv.fr/choix-embryon-fiv
3. Abréviation de « blastocystes ».

Pour bien appuyer là où ça fait mal, tu te dis que passer en boucle cette pub pour la Fiat 500L Family à la télé serait une bonne idée.

« La famille, le plus beau des voyages. »

Ce slogan qui me fout les larmes aux yeux instantanément.

Pour couronner le tout, ce lundi-là, je reçois le faire-part de naissance de la fille de ma collègue Aure ET un ami d'enfance de l'homme lui demande officiellement d'être le parrain de son fils de six ans.

J'aurais dû me douter que tu n'allais pas faire les choses à moitié. C'était trop beau pour être vrai.

Avec l'accord du Créateur (et parce que franchement se fourrer matin et soir des capsules de progestérone au fond du vagin alors que je saigne depuis quatre jours, c'est pas top-top glamour. Sauf si on est de la famille de Dracula), j'avance la « prise de sang qui ne servira à rien » (sinon à confirmer que c'est plié), au lendemain.

Pourtant, au fond de moi, j'ai *l'infime* espoir que tout ne soit pas encore perdu. Ouais. Pathétique, la PMette. C'est le retour de l'espoir désespéré.

Onze jours après transfert, officiellement plus que trois dodos mais on va faire cette prise de sang

3 UI/L.

On espérait qu'on serait à trois, mais pas comme ça.

Même pas un 10 ou un 20 UI/L, le signe d'un début de quelque chose.

Rien.

Il y a eu la vie en moi à un instant donné, et ces deux petits peu de nous se sont envolés…

J'ai l'impression d'avoir tout gâché.

Ensuite ?

On pleure, on crie, on se serre fort dans nos bras, on se chuchote qu'on est très courageux, on se promet d'y arriver la prochaine fois.

La prochaine fois.

On est devenus des drogués de la PMA : on déteste ça, mais on y retourne chaque fois.

J'ai un cafard monstre. En janvier, il faudra recommencer : les bras de junkie, le ventre plein de bleus, la vie réglée comme du papier à musique sur le rythme des injections/*endochattales*/prises de sang, les angoisses, les étapes, la crainte de tes revers de médaille.

J'ai juste envie de faire un CTRL + Z sur ma vie, pour essayer tous mes « Et si… ? ».

Quatorze jours après transfert

Dans un univers parallèle, ç'aurait été le jour de la prise de sang.

Prise de sang qui aurait, bien entendu, confirmé que les deux petits embryons s'étaient bien accrochés et qu'ils étaient heureux de faire leur nid dans mon utérus tellement accueillant.

Nous aurions été transportés de joie, mais prudents, parce que tout couple échaudé par la PMA craint les conclusions trop hâtives, et on aurait sagement attendu la deuxième prise de sang. Qui aurait confirmé que tout allait pour le mieux dans le meilleur des mondes. Et on aurait enfin savouré notre victoire, notre bonheur.

En vrai, je dois mettre un pied devant l'autre, accepter et avancer.

En vrai, je dois faire taire la petite voix en moi qui me réveille à 4 heures tous les matins et m'empêche de me rendormir, ressassant, défaisant, refaisant, culpabilisant, rejouant le match. Empêcher les larmes aux yeux, l'angoisse le soir et les idées noires.

En vrai, je suis en miettes. En apparence, je me suis lancée à fond dans mon objectif de quitter mon boulot (c'était le *deal*, tu te rappelles ?). En apparence, cette rupture conventionnelle mal engagée est l'unique raison de ma déprime. En réalité, je me sens vide. Et seule.

Déjà, les fêtes de fin d'année se profilent et j'ai juste envie de fuir, loin, de me terrer comme un ermite, dans un endroit où Noël n'existerait pas. Tout m'irrite. Mes proches ne savent même plus comment me prendre. Ma mère m'envoie un mail laconique, avec la vCard d'un psy et huit mots : « Il pense pouvoir vous aider en deux séances. » Je lève les yeux au ciel, même elle ne comprend pas.

Je fais le bilan. Bientôt, je n'aurai plus de boulot. Mon ventre est vide. Voyons, voyons. Qu'est-ce qu'il me reste ? Ah oui, l'amouuuur de l'homme. Mais même ça, je me demande combien de temps ça durera. Est-ce qu'on sera toujours assez forts pour surmonter ça ?

Le karma est censé nous rendre responsable, et non victime. Que suis-je censée comprendre ? Que je suis *responsable* de tout ça ? Sans déconner ? Ou mieux, que je me trimballe des couches de karma poisseux issues de mes vies antérieures, dont je dois porter la responsabilité ? C'est bien ma veine, tiens.

Les anciennes couches de karma ne peuvent coller à vous que si vous continuez à ajouter de nouvelles couches de colle karmique.

Free KarmaGlue ! Chère DNLP, reprends-la, j'en veux pas !

Pétasse

Celle où l'infertilité est le meilleur outil de développement personnel (ever ever)

Avignon, décembre 2014

Chère DNLP,

Celle-là, j'imagine que tu ne l'avais pas vue venir : et si l'infertilité était un catalyseur de connaissance de soi ?

Un soir où je rentre encore une fois tristoune à la maison, je découvre que l'homme a placardé le Holstee Manifesto[1] à mon intention, un peu partout dans l'appartement.

Seize phrases. La première m'interpelle : « *This is your life.* » La dernière me fait l'effet d'un électrochoc : « *Life is short, live your dream and share your passion.* » Entre ces deux phrases, quatorze propositions pour décrire le mode d'emploi d'une vie qui nous ressemble : une invitation à devenir ce que l'on est. Pile ce qu'il me fallait.

1. Écrit par Dave et Mike Radparvar, Fabian Pfortmüller en 2009, le Holstee Manifesto est devenu l'hymne d'une génération désirant vivre une vie pleine, sans renoncer à ses passions. Il a été traduit dans quatorze langues et partagé des millions de fois : www.youtube.com/watch?v=QDmt_t6umoY.

« *Stop over analysing* »

Décembre a commencé avec un fait notoire : pour la première fois, j'ai déjoué les manigances de ton acolyte favorite, j'ai nommé « la Pétasse de fin de cycle ».

Te draper dans ta cape avec ton air d'enfant de chœur n'y changera rien ! Ne fais pas l'innocente, tu vois très bien de quoi je parle. À chaque cycle, vers J24, tu l'envoies dans ma tête. Et, alors que je ne constate absolument *aucun* symptôme de grossesse, *la Pétasse de fin de cycle* parvient systématiquement à me faire douter. Cette formidable invention de ton esprit retors m'enjoint à me palper les seins trente fois par jour et me pousse à dépenser des fortunes dans des tests de grossesse (qui, bien entendu, resteront négatifs).

Début décembre, la Pétasse de fin de cycle débarque comme d'habitude dans mon esprit d'infertile et sème le doute : *et s'il avait suffi de parler de rupture conventionnelle à mon employeur pour tout débloquer ? Et si j'étais tombée enceinte naturellement ?*

Sauf que, cette fois, je balaie l'idée d'un revers de manche et non seulement je résiste à l'envie pressante de pisser sur un bâton, mais en plus, je résiste aussi à la tentation même *d'acheter* un test de grossesse. Sans surprise, mes règles arrivent quelques jours plus tard et… je souris de cette infime victoire (ne plus pleurer lorsque j'ai mes règles : la vie est faite de petites joies toutes simples, t'as vu ?).

C'est officiel : j'ai triomphé de la Pétasse de fin de cycle. Je me sens galvanisée, plus forte.

« *Do what you love, and do it often* »

Mes expériences antérieures de chimie et de spéléologie sur mon propre corps commencent aussi à porter leurs fruits. J'arrive désormais à déterminer avec précision et au doigt mouillé (ne me remercie pas pour l'image, c'est cadeau) la date de mon ovulation.

À quoi ça me sert ? Mais enfin, à pratiquer (avec ferveur) un de mes hobbies favoris : le « poney-vite-fait-bien-fait-juste-pour-procréer-on-ne-sait-jamais ». Alors qu'avant le pathétisme de nos rapports programmés m'aurait déprimée ; désormais, j'arrive même à en plaisanter, à dédramatiser les situations compliquées. C'est un fait : le couple que nous sommes devenus n'a plus rien à voir avec le « nous » du début.

Et à titre personnel, j'ai fait des pas de géant. En témoigne le nombre d'heures passées en thérapie ou en bilan de compétences avec un cabinet de conseil. Je creuse (ou du moins, j'ai la pelle entre les mains, ce qui constitue déjà un bon début). Je travaille à briser mes chaînes.

« *If you don't like your job, quit* »

Mi-décembre, d'ailleurs, je signe ma rupture conventionnelle. Face à ma RH, j'ai choisi d'être accompagnée par mon ancien N+2, celui qui m'a embauchée il y a un peu plus de six ans. La boucle est bouclée. L'instant est émouvant, il me dit des choses qui me touchent. Et même si je ne ressens pas tout de suite les effets de la délivrance, faire ce choix, conscient, et pour moi, représente une tentative de réalignement. Finie la sur-adaptation à des méthodes et des fonctionnements aberrants et destructeurs qui n'ont eu pour conséquence que la détérioration de ma confiance en moi, de mon état de santé et de mon enthousiasme. Je ne suis pas dupe, dans ma vie professionnelle, l'entrée en PMA n'a pas facilité les choses (mais il est raisonnable de se demander : qui de l'œuf ou de la poule ?). Je n'ai pas peur d'admettre que j'ai échoué : je n'ai pas été capable d'assumer de front ma vie professionnelle et la PMA. Et c'est OK. Je vais à présent consacrer toute mon énergie sur une cause valable et saine.

« ***Live your dream*** »

Conséquence ? Dans le cabinet du Créateur, je suis plus sereine. Factuel, Il nous fait le rapport détaillé de notre tunnel de FIV-conversion (19 ovocytes ponctionnés, 16 à maturité micro-injectés, 12 embryons après 48 heures, 9 après 72 heures, pour finalement, 3 embryons de 5 jours vivants le jour du transfert, dont 0 congelable). Même s'Il est sympa et parle de « sélection naturelle », et non de « taux de déchet », je ne pleure pas.

Il nous inscrit pour FIV 2 en février 2015. Cette tentative sera aussi une FIV ICSI (avec injection intracytoplasmique de spermatozoïde, autrement dit : on prend le meilleur *winner* pour l'insérer directement dans l'ovocyte à l'aide d'une micro-pipette), et on garde le même protocole, en espérant obtenir plus d'embryons à J5.

Tous ces changements doivent t'étonner, non ? À quelques jours de célébrer mon septième Noël le ventre vide, je constate que j'ai avancé dans mon travail sur moi-même. J'accueille les événements avec plus de calme et de détachement, presque dans l'acceptation (presque). Et si l'infertilité était un catalyseur de connaissance de soi ? Tu ne l'avais pas vue arriver celle-là !

« ***Share your passion*** »

Je n'ai pas fini de te surprendre, mon infertilité me mène même à l'*upcycling*. Je confectionne la première déco de sapin en forme de flocon fabriquée à l'aide… d'embouts de seringue pompeuse pour Menopur (le détail sympa, c'est de pouvoir varier les couleurs grâce aux différentes tailles d'aiguilles et donc de capuchons : en jaune, grâce aux trente gauges, en rose avec les dix-huit gauges ou en orange, avec les vingt-cinq gauges). L'homme m'observe d'un air mi-interrogateur, mi-amusé.

Quand je fais malencontreusement sauter un capuchon et manque de me perforer la main avec l'aiguille, je me paie un fou rire en m'imaginant l'explication que je devrais donner aux urgences : « Alors voilà (le copyright Baptiste Beaulieu, c'est cadeau), je fabriquais tranquillou-bilou une chouette déco de sapin avec mes reliquats de seringues quand tout à coup… »

Je me demande si les labos avaient idée, en concevant leurs aiguilles, qu'un jour leurs embouts capuchonnés serviraient à faire des décos de Noël pour PMette… Quand on y pense : avec les creux de mes coudes maculés de petits points de piqûre, le collecteur à aiguilles usagées dans ma salle de bains et maintenant ma décoration de sapin psychédélique d'embouts de seringue upcyclé, il y aurait vraiment de quoi me faire passer pour une junkie.

« *If you don't like something, change it* »

En attendant, voici venu le réveillon. Et hier, en cadeau de fin d'année, tu m'as apporté… mes règles (je te le dis à tout hasard pour l'an prochain, une boîte de chocolats, je préférerais). Si j'en crois la formule consacrée dans ma famille (« Comme on commence l'année, on la finit »), c'est pas très bon signe de commencer 2015 le ventre vide. Mais, même si j'ai décidé de remettre la robe de l'année dernière (la seule dans laquelle je rentre encore, malgré les plus quatre kilos dus au traitement pris cette année), je vais conjurer le mauvais sort. Du neuf, du nouveau, pour célébrer la nouvelle année qui s'annonce. J'ai donc mis de nouveaux collants, des nouvelles chaussures ET une nouvelle culotte. Et surtout (surtout), un nouveau gilet que m'a donné ma mère. Un gilet *en plumes* (plumes/cigogne… chère DNLP, tu vois l'appel ~~de l'aile~~ du pied ?) !

Ça va le faire.

COMING OUT

Celle où je sors du bois sans saule pleureur
(écoute, Solaar pleure[1])

Avignon, fin d'hiver 2015

Chère DNLP,

Je ne peux que m'incliner face à ton talent pour me détourner de mes ovulations.

L'été dernier, une amie d'enfance perdue-de-vue-retrouvée me dit : « Sais-tu que le gluten *peut* être responsable des infertilités inexpliquées ? » *Whaaat ?* Ma première pensée est : « *Encore* une lubie de bobo. » Mais tu connais mon côté un tantinet désespéré : en prononçant ces paroles magiques, ma copine me donne un nouvel os à ronger. Il ne m'en faut pas plus pour arrêter le gluten.

Comme je ne fais rien à moitié : non seulement je supprime les céréales « brutes » et leurs farines (seigle, avoine, blé, orge…), mais aussi tous leurs dérivés. Je me transforme en ayatollah du gluten. Levure. Amidon. Dextrose. Sirop de glucose. Tout y passe, même les traces. Je scrute les étiquettes de tous les produits que ces (bâtards d') industriels truffent

1. MC Solaar, « Solaar pleure » (2001).

d'additifs bourrés de gluten. Sur ma digestion, le résultat est révolutionnaire. Et même si, depuis, les effets miracles sur ma fertilité se font désirer, qu'importe : adieu désordres alimentaires, fatigue et ventre gonflé après les repas.

Par contre, le chocolat dessert garanti sans gluten, ça coûte un demi-mollet. En janvier, je me lance dans la confection de cookies, avec une tablette de chocolat pâtissier standard contenant, grande aventurière que je suis, des *traces* de gluten. Ça ne rate pas, me voilà avec une belle inflammation. « Oh là là, ton ventre… Tu as repris les FIV ? », « Nan, juste je m'entraîne, ça me manquait trop ».

Une semaine pour m'en remettre. Faut dire que, plus longtemps tu arrêtes le gluten, plus tu en chies (c'est vraiment le terme adéquat, bon appétit !) en cas d'ingestion accidentelle. Pas de pot, mon ovulation tombe PILE à ce moment-là. L'homme comprend vite qu'il n'est absolument pas envisageable de pratiquer le poney, même vite fait. Voilà donc comment je rate mon ovulation de janvier à cause du gluten. L'avantage ? C'est qu'ainsi l'homme n'a aucun mal à respecter le délai d'abstinence pour son spermomachin programmé.

Professer la 7e prophétie[1]

Fin janvier, à l'occasion d'un concours pour « J'aime mon asso », je publie publiquement un lien sur Facebook invitant à voter pour BAMP![2], le collectif de patients et ex-patients d'assistance médicale à la procréation, d'infertiles et stériles auquel je suis adhérente. Un lien accompagné de huit mots : « Ce serait chouette pour elles. Et pour nous. » Gros pas

1. *Ibid.*
2. www.bamp.fr/.

pour moi, de sortir du bois. Parce qu'après tout ce n'est pas une tare et ça ne devrait pas être tabou. Je suis la première à m'en plaindre mais, et c'est là tout le paradoxe, je suis aussi la première à m'en cacher. Il faut que cela cesse. Je sens que je dois incarner le changement que je veux pour le monde, afin que ne se propagent pas des idées toutes faites ou des légendes urbaines. Cette publication, non seulement déclenche une vague de soutien qui fait du bien, mais en plus, me permet de recruter une amie (hyperfertile, triple PB C1) pour le don d'ovocytes. Et le bouquet, tel Moïse, j'ai l'impression d'évangéliser les foules.

Quand J1 pointe le bout de son nez, je ne pleure même pas et je ressors ma cup au « pouvoir infini. Un peu comme ma vulve ». D'ailleurs « c'est tellement cool, je voudrais avoir deux chattes pour en avoir plusieurs[1] ! ». J'arrive même à la mettre du premier coup, nous évitant les sueurs froides du mois d'avant (au secouuuuuuurs, j'arrive pas à la retirer. Et l'homme à deux doigts de défoncer la porte de la SDB et de me conduire aux urgences).

Avec une partie de mon indemnité de rupture conventionnelle, nous décidons de réserver une semaine au soleil en mars (puisque voyager fait tomber enceinte). On commence tout juste à retrouver le sourire, à se sentir plus légers, à rire (et pas seulement grâce à la cup-qui-veut-pas-ressortir, quel fou rire), à reprendre espoir et je ne sais pas si on est suffisamment d'attaque pour risquer un nouvel échec tout de suite. Des vacances au soleil nous feront du bien. L'homme

1. Hilarante vidéo cultissime de Sophie Riche pour le média Madmoizelle (2013) « Pourquoi passer à la cup (coupe menstruelle) ? » : www.youtube.com/watch?v=YmJPm6zjouw.

et moi contactons le Créateur pour décaler FIV 2 de février à avril.

« Peut-être comprendront-ils le sens du sacrifice[1] »

En février aussi, je rate mon ovulation, mais pas pour les mêmes raisons.

Le mois est morose : je prends conscience que je suis à C84 (avec quatre-vingt-quatre cycles d'essais infructueux), je me goure en achetant des tests d'ovulation de Claire[2] (je prends ceux qui la détectent à J-2, au lieu de J-4), on trouve un truc louche à la mammographie de ma mère et surtout, on enterre mon oncle.

Après la cérémonie, le mari de ma marraine me questionne avec naïveté : « Alors, tu as quitté ton boulot ? Et tu en as trouvé un autre ? » Je réponds que non, et que ce n'est pas à l'ordre du jour. Ma marraine de s'étonner : « Quel est le programme alors ? » La voix même pas chevrotante, je me surprends à lui répondre que notre objectif à présent, c'est la PMA.

Un blanc.

J'enchaîne en disant que j'ai enfin compris qu'on ne peut pas être de tous les combats, qu'à presque trente-cinq ans j'ai décidé de revoir mes priorités et de concentrer mon énergie pour faire un bébé. En retour, j'ai du soutien. Des mots gentils. Des « c'est une décision très courageuse ». Des « c'est le plus beau des projets ». Des « tu as bien raison ». Aucun lieu commun.

1. Paroles de la chanson de MC Solaar, « Solaar pleure » (2001).
2. Appellation officieuse pour les tests d'ovulation Clearblue. Leur promesse ? Détecter votre pic de fertilité. Leur réalité ? Détecter surtout votre capacité à acheter le mauvais modèle (digital au lieu du digital avancé) et à maudire Claire jusqu'à la prochaine ovulation.

Maintenant que j'ai annoncé la PMA à certains membres de notre (grande) famille, je sais que ça va s'ébruiter. Mais au moins, je ne me cache plus. Je suis CLAIRE avec moi-même (PMette, pour le jeu de mots ne me remercie pas, c'est cadeau). Et je n'ai plus honte.

Le lendemain des obsèques, ma température basale monte en flèche, indiquant que mon ovulation a eu lieu… la veille. Alors que ~~cette salope de~~ Claire ne m'avait évidemment détecté aucun pic de LH. Sans regret, j'avais pas trop la tête à poneyer de toute manière.

« Bouge de là[1] »

En mars, Fuerteventura nous tend les bras. Mais avant ça, je consulte une hypnothérapeute sur Marseille, conseillée par mon ostéopathe. Avec cette ostéopathe, nous partageons une conviction qui nous semble une évidence : la nécessité d'intégrer les médecines douces ou dites « alternatives » dans le parcours de PMA, particulièrement pour les infertiles inexpliqués, afin que la prise en charge du patient soit pensée de manière plus globale, et moins médicale. Parce que peut-être qu'en mangeant moins acide + en faisant trente minutes de natation par semaine + en débloquant deux/trois trucs en ostéopathie + en buvant de la tisane de sarriette, j'en sais rien, peut-être que, parfois, pour les inexpliqués notamment, ça permettrait de se passer du combo invasif « protocole/piqûres/échos/ponction » et tout le tralala.

Chemin faisant, entre le reiki, l'ostéopathie, la naturopathie et la méditation, on parle hypnose, elle connaît

1. Titre d'une chanson de MC Solaar (1990).

justement quelqu'un de magique, avec un don. Il ne m'en faut pas plus pour me remettre à espérer.

Un matin de début mars, nous rencontrons donc cette praticienne, je la baptise MC Solaire. Oh je sais ce que tu te dis : « L'expérience du magnétiseur tout bugué, ça ne t'a pas suffi ? » Je sens tout de suite que MC Solaire n'a rien à voir avec le mec qui m'a fait taper dans les mains devant des restes d'encens brûlés.

La séance dure près d'une heure et demie. Au terme d'un entretien en couple de quarante-cinq minutes, elle note mon intention sur une feuille (« trouver en moi les ressources nécessaires pour concevoir un enfant »), puis elle demande à l'homme de sortir faire un tour dans le quartier, et je reste seule avec elle. La séance d'hypnose commence de manière plutôt convenue : je m'allonge et ferme les yeux. Elle me couvre, s'assoit à ma gauche, avec sa feuille et son stylo. Elle commence à me parler doucement.

J'avoue, je suis totalement hermétique, j'ai même franchement envie de rigoler. Ça promet. Je visualise un vieil arbre au milieu d'une prairie ensoleillée et… je me mets à pleurer. Tout à coup, des bouffées de chaleur : le haut de mon dos et mon visage sont bouillants. Mon grand-père paternel, décédé quand j'avais onze ans, est là. Comme quand j'étais petite, il essaie de m'apprendre la valse, la bossa-nova, le cha-cha. Nous dansons. C'est doux et joyeux. J'entends MC Solaire tenter des liens plutôt communs entre la symbolique de la force de l'arbre et mon grand-père. Oh, je te vois te moquer : « Sérieux ? 80 euros pour des banalités ? » Mais alors que je suis en train de quitter la prairie, mon grand-père me faisant « au revoir » de la main en souriant, il se produit un phénomène troublant : je me sens tourner. Comme un vinyle sur sa platine. De manière tout à fait rationnelle, je sais que je ne tourne pas, car la voix de MC Solaire continue de me parvenir du côté gauche. Pourtant, j'ai la sensation physique d'être en mouvement de manière irrésistible. Une assiette chinoise sur pic au Cirque du Soleil.

En totale perte de contrôle, je me mets à chialer franchement. MC Solaire me ramène au souvenir de mon grand-père dans la prairie. Je me calme petit à petit. Quand je rouvre les yeux, je suis désorientée et un poil flippée. L'hypnothérapeute me rassure : c'est très encourageant, ma conscience a quelque chose à me dire. Moi, je ne sais pas si c'est vraiment rassurant.

L'après-midi, je suis crevée : j'ai l'impression d'avoir couru un semi-marathon. Pourtant, je décide de retourner la voir. J'ai besoin de savoir ce que mon âme essaie de me dire.

« J'ai vu la concubine de l'hémoglobine[1] »

Après une semaine de vacances au soleil…

Envie de propre et de tout nettoyer.

Migraine insupportable.

Fringales de folie (à deux doigts de bouffer du gluten, c'est dire !).

Moral chaussettes.

Devine ?

Mes règles.

Pas de miracle, partir en vacances n'a pas suffi.

Je ressors mon dossier de PMA, je fais de la place dans mon frigo et je vais acheter ma came à la pharmacie, non sans enfiler des collants rose corail et me faire les ongles

1. Paroles de la chanson « La Concubine de l'hémoglobine », de MC Solaar (1994).

assortis. Je me maquille aussi, au mascara non *waterproof*, en espérant que ça m'empêche de trop pleurer (*spoiler*: ça ne marche pas).

En rentrant, j'allume la télé. Louane chante en direct «Jour 1» sur C8. Entre les larmes, je souris vaguement: combien de PMettes sont devant leur télé pile au même moment, pile à J1 aussi, en train de «pleurire»?

FIV 2, nous voilà.

«Prendre du recul, c'est prendre de l'élan[1]»

Et avec le recul, quand je la vois, si extraordinaire, dans tous les sens du terme, je me dis que tout l'univers conspirait *juste* à me faire avoir cette enfant-*là*.

1. Paroles de la chanson «Le Bien, le Mal», par Guru/MC Solaar (1993).

FIV

Celle avec la poule aux œufs d'or

Avignon, printemps 2015

Chère DNLP,

Permets-moi d'expliquer, la fécondation *in vitro* (FIV) consiste à reproduire en laboratoire ce qui se passe naturellement dans les trompes : la fécondation et les premières étapes du développement de l'embryon. C'est un concept à mi-chemin entre *Tinder* (FIV classique) et *YouPorn* (FIV ICSI, avec injection intracytoplasmique de spermatozoïde), permettant à des ovules ponctionnés directement dans les ovaires de la PMette + des spermatozoïdes fraîchement récupérés, puis soigneusement préparés par des biologistes, de jouer à « loup touche-touche » dans un laboratoire aseptisé.

Pour arriver à ce point d'orgue, j'enchaîne les contrôles échographiques et les prises de sang aux aurores sans rechigner. Pour un peu, je serais (presque) ravie d'avoir des nausées, des migraines, des insomnies. D'être irritable et susceptible. De chialer pour rien (même lorsque mon chat me saute dessus pour me faire un câlin alors que j'essaie de me détendre avec « 3, 2, 1, la lumière doréeeeeee »).

Cet œuf sur le ventre, quand l'homme me pique au Menopur, parce qu'il restait une bulle d'air ? Tant pis. Cet énorme bleu au pli du coude que me fait la fille du laboratoire ? Tant pis. Ce ne sont que les péripéties permettant d'arriver au but.

Joyeuses Pâques !

Après la pré-admission à la clinique et le rendez-vous avec les anesthésistes (et une formidable séance avec l'ostéopathe spécialisée recommandée par le Créateur, histoire de « travailler la mobilité et l'irrigation de l'utérus » – autrement dit, ne tournons pas autour du pot, « se faire mettre des doigts dans la chatte »), mon rendez-vous avec le Créateur à J6 nous confirme qu'on a recruté encore beaucoup (beaucoup) de follicules. C'est à ce moment précis qu'on commence à cafouiller.

Depuis quelque temps, l'homme culpabilise qu'on ne cherche pas de son côté les raisons de notre infertilité inexpliquée (ou bien il est juste jaloux qu'il n'y ait qu'un Créateur pour moi et pas pour lui). Galvanisé par son expérience de petit chimiste préparant les mélanges de Menopur pour mes injections, il a même joué au laborantin, acheté un microscope Clementoni, réglé le zoom sur ×900, s'est émerveillé de voir ses nageurs se mouvoir sur la lame en verre et… a *checké* avec moi leur survie à vingt-quatre heures. Oui, on en est là.

Dans le bureau du Créateur, l'homme ouvre les hostilités en Lui demandant une lettre de recommandation pour consulter un andrologue. Le Créateur se fâche : selon Lui, ça ne sert à rien. Surtout que le seul andrologue d'Avignon a pris sa retraite, et qu'il faut maintenant aller à Marseille ou à Nîmes… et compter six mois de délai. On se garde bien de Lui dire que l'homme a eu une chance de malade et obtenu un rendez-vous à la suite d'un désistement providentiel au CHU de Nîmes le vendredi suivant. À force d'insister, le Créateur nous fait un courrier.

C'est à moi d'ouvrir la bouche, et je m'apprête à L'achever. Quelque chose me turlupine : ces échecs à répétition seraient-ils dus à un utérus tout ripou (tu me connais, je *dois* trouver un coupable à notre infertilité *inexpliquée*) ? Si on allait inspecter mon utérus-potentiellement-tout-daubé, on découvrirait peut-être quelque chose qui nous a échappé jusque-là. La cause qui fait que ça ne prend pas. Alors, me tordant les doigts, je demande au Créateur :

« Si FIV 2 ne fonctionnait pas, ne serait-ce pas trop chouette-lolilol-tralala de me faire passer une hystéroscopie ? »

(Une hystéroscopie, c'est un genre de radio de l'utérus, avec caméra, un examen des plus agréables qui manque à mon palmarès.)

Sans prévenir, le Créateur vire au rouge (comme Son chino). Me déversant un flot de paroles qui, en substance, veulent dire : « Encore une qui croit qu'il suffit d'aller sur Google pour être gynéco. C'est Moi, le médecin, ma cocotte ; s'il le fallait, Je te l'aurais prescrit. »

Je sens que je Le déçois. Et ça me chiffonne de baisser dans l'estime de « Celui-qui-fait-avoir-des-bébés ». Il vaut mieux L'avoir de son côté. Du coup, je me retiens de Lui dire que, pour soutenir la FIV, j'ai commencé l'homéopathie. Il en ferait une syncope et me chasserait de Son cabinet à grands coups de « folle à lier » pour annoter mon dossier.

Le rendez-vous chez l'urologue-andrologue nîmois confirme qu'il n'y a rien d'alarmant chez l'homme, à la limite une très (très) légère asthénospermie (nageurs un peu fainéants), mais rien d'incriminant ou qui nécessite des examens supplémentaires.

Je retourne voir le Créateur à J11 en marchant sur des œufs, c'est le cas de le dire. Mais grâce à ma « superbe glaire » + mon « endomètre de toute beauté » (fin de citation), Nous sommes réconciliés. Quarante-huit heures plus tard, la sonde en main, les yeux rivés sur l'écran dénombrant huit à dix follicules matures dans chaque ovaire, Il m'encense d'un « excusez-moi, madame, mais c'est magnifique ». Ne T'excuse pas, va : j'ai l'impression d'être la poule aux œufs d'or, je suis galvanisée.

La chasse aux œufs est terminée, l'ovulation est déclenchée.

La vie, c'est comme une boîte de chocolats : on ne sait jamais sur quoi on va tomber

Cette fois, j'ai décidé de ne pas demander de chambre particulière et je partage celle d'une autre PMette, venant aussi pour une ponction. L'infirmière qui me prend en charge lit sur mon dossier qu'il est « prévu » un « petit Xanax » pour moi. Mais elle se demande si elle me le donne, étant donné que je vais passer la première.

Je me retiens de l'étrangler. En bonne junkie, je suis venue *exprès* pour la *drogue*, tu penses.

MA VOISINE DE CHAMBRE (*ramenant sa fraise alors qu'on ne lui a rien demandé*) : Personnellement, je n'en veux pas, du Xanax. Je ne suis pas du tout stressée, MOI.

Je ne dis rien, mais mes yeux exorbités semblent hurler « ET TU VEUX UNE MÉDAILLE PEUT-ÊTRE ? ».

L'infirmière finit de m'énerver en me demandant des papiers administratifs que je n'ai pas sur moi… parce que je les ai donnés à la secrétaire le jour de ma pré-admission. La voilà qui insiste pour *fouiller* dans ma pochette, au cas où j'aurais oublié mon cerveau à la maison. Je soupire en lui tendant ma pochette.

La laissant vérifier par elle-même, je vais à la salle de bains en fulminant pour enfiler ma blouse-trop-sexyouverte-dans-le-dos. Quand je reviens, cul nul, mon Xanax m'attend sur ma tablette avec mon centimètre d'eau. Je me détends. Jusqu'à ce que…

MA VOISINE DE CHAMBRE (*visiblement spécialiste des arts divinatoires, tête inclinée, bouche en cœur*) : Oh, je *vois*, c'est votre première ponction, c'est pour ça que vous êtes stressée ! C'est normaaaaal !

Je la fusille du regard en lui indiquant que c'est ma troisième et en lui parlant de mon risque d'hyperstimulation. Elle hausse les épaules en levant les yeux au ciel, l'air de dire que je suis une chochotte. Une chochotte le cul à l'air : je me sens parfaitement invincible.

Au bloc, c'est l'anesthésiste que je n'aime pas. Je l'ai vue en consultation une fois. Dans le bloc, elle ne dénote pas : mécanique et froide. Elle engueule même Christine, l'adorable infirmière de bloc qui galère avec le repose-bras, j'en ai les larmes aux yeux.

Black out.

Salle de réveil, j'émerge.

Premier réflexe, prendre une inspiration. Si j'y arrive, tout va bien. Sinon… Je te le donne en mille : je n'arrive pas à respirer à pleins poumons, j'ai mal du bas-ventre jusqu'en haut du dos. Je me mets à chialer. Ça pue l'hyperstimulation.

Paracétamol en intraveineuse. Le gynéco de ponction fait son tour de garde, me sourit et me presse le genou gentiment. Il passe au lit d'à côté.

MA VOISINE DE CHAMBRE (*fanfaronnant, le sourire plein de dents*) : Ça va SUPER ! Docteur, je n'ai absolument pas mal, franchement, c'est nickel ! Je vais pouvoir aller courir cet après-midi hihihi, bravo, je suis super contente, en plus, ça fait un transfert pour mardi, c'est PARFAIT, je ne travaille pas le mardi bla-bla-bla.

ELLE NE PEUT PAS JUSTE LA FERMER ? Merci, bisous.

Je remonte en chambre. L'homme est là. En un regard, il sait. Il me dit qu'il y avait six flacons dans la mallette, et de ne pas m'inquiéter.

L'INFIRMIÈRE DE CHAMBRE (*s'étonnant de mon intraveineuse de paracétamol*) : Allez, oh, ça va ! Ça vous fait comme des douleurs de règles, c'est ça ?

Ma voisine-joie-de-vivre remonte en chambre, elle plaisante avec l'infirmière et lui dit qu'elle a très faim et qu'elle voudrait bien sa collation. Son mari est là. Elle fanfaronne encore, vas-y que j'ai pas mal, vas-y que je suis trop contente. Et vas-y que… *je sors mon téléphone pour appeler ma mère.*

Achevez-moi.

Je demande à l'homme de me passer mon casque d'iPhone, mais malgré la voix du « 3, 2, 1 se détendre », le petit hamster dans sa roue ne peut s'empêcher d'imaginer les trois semaines d'enfer qui m'attendent : dormir assise, se doucher avec une chaise, se faire assister pour tout. J'ai les yeux mouillés.

L'INFIRMIÈRE (*qui revient, et, constatant que je chiale à moitié, m'assène le coup de grâce*) : Bon, moi, vous savez ce que je pense ? Je crois que vous êtes juste *trop émotive.*

ET MOI, ELLE SAIT CE QUE JE PENSE ? QUE JE VAIS LUI FAIRE BOUFFER SA BLOUSE, SON GARROT EN LATEX. ET SES CROCS AVEC.

Le Créateur vient me voir à 12 h 45. Il me demande comment je vais, je Lui réponds que pas trop bien. Il s'en doute : au bloc à 8 heures, et je suis toujours là, alors que ma voisine-joie-de-vivre, ça fait longtemps qu'elle a quitté la clinique (en sautillant).

LE CRÉATEUR. C'était encore une très grosse ponction. Nous avons dix-neuf ovocytes prélevés, quinze à maturité et micro-injectés. C'est formidable.

S'Il le dit.

Il veut me garder vingt-quatre heures en surveillance, je refuse. Je quitte la clinique comme une mémé, avec une ordonnance de paracétamol, mais pas d'anti-inflammatoires parce qu'on ne sait jamais, si transfert il devait y avoir.

Noël au balcon, Pâques au tison (et vice versa. Et je ne dis pas ça pour ma ressemblance avec Tristesse[1])

À la maison, on ressort la chaise de douche, on rajoute des tonnes d'oreillers dans mon lit pour que je puisse dormir assise. Je mets mon plus beau jogging. Je mesure mon tour de ventre et je me pèse toutes les deux heures, avec une vague sensation de déjà-vu. Même si je sais bien que rien n'est encore joué.

Tu vas me dire « Vois le bon côté des choses, enfin ». C'est vrai, cette hyperstimulation ovarienne semble être plus légère que la dernière puisque… j'arrive à faire pipi *sans pleurer*. Mais bon, est-ce un critère auquel se fier ? Comme il paraît que je suis *juste* « trop émotive ».

Quarante-huit heures plus tard, le labo nous appelle : nous avons dix embryons. J'implore tous les dieux de la planète pour qu'ils survivent et qu'ils soient congelables, parce que je sens bien que de transfert, il n'y aura point. Le Créateur le confirme le lendemain : même si mes ovaires ne sont que de la taille d'une orange (*vs* pamplemousse l'année dernière, on progresse), un transfert d'embryon est contre-indiqué car cela risquerait d'aggraver mon hyperstimulation.

---

1. Référence au personnage de Tristesse dans le film d'animation *Vice-Versa*, des studios Pixar (2015), et qui, comme moi, pleure des torrents de larmes.

À J5, le labo nous appelle. Nous avons six embryons congelés. **SIX**. Six pingouins sur la banquise. C'est inespéré. La cerise sur le gâteau, c'est qu'ils sont tous d'excellente qualité (des 4AB et des 4AA). Le labo les a vitrifiés par paillette[1] de deux embryons. Nous donnant donc trois chances de transfert.

Alors bien sûr, peut-être ne survivront-ils pas tous à la décongélation.

Bien sûr, ça ne nous assure pas d'une grossesse.

N'empêche, me revoilà à chialer.

Mais il paraît que je suis *juste* « trop émotive », pas vrai ?

1. Conditionnement pour échantillons biologiques de petit volume permettant de conserver les embryons congelés à -196 °C, façon surgelés de luxe. Parce que, comme on n'a pas de chambre d'amis dans l'utérus, on les colle dans un tube (puis on prie Dame Nature, saint Azote liquide et tous ses saints Ovaires).

Être à quai

Celle avec un bug dans la matrice

Avignon, printemps 2015

Chère DNLP,

Le week-end dernier, on a traversé toute la France en TGV, puis toute la banlieue parisienne en RER… Pourquoi ce déplacement ? C'est que ce week-end, l'homme est devenu parrain de *notre enfant témoin.* Tu vas me dire : c'est quoi (encore) cette lubie ?

L'enfant témoin, c'est l'enfant qui a *pile poil* l'âge de mon arrêt de pilule. La plupart des PMettes en ont un, d'enfant témoin : celui d'une sœur, d'une amie, d'une cousine. L'enfant qui est né *exactement* quand la PMette aurait dû accoucher si elle n'avait pas fait une fausse couche ou une GEU, si sa FIV avait marché, si son insémination n'avait pas capoté, bref : si tu n'avais pas décidé de l'emmerder. Un enfant « si… alors il/elle serait grand comme ça » que la PMette ne peut s'empêcher de regarder différemment, tout en se projetant avec au cœur un léger pincement.

Le parrain

Le week-end dernier, donc, l'homme est devenu *le parrain*. Le parrain de l'enfant témoin. Un comble. Je ne peux que saluer ton talent pour nous fourrer dans des situations embarrassantes. Et au milieu de ces six parrains-marraines (c'était un triple parrainage civil, les trois frères et sœur étaient concernés), nous étions le seul couple en âge de procréer, mais sans enfant. *Le seul couple infertile.* Un couple sur quatre. Nous n'avons pas fait mentir les statistiques.

Comme tu avais décidé de me savonner la planche, la marraine de l'enfant témoin était… enceinte de quatre mois (surpriiiiiise !). J'ai vu les autres couples étreindre leurs enfants. J'ai vu à quoi notre famille aurait pu ressembler « si ». Je me suis demandé « si » nous resterions à vie de ce côté de la barrière. Les « infertiles de service ».

Mais une demande de parrainage, ça ne se refuse pas. Et l'homme était honoré. Moi, ça m'a fendu le cœur de le voir entouré d'autres enfants. Entendre son discours. Imaginer quel père formidable il ferait. Il y avait comme qui dirait « un bug dans la matrice » (Neo[1], ne le prends pas pour toi, ceci est une pure vanne de PMette).

Mais cette fois, j'ai un billet de train, et il m'a aidée à tenir le coup.

La fille du train[2] (l'autre)

Quand on est en PMA, il y a un train qui circule : celui de la fertilité. Il est rempli de femmes enceintes, de PB.

1. Référence au personnage principal du film *Matrix* (1999).
2. Référence au best-seller de Paula Hawkins (2015), adapté au cinéma l'année suivante. Une femme dans un train, une disparition, du sang, du suspense… Je croise les doigts pour que mon histoire finisse de manière

Il semble que certaines soient nées avec un billet *open* implicite, un genre de *pass Interrail* de la maternité. Elles ne se posent aucune question et montent à l'intérieur du train sans ambages.

D'autres femmes sont en gare, sous la grande horloge qui ne cesse de tourner. Ces femmes voient le train passer, embarquer ou débarquer des passagères, paieraient cher pour monter à bord. Elles n'ont pas de billet, encore moins de place assise. Elles restent à quai. Ce sont les infertiles.

Pour prendre ce train, impossible de frauder. Impossible d'acheter un billet. Ça ne marche pas comme ça. C'est toi, la guichetière. Et une guichetière un peu lunatique, c'est le moins qu'on puisse dire.

Une fois à bord, infertile ou pas, rien ne dit que le voyage se fera sans encombre. Parfois, la passagère obtient un billet mais ce dernier ne garantit pas d'embarquer. Ni d'avoir un siège réservé.

Quand la passagère réussit à monter à l'intérieur et à s'installer, elle n'est pas toujours placée en première classe pour un voyage tranquille jusqu'à destination. Il arrive qu'elle soit sommée de descendre à l'arrêt d'après. Ou pire, qu'elle se fasse éjecter en cours de trajet, sans prévenir.

Partout, des publicités vantent le voyage en train. Anciennes passagères, passants, médecins, famille, collègues… la pression sociale pousse les néophytes à l'intérieur de la gare. Sous la grande horloge (biologique).

J'ai obtenu un billet pour ce train. Maintenant, je suis à quai. Je serre mon billet de train dans ma main. Je ne vais

---

moins dramatique, même si côté hémoglobine, on est sur une moyenne mensuelle tout à fait compétitive.

pas le lâcher car « heureusement, il y a Findus[1] ». Ce week-end de parrainage civil, la seule raison qui m'a permis de tenir sans pleurer, c'est d'imaginer nos six pingouins faisant du patinage artistique sur la banquise. Nos six embryons patientant tranquillement dans leur bain d'azote liquide par -196 °C.

Paranoïa

Quand, au cours d'une conversation téléphonique réglant les derniers détails du repas d'anniversaire surprise de ma mère, mon frère me dit : « Tu vois, si j'avais quelque chose à annoncer, je le ferais en famille dimanche », chère DNLP, à ton avis, qu'est-ce que j'entends, à la place ? « Dimanche, je vais annoncer que je vais devenir papa. » Et de penser dans la foulée « oh bordel, c'est arrivé : ma belle-sœur est enceinte avant moi ». Les deux jours précédant l'anniversaire, ce ne sont pas les préparatifs qui me tiennent éveillée, non. C'est la pub de la MAE[2]. Celle avec la photo d'échographie sous l'assiette.

Le jour J, en descendant du train (le vrai), je me fais violence pour détacher mon regard du ventre de ma belle-sœur. Je la vois griller une clope sur le parvis de la gare Lyon Part-Dieu, je pousse un soupir de soulagement à l'intérieur. Je la vois descendre une coupe de champagne à l'apéro, je peux de nouveau respirer. Ouf, ce n'est pas pour cette fois.

1. Slogan publicitaire culte des années 1980-1990 pour vanter les mérites de la marque de surgelés. Tels des bâtonnets de colin, mes embryons attendent patiemment leur heure au congélo.
2. Avertissement : cette publicité contient une PB hyperhyperfertile assez peu créative en matière d'annonce de grossesse : www.dailymotion.com/video/x1v0p9o.

Matrix

Le Créateur nous reçoit pour le débriefing de FIV 2. Il doit commencer à me connaître avec mes questions alambiquées car avant même que j'ouvre la bouche, Il nous parle d'une étude sur les meilleures chances d'implantations d'embryons décongelés *versus* des embryons frais, grâce à un endomètre de meilleure qualité car moins stimulé. Ça me coupe le sifflet. Une petite *endochattale* ~~pour le plaisir~~ plus loin, tout va bien : mes ovaires tireraient encore un peu la gueule pour repartir sur une FIV mais puisque c'est pour un transfert, on est tout bon. Il n'y a plus qu'à attendre J1 pour commencer le traitement.

LUI (*commentant sa prescription*) : Vous prenez le Provames en comprimés, comme indiqué, et on se voit pour un premier contrôle à J11.

MOI (*cherchant la faille*) : En comprimés ? C'est-à-dire ? Et les injections pour la stimulation ?

LUI (*souriant*) : C'est le Provames qui stimule, plus légèrement.

MOI (*suspicieuse, me disant qu'Il a dû oublier une étape, ça ne peut pas être aussi simple, il DOIT y avoir une erreur*) : Je ne comprends pas : à quel moment a lieu l'injection pour déclencher l'ovulation ?

LUI (*toujours souriant*) : On ne la déclenche pas.

MOI (*manquant de m'étouffer*) : PARDON ?

LUI (*expliquant, ravi de son petit effet*) : Il n'y aura aucune piqûre cette fois. Vous prenez simplement des comprimés. L'endomètre est contrôlé par échographie endovaginale et quand il est suffisamment accueillant, on décongèle et on transfère les embryons décongelés.

MOI (*interdite*) : … ???

Il rayonne. Il y a de la malice dans Ses yeux bleus. Il a réussi Son coup : pour la première fois de toute l'histoire de

Notre relation, aussi incroyable que cela puisse paraître, je suis bel et bien **muette.**

Il écrit « TED » sur ma feuille de protocole.

Parfois on dit « TEC » (transfert d'embryon congelé). Même si on les décongèle, au préalable, hein. Les chocs thermiques -196 °C > 37 °C, ça peut vous tuer le meilleur des blastocystes.

Parfois on dit « TEV » (transfert d'embryon vivant). C'est sympa, parce que le transfert d'embryon mort, c'est un chouïa contre-productif, si tu veux mon avis.

Le Créateur, Lui, écrit « TED », comme acronyme au transfert d'embryon décongelé.

On y est.

Les pingouins qui patinent sur la banquise sauront-ils aussi faire du patin à roulettes sur les rampes d'un uterus-park (c'est comme un skatepark, en plus douillet) ? C'est le moment de vérité.

Transfert

Celle où ce n'est pas le mercato, mais où je marchande un peu, quand même

Avignon, été 2015

Chère DNLP,

Grâce à nos six embryons (qui se les gèlent à -196 °C), j'ai donc un billet de train. Pour autant, je ne suis pas sûre d'embarquer.

D'abord, il faudrait que ces embryons survivent à la décongélation.

Ensuite, il nous faudrait un transfert d'embryons réussi, puis qu'ils s'implantent dans mon utérus et commencent à se développer comme si de rien n'était, comme s'ils n'avaient pas passé deux mois dans une éprouvette glaciale.

Là, il me faudrait un test de grossesse positif. Un vrai, un sérieux, un sanguin, avec un taux de bêta-HCG cohérent. Puis, un deuxième, à quarante-huit heures d'intervalle, positif aussi, avec un taux de bêta-HCG au moins deux fois plus haut que le premier. Et là, *seulement*, j'aurais le droit de *monter* dans le train.

Mais ! À ce stade, je n'aurais toujours pas de place assise. Non, je serais en train d'errer comme une âme en ~~peine~~ *surbooking* dans le wagon, faisant la navette entre la voiture-bar et le strapontin. Pour avoir une place assise, il faudrait attendre l'échographie de datation, celle qui m'assurerait que l'embryon se développe bien dans mon utérus (et pas dans mes trompes) et que son petit cœur bat à un rythme normal.

Et là, *seulement*, j'aurais le droit de m'asseoir sur un siège. Pas en première classe, car elle est réservée aux fertiles, mais ce n'est pas grave. L'important étant d'avoir une place assise.

Le voyage se déroulerait-il ensuite sans encombre ? Pas sûr. Je pourrais aussi bien être débarquée à la prochaine gare (coucou la fausse couche !) ou être carrément jetée par-dessus le bastingage en plein voyage (comprendre « subir une des autres horreurs dont je te sais capable ». Je n'en fais pas mention, je ne voudrais pas me porter la poisse).

Attention au départ !

J'ai un TOC. J'avoue. Je fais une fixette sur les tenues du Créateur. Alors, pour chaque rendez-vous, je détaille scrupuleusement les couleurs de Ses pantalons. Son chino, ce matin de juin, est couleur « sorbet fraise ». Mon esprit tordu plein d'associations d'idées (incongrues) fait tout de suite le rapprochement « gynécologue » → « fraise » → « avoir une envie de fraises » → « grossesse ». Je souris intérieurement, c'est un signe. Avec mon utérus triple feuillet de dix millimètres, Il me dit que je suis toute douillette, le transfert d'embryon est prévu pour le 11 juin.

J'ai une date. Comme par magie, oubliés mon humeur de hyène (merci Provames), les deux kilos que j'ai pris en onze jours de traitement (merci *again* Provames) et le Tetris que ça va être pour caler des rendez-vous d'urgence sous trois jours chez l'acupuncteur et l'ostéopathe-qui-fourre-des-doigts-dans-la-chatte.

Dans la lancée des insertions digitales, je file à la pharmacie récupérer ma cargaison de capsules molles que je vais pouvoir m'enfiler, trois fois par jour, au fond du vagin, dès demain.

La pharmacienne dépose les boîtes du générique d'Utrogestan sur le comptoir.

MOI (*en apparence détendue, mais dans le fond, restant une PMette totalement flippée*) : Ah, par contre, non, je ne veux *pas* du générique.

Je m'attends à ce que la pharmacienne s'offusque et lève les yeux au ciel. Même pas.

ELLE (*avec un naturel déconcertant*) : Ma fille de vingt et un ans, je l'ai eue grâce à une FIV. Et son frère, deux ans plus tard, grâce à une insémination. Donc je comprends votre réaction démesurée.

Les larmes aux yeux, je suis suspendue à ses lèvres. J'apprends aujourd'hui qu'elle est une ex-PMette, alors que je fréquente cette pharmacie depuis dix ans. Ce n'est pas un hasard.

LA PHARMACIENNE (*me tendant mon sachet*) : Il faut y croire. Ça peut marcher. J'en suis la preuve vivante.

Et sur ces belles paroles, là, dans la pharmacie, elle conclut en croisant les doigts !

C'est toujours les mêmes gestes

Le matin du 11 juin 2015, on s'est levés à 6 heures, l'homme et moi.

Tu te rappelles cette pub avec Zidane ? Celle où on le voyait lacer ses chaussures au vestiaire[1] tout en disant « D'abord la jambe gauche, toujours » ?

1. Publicité pour l'eau minérale Volvic (2000) (www.youtube.com/watch?v=srk5xQ4Ny1k) qui montre un rituel précis, presque sacré. En

Eh bien, comme les grands sportifs, j'ai accompli scrupuleusement mon rituel porte-bonheur ce matin. Je m'y suis accrochée, pour ne pas flancher. Tremblante, j'ai enfilé mon tee-shirt jaune soleil, mes chaussettes girafes. À mes oreilles, j'ai mis les boucles trèfle à quatre feuilles qu'une PMette m'a offertes. J'ai conjuré le sort. Le reste ne dépend plus de moi.

Assis à table, volume réglé au maximum sur nos deux téléphones portables, nous attendons. Mon espoir s'étiole au fur et à mesure que les secondes, les minutes, puis les heures, passent.

À 10 heures, le labo n'a toujours pas appelé. Avec effroi, je me dis qu'ils sont en train de décongeler les paillettes les unes après les autres, et qu'aucun embryon ne survit. Puis je pense qu'ils nous ont carrément oubliés.

Mes doigts n'ont plus d'ongles, je m'apprête à attaquer ceux des pieds lorsque le téléphone sonne enfin. Nous allons chercher TED.

Trajet en voiture dans un silence mêlé d'espoir et de doute. La secrétaire nous fait signer les documents administratifs.

Je me déshabille, je garde les chaussettes porte-bonheur, c'est primordial. Et tant pis si l'air est doux en ce début juin. Je ne pouvais pas partir pieds nus.

Je me retrouve dans la salle de transfert. Le Créateur nous attend, tout sourire, dans Son chino blanc.

Je sens ta présence dans la pièce, mais pour une fois, tu ne la ramènes pas.

La trappe s'ouvre, la biologiste est de l'autre côté et nous dit : « On transfère un embryon aujourd'hui. » De la paillette de deux, je comprends alors que l'autre embryon n'a pas survécu à la décongélation. Mais un espoir, c'est mieux que zéro, il faut continuer d'y croire.

PMA aussi, on a ses superstitions de vestiaire. Pas de crampons, mais beaucoup de concentration.

Pieds chaussés de girafes dans les étriers. J'inspire, j'expire. Malgré mon utérus rétroversé, la sonde échographique et le cathéter sont en place, avec beaucoup moins de difficultés que la dernière fois. Tu me connais, j'ai envie d'y voir un signe.

C'est LE moment. On y est.

Il en a fallu des coïncidences, des hasards et des rencontres pour en arriver à cet instant précis. Trois paires d'yeux rivés sur l'écran. Trois personnes qui retiennent leur souffle : l'homme, le Créateur et moi.

Ce qui me frappe, après le tumulte des étapes de ce parcours, c'est la douceur, la précaution et le silence qui entourent l'acte médical. J'ai l'impression d'être sur une montagne russe, dans la montée. Quand on n'entend que le cliquetis du wagon qui prend de la hauteur, que, petit à petit, la vue se dégage, les cœurs commencent à palpiter, les mains à trembler. Je m'accroche à mon harnais de sécurité.

Et puis, soudain, à l'écran un petit point scintillant. Comme une toute petite framboise qui brille en noir et blanc. C'est le côté magique et privilégié de la PMA, parce qu'il faut bien qu'il y en ait un : être témoins de la vie d'un embryon de cinq jours, congelé pendant deux mois, puis décongelé, à l'intérieur de moi. Petite bulle d'espoir pailletant.

LE CRÉATEUR (*doucement*) : Il est là. Vous le voyez ?

Je le vois : TED est bien au chaud, bien en place. Il n'a plus qu'à se faire un nid dans mon utérus à l'endomètre de compète.

L'instant est solennel. L'homme et moi avons les yeux mouillés, même si tu nous réserves des surprises et si on est encore bien loin d'être arrivés.

En sortant, l'homme va chercher la voiture et je me retrouve un instant seule. Je vais m'asseoir sur le banc violet situé dans la cour de la clinique. La main sur mon ventre, je souris et tu peux trouver ça mièvre, je pleure un peu, aussi.

Parce que je me sens fragile et forte à la fois. Forte d'être arrivée jusque-là. Fragile de porter cet espoir à l'intérieur de moi.

La loi du marché

Six jours plus tard, je me lève avec crainte. Six jours post-transfert. À la même date, tu m'avais apporté mes règles, la dernière fois. Mais dans mon FDC, *nada*.

Pourtant, je me sens vide et j'ai l'impression prégnante que ce ne sera pas pour cette fois. Pire, j'ai mon combo typique du syndrôme prémenstruel: migraine, fatigue, furieuse envie de propre. Je passe ma matinée à briquer mon appart de fond en comble.

Autohypnose phase 3 (après le transfert d'embryon), mode princesse activé: j'essaie vraiment d'être positive et détendue. Mais c'est plus fort que moi, je suis pessimiste et stressée. Je suis tellement habituée à l'échec, que je n'arrive pas à me convaincre que cette fois-ci pourrait être *la bonne*. Chaque fois que je vais aux toilettes, je prends une grande inspiration en baissant ma culotte, et une autre en m'essuyant. J'ai peur d'y trouver du sang.

Du sang, le matin du septième jour, il y en a un peu dans mon FDC. J'ai mal au ventre. Je suis dévastée. Ce que je redoutais est en train d'arriver.

Huitième jour après transfert, *spotting* (du sang, légèrement intermittent).

Ma mère m'appelle, je suis en train de faire du repassage (coucou le SPM[1]).

---

1. Syndrome pré-menstruel. Ce moment du cycle juste avant les règles où la société préfère dire qu'on est hystériques, alors qu'en réalité nos hormones rejouent simplement *Game of Thrones*.

« Oh maman, ça n'a pas marché, je le sens, je viens de récurer la salle de bains à la brosse à dents, et là, je fais le repassage, c'est dire. Et puis… je saigne un peu… »

Neuvième jour après transfert, *spotting*.

Dixième jour après transfert, plus rien.

Tu remets une pièce dans la machine, et moi, je me remets à espérer. À croiser les doigts. À marchander.

Qu'est-ce que je pourrais te promettre pour que tu me foutes la paix ? Qu'est-ce que tu veux en échange ?

Je suis prête à troquer. TED vaut largement Mbappé. Je n'ai pas les millions du PSG. Mais je suis prête à n'importe quoi. Dis-moi.

Monter dans le train

Celle où c'est plutôt
le wagonnet des montagnes russes.
Avec Stromae sur le siège d'à côté.

Avignon, été 2015

Chère DNLP,

Je suis sûre que tu te rappelles *SuperTed*[1], ce court dessin animé britannique qui passait au « Club Dorothée » dans les années 1980-1990. L'histoire d'un banal ours en peluche mis au rebut sur la chaîne de fabrication parce qu'on lui découvrait un défaut. Un drôle de bonhomme venu de l'espace lui donnait alors vie grâce à de la poussière cosmique, puis l'emmenait sur un nuage merveilleux où la fée Nature lui donnait des pouvoirs magiques.

Le *drôle de bonhomme*, c'est évidemment Lui. Le Créateur. Le *nuage magique*, c'est bien entendu le labo de PMA. Et *la fée Nature* ? C'est la version *non obscure* de toi, celle à laquelle j'ai envie de croire maintenant, affichant un air souriant et girond, enserrée dans son tablier immaculé,

1. Rares images de Dame Nature version angélique (si si, c'est possible, *enjoy*) : www.youtube.com/watch?v=W0k08DskNnA.

coiffée d'une vaporeuse chevelure rose bonbon, accueillant TED, mon embryon décongelé, à bras ouverts pour en faire un « SuperTED » grâce à une cuillère de potion.

Après le « p'têt ben qu'oui, p'têt ben qu'non », ce matin du « onzième jour post-transfert », pas de sang non plus dans mon FDC. Tu me paies un nouveau tour de manège, le wagonnet clignote, dans une musique de fête foraine… c'est partiiii ! C'est **J11 après transfert**, le jour fatidique de la prise de sang.

Je suis au labo, dans quelques instants, mon sort sera scellé. Je tremble un peu lorsque la femme me pique, surtout qu'elle sait pourquoi je suis là, c'est écrit sur mon dossier. « Vous avez du retard ? » « Non, je suis en PMA. Aujourd'hui, c'est le verdict. » Silence de circonstance.

Le plus dur va être de patienter sans me ronger les ongles. La journée passe. Un SMS m'annonce que mes résultats sont prêts. Je vais les chercher au laboratoire, le cœur battant, les jambes flageolantes. Trajet retour en voiture. L'enveloppe cachetée est sous mes yeux, dans mon sac à main, posé sur le siège passager. Et si… ? Je résiste à l'envie de l'ouvrir. On a prévu de le faire ensemble, lorsque l'homme sera rentré du travail.

SuperTed and Mother Nature

Je me souviens encore précisément de l'endroit de l'appartement où j'ai décacheté l'enveloppe. De la lumière tamisée qui filtrait depuis la terrasse par les volets en cabane. De ma position sur le mange-debout de droite, lui sur le mange-debout de gauche, côte à côte, accoudés au comptoir de notre cuisine. Inspiration. Expiration. Ouvrir l'enveloppe en tremblant. Sortir la feuille. Voir le taux, au milieu de la page.

268 UI/L.

Autrement dit, positif.

Où t'es ? Chère DNLP, où t'es ?

On dirait bien que TED s'est accroché. L'homme et moi, on n'en revient pas. Heureusement qu'on est assis.

Pourtant, je n'arrive pas à être transportée de joie.

Pour avoir vécu une grossesse extra-utérine, il y a sept ans, et une fausse couche, il y a quatre ans, je sais qu'un seul dosage ne prouve absolument rien. Maintenant, il va falloir manger, dormir, et surtout (surtout) penser à respirer pendant quarante-huit heures, en attendant le prochain dosage. Celui qui scellera mon sort.

Deux jours plus tard, **treize jours après le transfert d'embryon**, je suis la première au labo, tu penses. Telle une *aficionada* devant un Apple store une veille de sortie d'iPhone, j'aurais pu camper devant, tellement.

Les résultats tardent à arriver, cette fois.

À 17 heures, le taux tombe enfin. **730 UI/L.** Positif. Et ayant très largement doublé. C'est bon signe.

Le secrétariat du Créateur est fermé, je l'appellerai demain. On dirait bien que je peux monter dans le train, putain. C'est à peine croyable.

Où t'es ? Chère DNLP, où t'es ?

Dès potron-minet le lendemain, j'appelle Lolo, la secrétaire du Créateur. Je me suis à peine présentée qu'elle m'interrompt avec des félicitations.

LA SECRÉTAIRE. J'ai vu vos dosages, c'est formidable !

Ma bouche se tord, c'est trop tôt, Lolo, j'ai peur que ça me porte la poisse.

MOI (*angoissée*) : On fait quoi, maintenant ?

ELLE (*légère et heureuse*) : On fixe ensemble le rendez-vous pour l'échographie de datation, disons dans quatre semaines. Même si pour une FIV il y a zéro surprise, hein. On la connaît, la date de démarrage de la grossesse !

Elle rit.

La *grossesse.*

Je suis en panique.

La *grossesse.* Lolo… Lolo, tu vas trop vite.

MOI (*angoissée puissance dix mille, implorant*) : J'ai peur de la grossesse extra-utérine, j'ai peur de la fausse couche… J'ai peur, Lolo. Quatre semaines, c'est dans mille ans. S'il vous plaît, Lolo, pitié, est-ce que je peux venir avant ?

ELLE (*compréhensive*) : On ne verra rien, on n'entendra rien avant. Mais venez la semaine prochaine, au moins, s'il y a un sac gestationnel dans l'utérus, on pourra se rassurer sur l'absence de grossesse ectopique.

Je raccroche. Hébétée. La grossesse ? Vraiment ?

Genre, c'est de MOI qu'on parle ? Après sept ans d'attente, une GEU, une fausse couche, quatre inséminations, trois FIV, ça y est, je serais « enceinte » ?

Où t'es ? Chère DNLP, où t'es ? Pour la première fois, tu sembles aux abonnés absents. Je suis presque désemparée de ne pas te sentir à mes côtés. Ça fait bizarre. Ça sent mauvais : tu dois forcément fomenter un sale coup sur ton nuage maléfique.

L'après-midi, j'appelle mes parents. Pas pour fanfaronner – *oh non* – mais parce que, comme la date de transfert m'avait échappé au téléphone, ma mère (qui a savamment compté sur ses doigts) me harcèle depuis trois jours, me laissant des messages stressants et éplorés. Je leur dis que nous sommes hyper prudents, leur répétant à plusieurs reprises de garder le silence et la tête froide.

Ils doivent me trouver distante, mais je ne vois pas d'autre façon de réagir pour le moment. S'ils n'avaient pas été au courant pour le transfert, je n'en aurais jamais parlé avant l'échographie du premier trimestre.

Superstitieuse, moi ? J'ai été à bonne école, j'ai appris à me méfier de toi.

Il faut que je marche. Que je me vide la tête. Comment vais-je pouvoir patienter sereinement jusqu'à la semaine prochaine ? Alors je marche, seule. Pendant quatre heures.

« En oubliant les heures. Sans témoin, sans personne. Que mes pas qui résonnent[1]. » La nuit qui suit, je dors mal. Je tourne. Je me réveille. Je me rendors.

Pourtant, sur le matin, je fais le premier rêve de ma vie où nous sommes une famille. Lui et moi, heureux, avec du soleil, un bébé, une petite fille à qui on fait des *high five*. Je me lève fatiguée mais avec le sourire.

SuperTed and the City of the Dead

Le sourire aux lèvres, je vais le garder seulement le temps d'aller aux toilettes. Du sang. Rouge, cette fois. Très rouge. Trop rouge.

Le sol se dérobe sous mes pieds. C'est quoi ton plan : me faire rêver d'une famille, puis m'asséner le coup de grâce avec une claque en pleine face ?

Réminiscence d'un séjour en Autriche, quatre ans plus tôt, à saigner au beau milieu de la rue. À expliquer à un passant en tremblant, et en allemand, qu'il nous fallait l'adresse d'un hôpital. À chercher un taxi. Les urgences mère-enfant de Vienne. Le rapatriement en France. La fausse couche.

J'attends une heure, à chialer, à supplier, à t'implorer, chère DNLP. Pour le transfert de ~~Mbappé~~ TED, je veux encore négocier.

Je me maudis d'avoir marché hier. Je ne recommencerai plus, promis, juré, craché. Est-il encore temps de marchander ?

1. Clin d'œil à « Je marche seul », tube intersidéral (JJG 4EVER) de Jean-Jacques Goldman (1985), dont les paroles collent parfaitement à toute héroïne moderne en attente de nouvelles cruciales.

L'homme et moi appelons Lolo ensemble. Le Créateur me rappelle cinq minutes plus tard. Que ce soit une fausse couche ou pas, il n'y a rien d'autre à faire qu'attendre. Passer une échographie ne servirait à rien, parce qu'à deux semaines du transfert tout est trop petit, invisible. Le Créateur me préconise du repos.

Du repos, elle est bien bonne. Alors j'attends.

Je saigne. Rouge, vraiment. Je pleure, j'ai peur. Je redoute le pire. Même si tout ce que je pourrais dire ou faire ne changera rien.

Le **quinzième jour après transfert**, je le passe couchée. Le Créateur a dit « du repos » ? Je bouge le moins possible. Ce serait dommage de tout faire foirer. Je veux encore marchander, te prouver que je peux être sérieuse.

Demain, je retournerai faire un dosage au labo. Pour me rassurer (ou me faire désespérer).

SuperTed Kicks up the Dust

Seizième jour après transfert, je saigne encore un peu mais je me traîne au labo pour contrôler mon taux de bêta-HCG.

2 838 UI/L.

Deux mille huit cent trente-huit unités par litre. Ça a plus que triplé en soixante-douze heures.

Je compte, je recompte. Je fais des projections. Je vais sur fiv.fr pour vérifier l'évolution d'un taux « normal ». La tendance de ma courbe d'hormones de grossesse semble correcte.

J17, J18, J19, J20 post-transfert : je reste couchée, je ne fais quasiment rien. Je larve, je pleure, j'espère, je ronge les ongles qu'il me reste. J'oscille entre les moments d'espoir où tout me semble possible (quand je m'essuie sans trace de sang sur le PQ blanc) et des moments de profonde détresse (quand mon radar, détectant du rouge ou même du marron dans mes FDC, se met à biper de toutes parts). Dans les montagnes russes se succèdent des petites bosses et des petits creux. Je ne dors presque pas. Depuis le poste de commandes (ou ton nuage magique), tu te marres, en coin.

J21 après transfert, ma tête de déterrée, l'homme et moi avons rendez-vous avec le Créateur. Comme un voyageur son TER un jour de grève SNCF, j'attends cette entrevue depuis des lustres. J'avais presque compté les minutes. Mais Lui m'a, semble-t-il, oubliée. OUBLIÉE. Il revient de Ses visites en maternité. Il me voit. Ses yeux disent : « Mais pourquoi êtes-vous là ?!? » Rapides messes basses avec Lolo, Sa secrétaire. Puis enfin, Sa bouche articule : « Entrez, madame Bortolotti. »

Endochattale. Un sac dans mon utérus et une vésicule vitelline. C'est trop tôt pour voir un embryon mais une chose est sûre, la GEU est écartée.

Je chouine. Le Créateur s'inquiète : « Tout va bien ? » Je Lui parle des saignements intermittents. « Ça arrive. » Peut-être que l'origine est vaginale, la faute à l'Utrogestan que je m'enfile trois fois par jour dans la moufette. « Ça arrive. » Je dois me contenter de cette explication, censée me rassurer.

Pour la première fois de ma carrière de PMette, le Créateur me parle en « semaines d'aménorrhée ». Je « serais à 5 SA + 6 ». Je manque de m'évanouir. Je suis *enceinte*. Moi. Je. Suis. Enceinte. L'homme et moi rentrons hébétés : ce serait *vraiment* en train d'arriver ?

SuperTed and Trouble in Space

Vingt-deuxième jour après transfert, tu fais une entrée fracassante. Une grosse crampe utérine me cloue sur place. Des douleurs de règles. Et du sang. Beaucoup de sang.

J23 après transfert, pas de sang.

J24, non plus.

À quoi tu joues ?

Apparemment au chat et à la souris, parce que ce J24, à 23 heures, à nouveau du sang. Très rouge.

J25, 3 h 30 du matin, du sang. 6 heures, du sang. 14 heures, du sang. Ça n'en finit pas.

J'appelle Lolo en urgence. Le Créateur est en vacances pour deux semaines, mais Sa remplaçante peut me recevoir le soir même, une chance.

Une journée. Une journée à attendre pour y voir plus clair, je l'espère.

Je tourne en rond. Allées et venues aux toilettes toutes les dix minutes. Juste pour vérifier – du sang.

SuperTed Meets Father Christmas

C'est l'heure du rendez-vous. L'homme est avec moi.

LA REMPLAÇANTE (*avec douceur*) : Regardez, on voit l'embryon.

Coup d'œil sur l'écran. Échange de regards avec l'homme.

Un embryon.

C'est surréaliste. SuperTED, là, dans mon utérus.

Et puis, on l'entend. Le battement d'un cœur. Rapide. Là, pour la première fois de ma vie, il y a à l'intérieur du dedans de moi un embryon avec un cœur qui bat.

Instant suspendu.

Mais tu ne comptais pas me laisser m'en tirer comme ça, pas vrai ? C'était trop facile. La partie n'est pas finie.

SuperTed at Creepy Castle

LA REMPLAÇANTE (*mettant fin à l'instant de grâce*) : J'ai, en revanche, une mauvaise nouvelle. Vous présentez une complication, un décollement placentaire, sur un tiers environ.

La voilà, la raison des saignements intermittents. Elle explique qu'il s'agit d'un décollement prématuré du placenta de la paroi de l'utérus. Si le décollement est léger, le bébé peut ne pas se développer correctement. Si le décollement est total, c'est la mort assurée de l'embryon.

Sur mes montagnes russes, j'ai soudain l'impression d'une descente vertigineuse. Disparu, le harnais de sécurité.

J'entends des mots par bribes. Spasfon. Alitement. Attendre. Taux de succès ? 50 %. Bordel, tu n'as pas l'air décidée à me lâcher la grappe.

Je me barricade. J'ai le sentiment qu'être dans ma bulle me permet de me protéger. Je ne veux rien avoir à regretter. Je passe quinze jours couchée, à naviguer entre mon lit et le canapé. À me lever uniquement pour aller aux toilettes et me laver. À ne parler à personne. À faire la morte. Chaque jour qui passe est une victoire. Le temps semble s'étirer à l'infini.

Je me réjouis des nausées, des seins qui tirent. Et tant pis si je n'arrive plus à avaler que du Babybel, des crackers (sans gluten) et des boulettes de légumes surgelées Ikea arrosées de jus de citron (?). Tant pis si je suis obligée de boire des litres de Volvic Fraise (?) pour faire taire les haut-le-cœur. Je suis consciencieuse, sérieuse. Je ne veux pas tout foutre en l'air, tu penses. Si c'est le prix à payer, je suis toujours prête à marchander.

Car je sens que tu m'épies. Je le sais. Et je serai irréprochable. Promis.

Fin juillet, j'aurai rendez-vous avec le Créateur pour l'échographie officielle de datation de la grossesse. Mais surtout pour faire le point sur le décollement placentaire. J'ai juste à tenir bon. Quinze jours. Je suis en apnée. On verra, alors, si je peux me remettre à respirer.

SuperTed's Dream

Jour J. Un embryon de presque deux centimètres. Un rythme cardiaque « parfait ». Et surtout : plus de décollement.

Pour un peu, je me mettrais debout sur la table d'examen.

Le Créateur est très content. Pour ranger mon dossier, Il me remet Sa fameuse pochette de grossesse, celle sur laquelle j'ai déjà lorgné, envieuse, alors qu'elle se trouvait dans les mains de patientes dans la salle d'attente. En me demandant si j'y aurais droit un jour. Celle avec une belle photo en noir et blanc d'un gros ventre sur la couverture et en pied de page : « Le Créateur. Gynécologie, obstétrique, stérilité. »

J'ai toujours tiqué sur ce dernier mot (stérilité), qui a quelque chose de trop *définitif* à mon goût. D'indélicat. « Infertilité », ce serait plus adéquat. Et plus optimiste, aussi. Mais ce n'est pas le moment de la ramener avec de la sémantique. Le grand jour est arrivé. Aujourd'hui, je reçois LA pochette.

MOI (*caressant la couverture, avec l'impression de détenir le Graal*) : Docteur, on passe un cap, là.

Il rit. Toxoplasmose, calendrier des rendez-vous, déclaration de grossesse, Il est lancé.

LUI (*écrivant tranquillement*) : Vous êtes à 8 SA + 4, soit huit semaines et quatre jours d'aménorrhée.

Quand je lis le calendrier des rendez-vous dans le dossier au gros ventre, j'ai l'impression que ce n'est pas de moi qu'on parle.

J'ai un terrible sentiment d'imposture. Et immédiatement après, je culpabilise. Après sept années à attendre ce moment, de ne pas réussir à en profiter *vraiment*. Je pense aux autres PMettes restées à quai, qui désespèrent de monter dans ce fichu train. Et moi, qui suis dedans mais qui n'arrive même pas à savourer l'instant.

SuperTed and the Train Robbers

Oh je sais ce que tu penses, que je ne suis rien qu'une ingrate. Jamais contente. Pour cette effronterie, tu décides de me punir. En plus des délicieux symptômes de grossesse classiques (insomnies, nausées, désordres digestifs… et j'en passe), je me lève un matin, pleine d'eczéma. Mes mains, mes doigts, mes avant-bras et mes coudes sont recouverts de plaques. Ça démange à en pleurer. Je suis désormais incapable de déboucher toute seule mes bouteilles de Volvic Fraise. Le Créateur à qui je demande si c'est « normal » me répond d'un ton moqueur : « Je suis gynéco, pas dermato ! »

Toi, tu rigoles, sans vergogne. Tu t'amuses de me voir gesticuler pendant que j'essaie de me répéter que l'objectif, c'est bien le bébé, *pas* la grossesse. Me focaliser uniquement sur l'objectif, pas sur le chemin.

Autour de moi, dans le train de la fertilité, tout le monde a l'air de bien se marrer. Y a des cotillons, des femmes qui se caressent le ventre en souriant, des *baby showers* avec des confettis tantôt roses et tantôt bleus, et on trinque au Champomy en tricotant de la layette. Je voudrais vraiment profiter, être de la partie. Surtout que ma mère m'a toujours vendu que ses deux grossesses, à elle, avaient été en tout point idylliques.

Mais la PMA m'a ôté toute insouciance. Je suis la rabat-joie de service, debout sur la plateforme de la voiture 8. Je suis celle qui regarde passer le paysage à toute vitesse, le front collé sur la vitre, avec un casque sur les oreilles pour ne pas entendre ses compagnes de voyage. Le contrôleur s'approche et valide mon billet. Je ne suis plus qu'à une échographie d'avoir une place assise.

Est-ce que tu vas enfin me foutre la paix ? *Où t'es ? Chère DNLP, où t'es ?*

Avoir une place assise

Celle avec un remake *de* Rain Man
(mais pas de la scène du casino[1]*, hélas)*

Avignon, automne 2015

Chère DNLP,

Dans le train, le front collé contre la vitre, j'ai attendu. Qu'on me débarque dans un champ au beau milieu de la nuit. Que le contrôleur me somme de prendre un train dans l'autre sens, en me transférant via le ballast caillouteux.

J'ai attendu que tu viennes me chercher.

Fin août, je vais (tremblante) à l'échographie du premier trimestre. Le rendez-vous où on contrôle la clarté nucale, une mesure de l'espace sous-cutané situé entre la peau et la colonne cervicale du fœtus qui sert de marqueur pour le dépistage de la trisomie 21.

C'est un moment important, alors je t'attends au tournant. Avant de pénétrer dans le cabinet, j'hume l'air pour sentir ta présence. Tu n'y es pas. C'est suspect.

---

1. Référence à la scène du casino dans *Rain Man* (1988), où Raymond (Dustin Hoffman) emporte le pactole à Las Vegas en comptant les cartes avec une précision mathématique implacable. Ici, hélas, pas de jackpot à la clé…

Le Créateur me demande comment je vais.

« Un peu anxieuse… »

Il sourit d'un air attendri, Il commence à me connaître. « Comme d'habitude ! », Il répond avec désinvolture.

On dirait qu'Il n'a pas peur de toi, Il fait comme si tu n'existais tout bonnement pas.

Endochattale en chaussettes, clarté nucale parfaite.

À l'écran, on voit notre embryon, TED, gigoter. Ça dépasse l'entendement. Je me mets à pleurer. Et je Lui dis : « Tout ça, c'est grâce à Vous. » D'un revers de la main (gauche, celle qui ne tient pas la sonde, Dieu merci), Il s'en défend : « Mais non ! » Mais si. *Claro que si.* Sept années d'infertilité, et il y a aujourd'hui un haricot (magique) qui gigote dans mon ventre. C'est surnaturel. C'est grâce à Lui, forcément. Il a trouvé la formule magique.

Tu es jalouse ? Tu te dis que c'est surtout grâce à toi, à ta bonne volonté ?

Patience, ton *reminder,* tu vas bientôt me l'envoyer.

« Comment tu te sens ? » « Très glissant[1] »

On repart avec des tas de clichés et des vidéos, sur notre clé USB.

Et une place assise dans ce fichu train. Pas en première classe, mais je m'en tape.

À douze semaines d'aménorrhée, je me dis qu'il serait temps de profiter un peu de cette grossesse. Avec cette échographie, j'ai l'autorisation de respirer à nouveau. D'installer enfin cette stupide appli de grossesse qui compare

1. *Ibid.* Quand Raymond (Dustin Hoffman) annonce avec le plus grand sérieux qu'il se sent « très glissant », Tom Cruise ne comprend pas. Mais moi, allongée fesses à l'air sur une table d'échographie, je sais. Oh oui, je sais.

chaque semaine la taille du fœtus à un fruit ou un légume. D'accueillir avec joie les délicieux symptômes de la grossesse. (Au hasard ? De me réjouir de pratiquer la nuit, dans mon lit, la posture de Pavanamuktasana pour soulager mes maux intestinaux.)

Juste de profiter du voyage, bordel.

Pour le moment, je suis stupéfaite. Et je m'attends à un revers de médaille. Ce n'est pas possible que tout se déroule sans encombre. Je ne te connais que trop, chère DNLP.

Je n'arrive pas à profiter.

Pourtant, c'est l'heure, il faut se jeter à l'eau et *annoncer* officiellement.

À mes beaux-parents d'abord.

MA BELLE-MÈRE (*rassurée*) : Comme quoi, tu vois, la persévérance !

Je me mords la langue, en me demandant si, au bout de sept ans, le terme adéquat ne serait pas plutôt *acharnement*... D'aucuns auraient abandonné. Et depuis longtemps.

MA BELLE-MÈRE (*détendue*) : Vous avez choisi les prénoms ?

Panique à l'horizon, pas encore, non ! On ne se projette pas si loin. Au cas où tu rôderais encore dans le coin.

Mon beau-père me serre fort dans ses bras, en nous remettant un souvenir de l'église Sainte-Radegonde de Poitiers[1], où il confie avoir fait des prières et des vœux pour nous. On explique qu'après notre parcours chaotique c'est encore un peu difficile d'être sereins. Il nous répond « un pas après l'autre ». C'est exactement le programme prévu : avancer au jour le jour.

---

1. Sainte Radegonde est notamment la fondatrice du premier monastère féminin d'Occident.

Une annonce à ma famille, ensuite. Mes parents, déjà au courant, sont parvenus à tenir leur langue. Mon frère est heureux. Ma grand-mère, la seule aïeule qu'il me reste, n'en revient pas. En regardant la vidéo de l'échographie, elle dit : « Vous êtes sûrs que ce ne sont pas des jumeaux ? Ton mari n'a pas mis une dose pour deux ? »

La dose. C'est la classe à Dallas, je pouffe et deviens rouge tomate. Je ne sais plus où me mettre. Ma grand-mère sait qu'on est passés par la PMA, mais je ne crois pas qu'elle comprenne bien en quoi ça consiste, une FIV.

Peu importe. C'est officiel. Je suis enceinte et tout le monde est au courant. C'est l'heure de pro-fi-ter. L'homme doit voir que j'ai un peu de mal, alors il lance les festivités un soir, en rasant sa barbe. C'était un pari entre nous : tant que je ne tombais pas enceinte, il gardait la barbe (au cas où tu serais *poilophobe*, je te rassure tout de suite, il la raccourcissait régulièrement, hein, je suis pas mariée à Dumbledore[1], non plus). Bon. Sans barbe, je te l'accorde, on dirait qu'il a seize ans maintenant. Du coup, j'ai vaguement l'impression d'être une *cougar*. Une *cougar* enceinte. Chelou.

On compte les cartes (ou les cure-dents[2])

Fin septembre aura lieu le rendez-vous du quatrième mois avec le Créateur. Celui où on devrait voir le sexe. Pas du Créateur. Du *bébé*, tu te calmes.

1. Directeur emblématique de Poudlard dans *Harry Potter*, réputé pour sa sagesse légendaire, son goût des énigmes alambiquées… et sa barbe XXL, qu'on soupçonne même d'avoir son propre Patronus capillaire.
2. Raymond (Dustin Hoffman) sait compter d'un coup d'œil les 246 cure-dents tombés par terre dans *Rain Man*, moi je suis la reine des méthodes fumeuses de prédiction du sexe du bébé. Chacun son truc.

Avant d'y aller, on s'amuse l'homme et moi à faire des paris selon diverses théories et légendes urbaines.

Le pendule tourne-t-il au-dessus de mon ventre ?

D'après le bola offert par une amie (je ne t'aurais jamais fait l'affront de m'en acheter un) qui tourne au-dessus de mon ventre : j'attendrais un garçon.

Nausées au premier trimestre ? Ce serait une fille.

Poils sur les jambes + sécheresse de la peau ? En augmentation, +1 pour le garçon.

Libido ? En augmentation (malgré le point précédent ?!). Encore un point pour le garçon.

Envies alimentaires ? Plutôt salé ? Sucré ? Produits laitiers ? Les points vont à la fille.

Pas d'acné et pas de prise de poids du conjoint ? J'attendrais une fille.

Viennent ensuite les méthodes plus « scientifiques » (ou du moins ce qui s'en rapproche le plus) : estimation du sexe à partir du rythme cardiaque du fœtus à la première échographie, calculs savants sur la base de la date de conception… Pour celle-là, c'est commode quand on est en PMA, impossible de se tromper. La date, on la connaît. Pratiquement à l'heure près. Les maths disent que ce serait une fille.

« Ça c'est sûr : ton slip, tu l'as mis sur la route[1] »

Début octobre, en bonne flippée, parée de mon tee-shirt jaune moutarde et armée de ma traditionnelle (longue) liste de points à aborder, je commence à questionner le Créateur. Il se moque gentiment de moi : « Madame Bortolotti, depuis

1. *Ibid.* Rassurons tout de suite ce brave Raymond (Dustin Hoffman) dans *Rain Man* : mon slip à moi est bien resté au vestiaire, pas sur la route.

le temps qu'on se connaît, si je ne peux pas un peu vous chambrer ! »

On passe à la salle des échographies. Pour vérifier *Claudine* (Claudine ! Non, ce n'est *pas* ma jumelle maléfique. Ma jumelle maléfique aurait plutôt un prénom comme Cassandra, ou Mélissandre. Mais je m'égare. Claudine. Le *col Claudine*. Tu l'as ?), pour vérifier *le col de l'utérus* et là, se produit un événement tout à fait hors du commun pour moi. Le Créateur commence à badigeonner mon abdomen d'un gel froid et à poser une sonde sur mon ventre. Ma. Première. Échographie. *Abdominale*. Après sept années d'échographie *dans* le ventre, donc, c'est ma *première* échographie *sur* le ventre.

Tu peux te marrer, j'avais quasiment oublié que ça existait. Je m'excuse presque : « C'est-à-dire que, docteur, on passe un autre cap, là. » Il rit, puis reprend Son sérieux et demande si on veut connaître le sexe du bébé. Oui.

Il demande si on a une intuition : une fille ou un garçon ? Je sais d'avance que je vais Lui plaire en Lui racontant qu'une compilation des techniques sur Internet donne huit points pour une fille, six points pour un garçon. Il rigole, se ressaisit. Dans la pénombre de la salle des échographies, nous sommes suspendus à Ses lèvres.

Il dit être certain à 100 % : TED est une fille.

On est ravis. Note que ça aurait été un garçon, on n'aurait pas fait les difficiles, et on aurait pris quand même, tu penses. (Tu vois que je ne suis pas si *ingrate* que ça.)

« Je suis un excellent conducteur[1] »

En sortant du cabinet du Créateur, l'homme et moi discutons du prénom. On achète un dictionnaire des prénoms de filles, juste pour jouer le jeu jusqu'au bout. Sinon, ce serait comme d'être un enfant, d'aller manger chez McDo et de repartir sans avoir fait le fou dans le toboggan du RonaldLand et sans emporter un ballon de baudruche gonflé à l'hélium à la maison. Non, moi je veux *l'expérience* de la grossesse. La *totale*.

On va traîner au rayon bébé d'un grand magasin. Je craque sur une toute petite peluche. Une toute petite peluche en forme… de pingouin. Au moment de passer à la caisse, je ne peux m'en empêcher, je tergiverse. Est-ce vraiment une bonne idée ? Est-ce que ça ne va pas nous porter la poisse ? Est-ce que tu ne vas pas nous trouver bien effrontés ?

J'achète la peluche ET un body. Oui. Je te défie.

« Oh les petits prétentieux. » C'est ça que tu as dû penser.

Alors tu t'es dit que nous envoyer une petite piqûre de rappel, ça ne nous ferait pas de mal.

Un mois plus tard, début novembre, je reçois ton *reminder*. « Vous avez demandé DNLP, ne quittez pas, un conseiller va prendre votre appel. »

« Oh-Oh[2] »

Début novembre, à vingt-quatre semaines d'aménorrhée, nous avons rendez-vous pour l'échographie morphologique du deuxième trimestre. Cette échographie-là, c'est du

1. *Ibid.* Et moi, une excellente aspirante PB.
2. *Ibid.* J'aurais dû me méfier : de toute évidence, Raymond n'avait pas le monopole de cette interjection.

sérieux. Je dois la passer dans un centre officiel, avec un spécialiste qui va tout inspecter, dénombrer, vérifier.

Je suis un chouïa angoissée. Tellement que, ce matin, j'ai zappé mon rituel habituel. Tu peux me traiter de superstitieuse, je me raccroche à ce porte-bonheur depuis le début. Qu'il soit moutarde, fluo, poussin ou soleil, je mets toujours un haut jaune pour les grandes étapes de cette FIV, puis de cette grossesse. Et aujourd'hui, j'angoisse, parce que je l'ai oublié. Le retard de l'échographiste rajoute à mon stress. J'ai un mauvais pressentiment. Comme si je sentais que je n'allais pas tarder à avoir de tes nouvelles.

Gel. Sonde. Il suffit de rien. Juste d'un « Oh oh… ».

Une onomatopée deux fois répétée.

Il suffit de ce son pour que j'aie les larmes aux yeux. Même pas un mot. Je sais immédiatement que quelque chose ne va pas. Ta revanche est arrivée. Dans un coin de la pièce, tu ris à gorge déployée. (Si-si, je t'entends presque.)

Rester digne. Ne pas hurler. Ne pas te vomir des paroles haineuses. Broyer plutôt la main de l'homme venu m'accompagner.

« Oh-Oh »

TED présente trois petits kystes aux plexus choroïdes (c'est-à-dire au CERVEAU) chacun de quatre à cinq millimètres de diamètre. D'après l'échographiste, pas besoin de s'inquiéter *outre mesure* (et tu sais bien que *dans la mesure déjà*, ce n'est pas *du tout* mon genre de m'inquiéter). Il faut « juste » recontrôler à partir de 27 SA.

Tu aurais pu t'arrêter là. Tu aurais pu.

Mais non.

« Oh-Oh »

Le cordon ombilical de TED ne possède qu'une seule artère, au lieu de deux. Pris isolément, ce critère non plus n'est pas « grave », ça arrive. Concernant 5 à 20 % des fœtus, c'est même plutôt fréquent.

Sauf que.

Sauf que les termes « kyste plexus choroïde » ET « artère ombilicale unique », je n'aurais jamais dû les taper ensemble dans un moteur de recherche une fois rentrée à la maison.

Parce que mon ami Google m'a balancé une kyrielle de résultats relatifs... à la trisomie 18.

Tu rigoles, narquoise. Parce que tu as réussi à insinuer une pensée terrible dans mon esprit, et je me retrouve à éplucher tous les marqueurs de TED. Et quand on cherche, on trouve. Bingo : deux données. Un fémur au 35e percentile (65 % des fœtus du même âge ont un fémur plus long) et une croissance au 39e percentile (61 % des fœtus du même âge sont plus grands) : ce n'est pas un réel retard de croissance à proprement parler, mais combiné aux deux autres critères douteux, ce n'est pas très bon signe.

Et même si mon tri-test donnait un taux de risque de 1/1 483, même si « y a pas de raison, faut pas vous inquiéter, ma bonne dame », même si tout le reste de l'échographie morphologique était normal, que TED a un adorable petit minois en 3D : je suis en panique. Terrifiée.

Tu dois me trouver chochotte : c'est pas comme si TED présentait une malformation cardiaque, ou qu'il lui manquait carrément un rein. On parle seulement d'hypothèse, à ce stade. N'empêche, je flippe ma race.

Le soir, entre deux crises d'angoisse, j'envoie le compte rendu au Créateur. Le lendemain matin, Il m'appelle sans que j'aie besoin de Le relancer.

Ce ne sont que des « détails anatomiques », il n'y a « pas lieu de s'alarmer », je dois « rester confiante », « les organes vont bien, c'est le principal ». D'après Lui, cette échographiste est réputée pour être méticuleuse. Sur cinq patientes qu'Il lui envoie, deux l'appellent dans la foulée, catastrophées. Je dois attendre et recontrôler dans trois semaines.

Et penser à respirer. À dormir. À manger.

« Qui joue en première base[1] ? »

Je rejoue le match, je donnerais n'importe quoi pour faire un REWIND à ce matin et enfiler un haut de couleur *jaune*. Je suis sûre que c'est ça. C'est moi qui ai tout gâché.

Et puis je déroule tout le reste : et si c'était parce que c'est une FIV ? Et si c'était les hormones que j'ai prises à haute dose pour stimuler mes ovaires ? Et si c'était les manipulations de l'embryon pour le transférer dans mon utérus ? Et si c'était à cause du décollement placentaire ?

Comment faire pour enterrer la PMette angoissée et devenir une véritable *Pregnant Bitch* en puissance, une qui savoure le voyage dans le train, sous le tintement délicat de son bola, en caressant amoureusement son ventre ? Comment je fais pour *profiter* si je me prends un retour de volée en pleine face chaque fois que j'ose lâcher la rampe ?

Dans le wagon, je suis sur le qui-vive. « Notre train est actuellement immobilisé en pleine voie. Pour votre sécurité, veuillez ne pas tenter d'ouvrir les portes. Nous vous remercions pour votre patience. » Est-ce qu'il s'arrête pour moi ? Vais-je être débarquée sur les rails ?

1. *Ibid.* Comme Raymond dans *Rain Man* et son *replay* mental, bienvenue dans mon stade intérieur.

Une amie me dit : « Essaie d'avoir des pensées positives, ça fait des enfants bien dans leur peau. »

Des pensées positives. Je n'ai que ça depuis avril. Je n'en peux plus des injonctions qui ajoutent à la culpabilité. Je vais imploser.

TED est là, dans mon ventre. SuperTED. Fécondation *in vitro*, congélation, deux mois de stockage dans une paillette, décongélation, transfert *in utero*, décollement placentaire et maintenant artère ombilicale unique et kystes aux plexus choroïdes. Rien n'est jamais gagné, chère DNLP.

Tu ne me lâcheras jamais la grappe, pas vrai ?

Avoir un mono-neurone

Celle avec la PB (pauvre de moi)

Avignon, hiver 2015-2016

Chère DNLP,

Il paraît que la *Pregnant Bitch* a le cerveau moins bien irrigué car tout son sang est priorisé vers son utérus. Je ne sais pas si c'est vrai, mais je vais te montrer aujourd'hui qu'une PMette angoissée donne *nécessairement* une PB flippée.

« Au quotidien, prenez les transports en commun »

Un matin, j'ai une course à faire dans le centre-ville d'Avignon. Je décide de prendre le bus plutôt que la voiture, histoire de contribuer à mes dix mille pas quotidiens.

Je marche donc tranquillou ce matin de novembre en chantonnant (parce que j'ai lu partout qu'il *faut* chanter pour que TED s'habitue à ma voix. Parler – même *beaucoup*, tu me connais – ne suffit visiblement pas). Je marche… et je vois le bus se rapprocher trop vite de l'arrêt. Pour réussir à le choper, il va falloir que je coure. Je monte dans le bus et je me jette sur la première place assise, profitant de mes dix minutes de trajet pour reprendre mon souffle.

En descendant du bus, je me sens *mouillée*.

Avec discrétion, je passe la main sur mon jean, fermé grâce à l'astucieuse technique de l'élastique au premier bouton, et… il est bien trempé. Précisément au niveau des fesses. Mode panique activé, on se croirait dans un épisode de *This is Us*[1], au jeu de Randall et Beth, le *Worst case scenario* : fissure-de-la-poche-des-eaux-au-cinquième-mois-immaturité-pulmonaire-naissance-prématurée-néonat-couveuse-décès. Vite-les-urgences-au-secours-j'aurais-pas-dû-courir-pour-ce-bus-c'était-une-connerie-bordel.

Je suis au beau milieu de la rue et je me vois mal baisser mon pantalon pour vérifier ce qu'il en est. Je me ressaisis et j'entre dans une crêperie (autant faire d'une pierre deux coups). Je commande une galette (sarrasin, sans gluten) au Nutella (d'aucuns savent qu'en cas d'urgence c'est indispensable, le Nutella). Pas de bol, les toilettes sont occupées. Je mange ma crêpe en me renseignant sur Doctimachin : *le liquide amniotique a-t-il une odeur ou une couleur particulière ?*

Les toilettes se libèrent, je fonce, je me déshabille et j'inspecte. Mon FDC est sec, mais mon jean, humide. Le liquide indéterminé serait-il sorti du dedans de moi par (pour rester dans le thème de la grossesse inoculé) l'*opération du Saint-Esprit* ou… le siège du bus était-il mouillé ? L'aspirante baleine que je suis ne se sent pas le courage de quitter bottes, chaussettes de contention et pantalon dans les toilettes de la crêperie. J'oublie la course à faire et je rentre directement chez moi (en bus). Je quitte mon jean la porte à peine passée et je renifle l'auréole qui a séché. Pas de doute, à cet endroit, ça sent le sucré. Et même, je suis formelle, la Volvic Fraise. Vu que, pendant mon premier trimestre de grossesse, cet élément a été un incontournable de mon alimentation, je

1. Série américaine avec beaucoup d'émotion et de drama (2016-2022).

ne peux me tromper. Et s'il y a bien une chose sur laquelle les gens de Doctimachin sont unanimes, c'est que le liquide amniotique ne sent *pas* sucré.

Moralité, la prochaine fois, je prends ma voiture, au diable l'empreinte écologique.

Le verdict

Début novembre, tu m'as fait un remarquable coup de Trafalgar.

J'ai dû patienter trois semaines. Le train en *stand by* au milieu de la voie.

Trois semaines à penser à bien respirer entre deux touchers de tête de lit. Alors non, ce n'est pas un nom de code pour parler de ma moufette. C'est à prendre au sens propre : la nuit, quand je me réveille et que mes angoisses m'empêchent de me rendormir, je me mets en mode Coué en me répétant : « Y a pas de raison, ma petite dame. Risque de trisomie = 1/1 483. TOUT. VA. BIEN. ALLER. » ET ! Je touche avec ma main notre tête de lit en bois massif. Qui a dit que j'étais superstitieuse ?

Ce matin, c'est le jour de l'échographie morphologique de contrôle. Celle qui va statuer sur TED et ses kystes aux plexus choroïdes. J'ai revêtu ma panoplie complète : tee-shirt jaune moutarde, grigris porte-bonheur, chaussettes girafes.

Je suis en train de me brosser les dents quand je réalise que, contrairement à ce qu'avait expressément demandé l'échographiste, j'ai oublié d'arrêter de badigeonner ma panse de baleine d'huile (de jojoba bio, anti-vergetures, *of course*) quarante-huit heures avant l'examen de ce matin. Voire, je m'en suis même tartiné le ventre avec une grande générosité hier soir. En un clin d'œil, retirée, la panoplie. À poil, la PB (tu me connais, je fais ça vite fait).

Je suis donc sous la douche, en train de frotter mon ventre avec application ET avec un savon exfoliant, et c'est là qu'intervient ma deuxième épiphanie de la journée : j'ai aussi zappé d'appeler quarante-huit heures avant pour confirmer mon rendez-vous. La boulette.

Dans la salle d'attente, je me maudis et je prie pour qu'ils n'aient pas refilé mon rendez-vous à une autre PB. Après trente minutes de retard à ronger mes ongles avec mes fanons, c'est à nous. Visiblement, peu importe que je n'aie pas confirmé mon rendez-vous. Peu importe que je fasse une parfaite baleine avec cinquante centimètres de graisse sur la peau de mon ventre. Les kystes ont disparu. Les kystes ont disparu ! *Dans un soubresaut, le train reprend sa course.*

J'ai bien envie de faire un câlin à l'échographiste, mais je ne suis pas sûre que son chemisier Chanel à 1 000 boules serait ravi de se faire tartiner de gel échographique.

Notre TED va bien et son artère ombilicale unique ne l'empêche visiblement pas de profiter, elle a rattrapé toutes les courbes de croissance et les percentiles qui me faisaient flipper. Chic, je vais pouvoir profiter.

Tambouille et carambouille

Profiter ? L'escroquerie !

À ce stade, je ne peux m'empêcher de penser que mon infertilité a *forcément* été causée par quelque chose (sans *jamais* me dire, et c'est frappant, que l'homme *aurait pu* en être responsable, c'est forcément ma faute *à moi*…).

- En tête des raisons de ma culpabilité ? La pilule contraceptive, que je prenais depuis mes seize ans « au cas où », « contre l'acné » et tout ce *bullshit* de magazine féminin. Douze ans de pilule en tout, aurais-je perturbé ma fertilité ? Et que dire de la pilule du lendemain, que j'ai prise, *my bad*, à deux reprises ?

- Les tonnes d'Advil que j'avalais comme des bonbons pour contrer mes migraines (justement causées par la pilule susmentionnée, quelle arnaque), alors que tout le monde sait que les anti-inflammatoires non stéroïdiens affectent la fertilité.
- Le micro-ondes dont mes parents se sont équipés au début des années 1990. Peut-on objectivement se fier à une cohabitation avec la première génération de micro-ondes domestiques (avec un recul discutable) alors que je devenais justement *pubère* ?
- Mon obsession pour la minceur, à une époque où j'affichais pourtant un corps que je serais aujourd'hui prête à troquer contre l'un de mes reins (les méandres de l'adolescence, encouragés par ma mère, sa [et ma] période Slimfast et le cholestérol de mon père qui me fera adopter la margarine allégée à la place du bon beurre de Normandie).
- Le vernis à ongles et sa liste d'ingrédients nocifs : toluène, formaldéhyde et le fameux dibutylphtalate, perturbateur endocrinien avéré.
- Et *last but not least*, le wifi. Il est partout ! D'ailleurs en bonne PB, je succombe aux sirènes d'un objet soi-disant révolutionnaire : le *Belly Army*, une sorte de bandeau ventral en tissu censé protéger le fœtus des ondes wifi. Ton épisode de l'échographie douteuse m'a ôté les dernières onces de sérénité qu'il pouvait me rester.

Je suis investie d'un devoir : *protéger TED à tout prix.* Aucun produit chimique ne traversera ma barrière placentaire. J'opère un tri drastique dans mes produits de beauté. Moi qui étais déjà pro-bio et anti-parabens/sulfates/silicone/phénoxyéthanol, avec cette grossesse que je porte comme un cadeau fragile, c'est adieu huiles essentielles, PEG et EDTA. Ma dernière coloration remonte à avant le transfert d'embryon, en mai. Autant dire que couvrir six mois de repousses argentées devient ici aussi urgent que d'appeler les secours en cas de début d'AVC. Je négocie avec moi-même, fais une concession sur la formulation contenant (horreur) des huiles essentielles et j'achète un *mascara bio* pour cheveux blancs, que je n'utilise que pour les grands soirs.

Question alimentation, entre la toxoplasmose, la listériose, et mon intolérance au gluten, je peux te dire que ça devient la grosse marrade pour trouver quoi manger. Qu'importe, je serai sérieuse, j'en fais la promesse, tu m'as suffisamment échaudée.

Parfois, je vais jusqu'à demander des choses bien précises au Créateur qui me répond d'un air mi-affligé, mi-assuré, avec Son bleu regard perçant, inclinant la tête que NON. Il n'y a « aucun risque à manger des œufs aux plats coulants et du chorizo en tranches s'il est industriel sous vide ». N'empêche. Je dirai adieu aux jaunes d'œufs dégoulinants pour un temps. Et je ne consommerai le chorizo qu'une fois cuit. On n'est jamais trop prudente.

« Surtout : profiiiiite, ça passe si vite ! »

J'ai toujours du mal. À presque six mois de grossesse, je ne me suis offert que deux vêtements de grossesse (des pantalons), je n'ai pas constitué de trousseau et la future chambre de TED est toujours un vague bureau. Quand je vais chez Ikea, certes, je m'autorise désormais à *passer* par le rayon enfant sans esquiver par le passage court, mais je me sens toujours illégitime.

Pourtant, je fais tout pour me réjouir. J'ai installé, non pas une, mais *deux* applis de suivi de grossesse sur mon iPhone. Comme si multiplier les preuves allait m'aider à accepter ma nouvelle réalité. Je suis enceinte : la semaine dernière d'une cobette (appli A), d'une aubergine (appli B) et cette semaine, je serai porteuse d'un pamplemousse ou d'une papaye. Je suis enceinte : il y a un bébé qui bouge dans mon ventre. Un bébé que je serais, d'après mes deux applis de suivi de grossesse, à cent jours de rencontrer. C'est surréaliste.

En décembre, les préparatifs des fêtes se profilent et, pour la première fois depuis huit années, mon ventre n'est pas vide.

Quand j'ai commencé à consulter le Créateur, je me suis souvent retrouvée avec des PB dans l'ascenseur qui mène à son cabinet. Des femmes enceintes, leur dossier-Graal sous le bras (celui avec une photo de ventre en gros plan dessus). Juste avant Noël, j'ai rendez-vous avec le Créateur pour la visite du septième mois. Pour monter, je suis avec une autre femme. Soudain, je prends conscience que la « fille au gros ventre de l'ascenseur » désormais, c'est moi. Je suis prise d'un léger vertige. En lui jetant un regard furtif, je me demande si l'autre fille est une PMette. Si elle aussi, elle galère. Ce qu'elle peut bien ressentir avec mon bidon sous ses yeux, dans ces trois mètres carrés. Mon cœur se serre à l'idée que tu continues à sévir ailleurs. Je rabats les pans de mon manteau sur mon ventre.

Pour conclure le rendez-vous du septième mois, le Créateur me lance : « Joyeuses fêtes, c'est votre dernier Noël sans bébé ! » Ça me fait tout drôle de le constater. Ça va vraiment arriver ?

PMette un jour, PMette toujours

Je commence mes cours de préparation à l'accouchement avec la femme du Créateur (qui se trouve être aussi sage-femme). J'y vais avec une légère appréhension et une pointe de jalousie : je m'apprête à découvrir la femme qui a l'honneur de partager Sa vie, l'hyperfertile qui Lui a donné cinq enfants.

Dès le premier cours, je ne me sens pas à ma place. Les autres PB ont au bas mot dix ans de moins que moi, elles respirent la PB C1, leurs bébés déjà tous positionnés tête en bas.

Des premières de la classe, probablement détentrices d'un pass Interrail dans le train de la maternité. Les quinze dernières minutes de la séance de sophrologie, je boucle en ravalant mes larmes sur le thème « Pourquoi suis-je la seule avec le bébé pas retourné ? », pendant qu'elles, radieuses dans leurs grossesses, déconnectent. Et profitent. Je me retiens de leur faire avaler leurs bolas.

Au cours suivant, Mme Créateur questionne l'assemblée face à elle.

Mme CRÉATEUR. Avez-vous déjà réfléchi au moyen de contraception que vous allez remettre en place après votre accouchement ?

Remettre en place un moyen de contra… quoi ? Après huit ans d'arrêt de pilule, j'avais presque oublié ce *léger* détail. Ça parle stérilet, pilule et préservatif. Chacune s'est exprimée, Mme CRÉATEUR (*me donnant la parole*) : Et vous ?

Yeux braqués sur moi. Je pensais qu'on m'oublierait. Coup de chaud sur mon ballon.

MOI (*prenant la parole d'une voix mal assurée*) : Nous sommes un couple d'infertiles, alors bon. Euh. La contraception, voyez, c'est un peu abstrait. Ça fait huit ans que je n'en ai plus.

Mme CRÉATEUR (*experte*) : Mais *on ne sait jamais*.

MOI (*ironique, un air de défiance dans les yeux*) : Oui, au cas où cette grossesse nous aurait miraculeusement *guéris*.

Mme CRÉATEUR (*piquée*) : Mais vous ne croyez pas si bien dire, justement, j'ai eu une patiente *stérile* qui est retombée enceinte juste à son retour de couches ! Et pourtant son mari et elle avaient un double facteur de *stérilité* : elle avait des cycles désordonnés et lui faisait de l'asthénospermie, ils sont passés par une fécondation *in vitro* IMSI[1] pour la première grossesse, c'est dire !

Mon poil se hérisse quand j'entends « stérile » et « stérilité ». Je me sens attaquée, une rage sourde gronde en moi. INFERTILE bordel ! La meuf n'était pas *stérile*, puisqu'elle a eu deux enfants. En tant qu'épouse du Créateur, spécialiste de l'infertilité sur Avignon, Mme Créateur ne peut pas se permettre de dire n'importe quoi. Je lui réponds que nous sommes des *infertiles inexpliqués*, en insistant bien sur le premier mot.

Et là, je crois rêver, Mme Créateur me sort l'exemple attendu de son autre patiente *stérile*, retombée enceinte *miraculeusement* trois mois après son premier, mais qui a décidé *d'avorter* (alors qu'elle était *stérile*, vous imaginez !) parce que ce n'était pas le bon moment pour elle. La vie, quand même, toussa. Pfiou.

Mme CRÉATEUR (*concluant, satisfaite*) : Raison de plus pour reprendre une contraception, dans votre cas, comme c'était ~~visiblement dans votre tête~~ *inexpliqué*. (*Puis, reprenant*) Sauf… Sauf si votre souhait est de retomber enceinte très vite…

UNE PB-C1-JE-SAIS-TOUT (*gloussant*) : Hihihi, oui, si ça se trouve, ça va marcher tout seul et vous allez nous faire des triplés dans la foulée, attention !

Rires et regards de connivence entre PB. Solitude.

1. Injection intracytoplasmique de spermatozoïdes morphologiquement sélectionnés (de l'anglais *Intra-cytoplasmic Morphologically Selected Sperm Injection*). Version VIP de la FIV, où chaque spermatozoïde passe sur le gril de la haute couture microscopique avant d'être invité à l'ovule.

PB-C1-JE-ME-FAIS-DES-COLORATIONS-ACAJOU-RIEN-À-BATTRE-D'ÊTRE-ENCEINTE (*ajoute, m'examinant de haut en bas*) : Mais, de toute façon, ce n'est pas votre première grossesse quand même… si ?

Alors oui (connasse) j'ai des cheveux blancs (rapport au fait que, *personnellement*, j'ai décidé de faire l'impasse sur TOUS les produits chimiques pour ne pas les transmettre à TED).

Oui, j'ai objectivement *au moins* dix ans de plus qu'elle.

Mais je viens de dire qu'on était infertiles *depuis huit ans. Qu'elle suive un peu, bordel.*

Je suis abasourdie. « Si, c'est bien ma première grossesse ~~je te fais cadeau de ma GEU et de ma FC.~~ »

Je rentre furax à la maison, en me disant qu'on devrait avoir des cours de prépa à l'accouchement spéciaux pour PMettes. Parce qu'entre nous, on se comprendrait vraiment, on serait moins indélicates. Mais en vrai, si on s'isole entre infertiles, comment faire pour que l'infertilité ne soit plus un tabou ?

Je me suis sentie attaquée. Force est de constater que la PMette est toujours là, malgré la peau du ventre tendue.

Cette fille-là

En attendant, je suis donc devenue cette fille-là.

Celle qui, en faisant le tour des concessionnaires, regarde la taille des coffres des voitures *avant* tout le reste.

Celle qui caresse amoureusement son ventre en faisant tinter son bola.

Celle qui prend des cours d'haptonomie avec une sage-femme incroyable pour communiquer avec son bébé.

Pourtant…

Je suis aussi celle qui fait parfois marche arrière quand elle passe distraitement devant un miroir, s'étonnant encore de son propre reflet, détaillant son ventre sous toutes les coutures : alors, c'était *possible* ? Genre, vraiment ?

Celle qui pleure à gros sanglots en voyant le lit à barreaux monté par son mari dans la future chambre du bébé. Le bureau devient une chambre. C'est arrivé.

Celle qui continue à toucher du bois la nuit, quand ses angoisses, insidieuses, refont surface et l'empêchent de se rendormir.

Celle qui a *toujours* le réflexe, jour *et* nuit, et à *chacun* de ses passages aux toilettes, de regarder si le PQ reste bien d'un « blanc immaculé ».

La PMA a laissé des traces tenaces sur *cette fille-là*. J'ai beau être une PB, je reste avant tout une PMette. CQFD.

Sans foi ni loi

Celle où je joue la justicière de la PMA

Avignon, automne 2023

Chère DNLP,

Pour la deuxième fois depuis que je t'adresse cette correspondance, je m'autorise une incursion dans le futur : je t'écris de fin septembre 2023.

Je viens d'avoir quarante-trois ans. Un âge symbolique pour une PMette car, en France, le prélèvement des ovocytes est autorisé jusqu'au jour du quarante-troisième anniversaire[1]. Le délai pour réaliser une procréation médicalement assistée, lui, est porté au jour des quarante-cinq ans de la patiente.

« Donnez, donnez, do-donnez/Donnez, donnez-moi »

À une époque pourtant pas si lointaine, je me disais que le moment venu, si j'avais enfin l'enfant que j'espérais depuis si longtemps, je ferais don de mes ovocytes[2]. Histoire d'offrir

1. Voir www.service-public.fr/particuliers/vosdroits/F31462.
2. Voir www.dondovocytes.fr/.

une chance à une PMette restée à quai. Et puis moi, j'en ai un maximum, des ovocytes, tu en sais quelque chose.

Le protocole de soin pour un don de gamètes, je le connaissais. Identique à celui d'une PMA « pour soi » : stimulation, déclenchement de l'ovulation, ponction. Je craignais bien entendu le risque d'une hyperstimulation lié à la stimulation ovarienne, mais je voulais faire ce geste désintéressé. Comme le disait la campagne 2018 de l'Agence de biomédecine : « Les plus beaux cadeaux ne sont pas forcément les plus gros. »

Et puis (non, je ne te ferai pas le plaisir d'écrire « grâce à toi » : tu nous as bien savonné la planche) j'ai eu non pas un, mais DEUX enfants. Et alors j'ai été prise dans le tourbillon du post-partum. Et j'ai enchaîné avec la tornade de la parentalité. Aujourd'hui, et en à peine plus de temps qu'il n'en faut pour dire « procréation médicalement assistée », ma grande rentre en CE2 et ma petite, en grande section.

Et moi, je viens donc d'avoir quarante-trois ans. Autrement dit, c'est foutu pour donner mes ovocytes. Je le regrette, même si rien ne sert de s'apitoyer.

Pour être honnête, repartir dans une stimulation ovarienne avant la scolarisation de ma puînée m'aurait semblé tout à fait impossible à gérer. Deux enfants de moins de cinq ans, ça occupe… pas mal. Surtout que pile à cette époque il y a eu le COVID, les confinements et maman qui s'oublie pour gérer les enfants pendant que papa était réquisitionné au titre de « l'effort de guerre ».

Tu peux me traiter de « petite nature » si tu veux, les piqûres à heure fixe, les rendez-vous médicaux à honorer et les effets secondaires du protocole couplés aux petits bobos du quotidien, aux enfantillages, aux elle-a-de-la-fièvre-je-la-garde-à-la-maison et autres joyeusetés de parents exténués, ça m'aurait semblé les douze travaux d'Hercule. Héroïques

PMettes primipares de France et de Navarre, qui remettez ça pour un deuxième (voire un troisième), vous avez mon respect éternel.

Je ne me cherche pas d'excuse, je t'explique le contexte. Et loin de moi l'idée de me plaindre du double cadeau (à couettes, se chamaillant continuellement) que, dans ta grande mansuétude, tu as consenti à m'accorder.

Quand ma petite a eu trois ans, en 2021, la loi de bioéthique[1] a été modifiée permettant désormais aux personnes issues d'un don de gamètes (ou d'embryons) de prétendre à leur majorité avoir accès à l'identité du ou des donneur(s) qui ont permis leur naissance mais aussi à des informations non identifiantes. Soyons claires, je ne suis pas certaine que j'aurais été cap d'assumer cette potentialité. Tu peux dire que je me suis arrangée avec ces raisons. (Lâchement) estompé, mon regret de n'avoir pas à temps, donné. (Jette-moi des cailloux.)

Aux armes, PMettes !

Au moment du récit où je t'ai laissée avec mon précédent courrier soit à l'hiver 2015, alors que je suis enceinte, une autre loi s'apprête à être votée. Elle vise à autoriser les PMettes à des absences professionnelles justifiées pour recourir aux examens liés à leur désir d'enfant.

Avec ce projet de loi, c'est l'effervescence dans les communautés de PMettes. Nous qui, pour la plupart, mentons à nos employeurs, nous nous apprêtons à obtenir *un droit* pour vivre au grand jour notre infertilité. Pourquoi mentir ? Parce qu'officialiser son parcours de PMA, c'est officialiser par là même son désir de maternité et souvent, signer tout

1. Voir www.dondovocytes.fr/ce-que-dit-la-loi/.

de go l'arrêt de mort de sa carrière professionnelle. Alors, quasiment toutes à l'unisson, nous mentons.

Ce projet de loi réveille le militantisme PMesque. BAMP!, l'association de patients et d'ex-patients de PMA dont je fais partie, nous invite chacune à nous mobiliser et à contacter nos députés[1]. Pour faire entendre nos voix. Pour que l'amendement soit voté. Parce que, si ça ne changera pas le monde, nous sommes convaincues que c'est par ce genre de petites actions qu'un jour le tabou de l'infertilité sera levé.

Sur Twitter, je hèle la députée de la première circonscription du Vaucluse de l'époque, Michèle Fournier-Armand. Aucune réaction. Elle et moi sommes quasiment voisines, je passe souvent devant sa maison. Tu me connais, comme je ne suis pas du genre à mâcher mes mots, et que les lettres, sans le savoir, c'est déjà ma came, il ne m'en faut pas plus pour prendre le clavier.

« Écris l'histoire » (comment ça j'exagère ?)

Dans cette lettre, je commence par lui présenter mon parcours et les « quatre inséminations artificielles, trois FIV et deux transferts d'embryons qui ont été nécessaires pour porter aujourd'hui cette citoyenne de demain » en insistant sur le fait que nous sommes « conscients de la chance inouïe que nous avons de faire partie des 50 % (seulement) de couples infertiles qui, grâce à des équipes médicales et à notre système de protection sociale, sortent de ce parcours d'assistance médicale à la procréation avec un enfant dans les bras ».

1. Voir www.bamp.fr/2015/10/06/quels-deputes-navez-vous-pas-encore-contacte-personnellement/.

Mais surtout, j'insiste sur un point primordial : ma décision de « taire le parcours d'AMP[1] dans lequel j'étais engagée » au travail. Malgré les « trésors d'ingéniosité » que j'ai développés pour cacher ma situation de PMette à mon employeur, « ma vie professionnelle a considérablement changé ».

Je lui rappelle que le protocole de PMA « nécessite des injections quotidiennes d'hormones à heure fixe (parfois avec l'aide d'un infirmier à domicile), une surveillance médicale toutes les quarante-huit heures, avec des rendez-vous aux aurores au centre AMP pour des surveillances échographiques et des prises de sang, à des heures imposées auxquelles on ne peut déroger. Et ce, parfois pendant plusieurs semaines ». Protocole auquel, dans le cadre d'une FIV, il faut ajouter « l'hospitalisation nécessaire à la ponction ovocytaire, les complications qui en découlent parfois et entraînent alors un alitement de plusieurs jours » avant de pouvoir espérer un transfert d'embryon.

Je lui explique la difficulté de concilier cet emploi du temps intenable avec une carrière professionnelle. Continuer à « arriver à l'heure au travail ; poser des congés à la dernière minute lorsque le planning professionnel est incompatible avec le protocole AMP ; voire, si le solde de congés est épuisé, si l'employeur n'accepte pas le congé impromptu ou si un déplacement professionnel venait à "tomber" en plein protocole, se "résoudre" à un arrêt de travail. Sans oublier de se cacher sur son lieu de travail pour passer des coups de fil et parler utérus, embryons ou spermogramme avec son centre AMP ».

Je lui avoue « mes retards, mes absences, mes arrêts de travail, mes refus de déplacements, mes congés pris

1. Assistance Médicale à la Procréation.

en dernière minute m'ont classée dans la catégorie des "employés peu fiables" et de fait, je n'ai pas tardé à être "placardisée" ». Et alors qu'à la culpabilité de ne pas arriver à procréer s'est ajoutée « la culpabilité d'être la responsable du "sabotage" de ma propre carrière professionnelle ».

« Impossible de rectifier le tir sans m'investir plus professionnellement, impossible de m'investir plus professionnellement avec ce protocole d'AMP » : même si j'aurais préféré ne pas « mettre entre parenthèses ma carrière professionnelle », ce dilemme a déclenché le départ de mon emploi de salariée pour privilégier notre volonté de fonder une famille.

Enfin, je lui rappelle qu'un « amendement proposé et voté par le Sénat, entrant dans le projet de Loi de modernisation du système de santé, permettrait aux femmes en parcours d'AMP d'être enfin aussi bien protégées que les donneuses d'ovocytes (article L.1244-5 du code de la santé publique) » ; amendement « qui améliorerait grandement le quotidien des femmes en protocole AMP ». Et je conclus en enfonçant le clou (avec toute la grandiloquence nécessaire) : « Il s'agit des citoyens d'aujourd'hui et de demain, il s'agit de discrimination, de santé publique, de notre avenir. Aussi, c'est très sincèrement que j'espère votre soutien à notre cause lors du vote de cet amendement à l'Assemblée nationale. »

Et puis je dépose le pli dans sa boîte aux lettres.

« ***You've got mail!*** »

Quinze jours plus tard, et alors que je commence à me demander si le dépôt d'une lettre *officielle* dans une boîte aux lettres *personnelle* n'était pas un chouïa trop audacieux, ma députée me répond sur un beau papier à en-tête de l'Assemblée nationale d'au moins 120 g/m^2.

Dans ce courrier, après un petit interlude publicitaire pour son parti politique qui « met un point d'honneur au respect de l'égalité homme-femme », elle se dit informée de l'amendement proposé et adopté par le Sénat, de la proposition de BAMP!, et qu'elle ne manquera pas de rester « vigilante et de soutenir, dans le cadre du projet de loi de modernisation du système de santé, les amendements susceptibles de promouvoir toute avancée sociale en faveur des femmes dans leur parcours d'AMP ». Son vote est acquis. Je n'y suis peut-être pour rien, mais en justicière de la PMA, je me sens *badass* quand même (et je ne dis pas ça parce qu'elle salue mon « engagement exemplaire de femme courageuse et déterminée ». Mais quand même).

Partout en France, les initiatives se multiplient. Quelques mois plus tard, l'amendement sur l'autorisation d'absence est voté. Le code du travail est modifié. C'est une victoire pour la communauté des PMettes.

Où en sommes-nous aujourd'hui, en 2023 ?

J'ai parlé de cette loi sur LinkedIn[1] en septembre 2022. Et, pour tout te dire, ce post, sa visibilité, les réactions (voire les *coming out*) qu'il a suscitées, ont été un des catalyseurs pour démarrer cette correspondance avec toi.

Mais, avec le recul, et même si cette loi avait existé alors que j'étais en PMA, je ne crois pas que je l'aurais utilisée.

La vie, la vraie

Demander cette autorisation d'absence à mon employeur, ç'aurait été accepter de me montrer vulnérable, en situation

1. « J'ai menti à mon employeur pendant 7 ans » ; voir https://bit.ly/4k6QtDb.

d'échec. Ç'aurait été mélanger le pro et le perso, m'affubler d'une étiquette. Non seulement assumer mon infertilité, mais surtout, rendre officiel mon désir de maternité. Et, n'ayons pas peur des mots, risquer d'être « placardisée ».

Discriminer la salariée en PMA ? Grands dieux : JAMAIS ! Pas de ça ici ! Nous sommes toutes des entreprises respectables, enfin madame.

Évidemment.

Pourtant, en tenant uniquement compte du risque opérationnel : des absences imprévisibles, puis une grossesse « potentielle », c'est pas un peu la double peine ?

Je n'ai jamais vu *personne* dire tout haut : « Cher employeur, j'ai arrêté mon contraceptif, attendez-vous donc bientôt à mon congé mat'. Bisous. » Personne.

Et pour cause : depuis toujours, les femmes (même les fertiles !) cachent leur intention de grossesse en entreprise. Prétextant qu'une grossesse de moins de douze semaines est fragile et donc incertaine.

Mais soyons honnêtes, ce n'est pas *l'unique* raison. L'autre est que, si la grossesse venait à capoter, la femme serait de toute manière cataloguée : a eu un souhait de maternité > prévoir congé maternité à venir > employée peu fiable.

Je le déplore, mais je n'ai pas peur de l'écrire. Aujourd'hui encore, la grossesse représente un frein dans la carrière de la femme salariée.

L'homme dans tout ça ? Aucun problème, il peut procréer. Sur sa carrière à lui, aucun impact. Mieux, faisant de lui un de ces nouveaux pères engagés et aimants, cela lui donnera un petit vernis responsable, voire *sexy*. Il risque même de bénéficier d'une promotion !

C'est bien connu, c'est à *maman* qu'incomberont les arrêts de travail de dernière minute parce qu'il faut soigner une gastro ou honorer un rendez-vous chez le pédiatre. C'est *bibi*, encore, qui aura des nuits morcelées, pour consoler, retrouver un doudou ou donner un Doliprane et donc c'est *bibi* qui, demain, aura une productivité à chier.

C'est *mamoune* qui réclamera un congé allaitement pour donner la priorité à son bébé et qui partira à 16 h 30 le soir pour aller chercher les mouflets à l'école.

C'est *minou* qui aura la tête pleine à craquer de cases à cocher : acheter des couches, trouver une baby-sitter pour samedi soir, prendre rendez-vous chez l'orthodontiste, penser à récupérer les vaccins avant le rendez-vous des six ans, laver les doudous (en cachette pour éviter les crises de larmes), faire réviser la dictée et réciter la poésie, faire le point sur les vêtements d'hiver devenus trop courts/trop petits, réserver le centre aéré pour cet été, cuisiner bio local ET de saison, faire ingurgiter au moins deux cent quatre-vingts grammes de légumes à la progéniture, donner l'ampoule de vitamine D, couper les ongles, traiter les poux, nettoyer les oreilles, brosser les dents, emmener le petit au judo et la grande à la danse pour qu'ils aient leur quota d'activité physique quotidienne et évitent l'obésité, ne jamais les mettre devant la télé avant trois ans, mais trouver un moyen de les occuper sans qu'ils s'étripent en hurlant le temps qu'on finisse cette près' qu'on a promise pour hier soir…

BREF.

C'est *injuste*, et les mentalités seront longues à changer.

L'égalité homme-femme ?

Laisse-moi rire, c'est biaisé.

On aura beau voter des lois, partager le congé parental, (tenter de) changer nos hommes : en grande prêtresse de la fertilité, les règles du jeu, tu en fais bien ce que tu veux.

UPSIDE DOWN

Celle avec tout le PAF dedans (mais sans les Chocapic[1]*)*

Avignon, premier trimestre 2016

Chère DNLP,

Le train a continué sa route, avec parfois quelques gares amusantes. Tiens, par exemple, l'arrêt « dépistage du diabète gestationnel ». Je suis presque sûre que c'est une étape de parcours de PB dont tu te délectes, confortablement installée dans ton fauteuil en velours rouge, dans le fond de la salle, un seau de pop-corn à la main, non ?

Ce test obligatoire, et digne d'une épreuve de « Koh-Lanta », consiste à avaler d'une traite un infâme liquide orange et sirupeux, en contrôlant la glycémie de la patiente avant et après l'ingurgitation. *In utero*, bébé profite (tu penses) de ce *shoot* équivalent à quinze morceaux de sucre pour s'entraîner au *Mawashi-geri*[2] dans le ventre de la *Pregnant Bitch*. PB qui digère son glucose sur le banc de

1. Clin d'œil croustillant à une publicité Nestlé de 1998 pour les céréales Chocapic et sa phrase culte « Et paf! Ça fait des Chocapic ! ».
2. Technique de coup de pied circulaire venant des arts martiaux japonais ou comment un bébé *in utero* devient un disciple de Jackie Chan.

la salle d'attente, au bord de la nausée, angoissant que les colorants puissent traverser la barrière placentaire. Qu'est-ce qu'on se marre.

N'oubliez pas les paroles

Fin janvier, lorsque le Créateur me reçoit pour la visite du huitième mois, je suis à maximum six semaines d'accoucher et Claudine a beau être longue et bien fermée (Claudine/le col, faut-il encore préciser ?), TED est toujours *en siège*.

Comme elle gigote beaucoup et a apparemment de l'avenir en contorsionnisme (je vais pouvoir la préinscrire en sport-études *option* cirque. Ou rugby, parce que parfois elle tente un retournement mais s'arrête en travers : tête à 3 heures et fesses à 9 heures. Agréable. Et seyant), le Créateur décide de lui laisser sa chance et de me revoir trois semaines plus tard.

Si à cette date TED ne s'est pas retournée, Il programmera une césarienne à quarante semaines d'aménorrhée. Selon Lui, et en ma qualité de nullipare, prendre le risque d'un accouchement en siège par voie basse, c'est de la folie. Mouais. Prendre le risque que je fasse une crise d'angoisse apoplexique sur la table d'opération de la césarienne, aussi. Ça s'étudie.

Pour inciter à la version « naturelle », nous tentons le tout pour le tout : homéopathie + acupuncture grâce à la… moxibustion. J'avoue que celle-là, je ne l'avais pas vue venir. Nous voici l'homme et moi à reproduire chaque soir et pendant vingt minutes le geste hebdomadaire de mon acupuncteur : chauffer, grâce à un moxa, un point situé sur la face externe de chaque petit orteil.

Et histoire de mettre toutes les chances de notre côté, l'homme ajoute sa touche personnelle : j'écoute en boucle une *playlist* à base de chansons dont le titre est à thème : « Spinning Around », de Kylie Minogue, « Upside Down », de Jack Johnson, « Turn The Beat Around », « Get Get Down » et « Shake Your Body (Down to the Ground) ».

Au milieu de toutes ces tentatives ~~désespérées~~, tu commences à me connaître, je ne peux m'empêcher de penser que c'est MOI qui induis ce comportement à mon bébé, tellement je suis angoissée à l'idée qu'elle soit prématurée et meure dans d'horribles circonstances tragiques.

Si j'accouchais par césarienne, la boucle serait bouclée, n'est-ce pas ? *Pas foutue de faire un gosse toute seule, pas foutue non plus d'accoucher naturellement.* La mort dans l'âme, je modifie mon projet de naissance en faisant une version « césarienne » à remettre à la clinique.

Qui veut gagner des millions ?

Le retournement, j'y crois jusqu'au dernier moment. Mais le 25 février, à 40 SA, veille de la date de césarienne programmée, TED ne s'est toujours pas retournée. Je me prépare donc pour mon rendez-vous-sentence du lendemain avec un incroyable tour de force (également digne d'une épreuve de « Fort Boyard »), j'ai nommé l'Épilation chattale à neuf mois de grossesse.

Histoire de bien dégager la zone de l'incision et m'éviter une tonte au rasoir en bonne et due forme par l'équipe soignante le jour J. Et *surtout*, m'épargner l'agréable repousse de poil au milieu d'une cicatrice de césarienne : tu ne m'auras pas comme ça.

Matériel nécessaire ? Un miroir, un tabouret ET un marchepied, une musique zen, un (long) moment de tranquillité. Malgré cette installation au poil (uh uh), j'en bave, j'en pleure à me donner des contractions, et je supplie TED :

c'est le dernier moment pour se retourner. Finalement, je capitule, mets ma dignité de côté et je ~~tente le coup de fil à un ami~~ demande à l'homme de me filer un coup de main pour terminer.

26 février 2016, jour de la césarienne programmée. Nuit morcelée, ventre qui tire, contractions. Valise de maternité bouclée et chargée dans le coffre. Le Créateur me reçoit à la clinique dans Son pyjama de bloc et Ses Crocs bleues.

C'est l'heure du 50-50.

Endochattale, de prime abord, pour vérifier Claudine. Même pas le temps de dire ouf qu'elle est toujours bien longue et désespérément fermée, Il sursaute, interloqué :

« Eh bien, TED a la tête en bas, la coquine ! Regardez ! »

L'homme et moi n'en revenons pas. Écho externe, sa tête dodeline.

Je me rhabille, abasourdie. Tu nous as encore bien eus. Au placard, la valise de maternité. Le public a voté : j'ai gagné deux semaines de sursis.

Les douze coups de midi

Le 4 mars 2016, jour du terme théorique, j'attends.

Tout est prêt : la chambre, la valise, le sac pour la salle de naissance et, bien entendu, mon épilation chattale intégrale.

Après quatre mises à jour, notre projet de naissance est prêt, lui aussi. En bonne PB flippée, j'ai peur. Si c'est quelqu'un d'autre que le Créateur qui m'accouche ? Pire, si je dois accoucher ailleurs en urgence ? Si dans la panique/l'euphorie/l'émotion, on oublie de dire ou faire quelque chose ?

Même si le Créateur a imperceptiblement levé les yeux au ciel quand j'ai osé aborder le sujet du projet de naissance, je pense qu'Il n'en attendait pas moins venant de Sa PMette au long cours et Il s'est abstenu de tout commentaire. Cela me paraît important d'écrire nos souhaits, noir sur blanc. Et de les donner à la clinique, en arrivant.

Enfin, si on va à la clinique un jour.

Si TED décide de sortir.

5 % des bébés naissent le jour du terme. *Et j'attends et j'attends.*

Cinq jours plus tard, le Créateur me reçoit après ses contrôles de PMA. Il me lance :

« Alors, madame Bortolotti ? Vous savez, il y a un moment où il faut y aller ! »

Claudine est toujours « bien postérieure, longue et fermée » (quelle feignasse). TED, elle, barbote dans sa piscine. Le Créateur est jouasse :

« S'il ne s'agissait pas d'une grossesse issue d'une FIV, avec un tel examen clinique, je me dirais que je me suis trompé dans la datation et qu'il vous reste encore deux semaines ! »

Je demande, timide, s'il est possible que je fasse de la « rétention de bébé ». Il rit franchement maintenant :

« Impossible. La preuve : les bébés qui naissent prématurément, ce n'est pas parce que leurs mères veulent à tout prix qu'ils sortent ! »

L'explication me convainc moyen. Il enfonce le clou en m'indiquant que Sa propre femme, sur cinq grossesses, a fait cinq dépassements de terme.

« La part du psychique, dans tout ça, on ne la maîtrise pas. Le moment où bébé se décide à sortir, c'est un paramètre *magique* qui nous échappe. »

(Là, je m'abstiens de lui rétorquer que c'est évidemment toi, dans ton nuage *magique*, qui donnes sans doute la cuillère de potion *magique* autorisant les bébés à sortir au moment *magique*. Sinon, c'est pas à la clinique que le

Créateur me ferait hospitaliser le lendemain, mais directement à Sainte-Anne.)

On va devoir déclencher l'accouchement avec un tampon de prostaglandine.

Si Claudine se décide à lâcher du lest et que le travail démarre, tant mieux (si le travail ne l'aide pas, on l'aidera avec des perfusions d'ocytocine).

Et si Claudine, malgré tout, ne lâche rien, on lui laisse vingt-quatre heures, mais le lendemain, ce sera césarienne.

Cette éventualité mécontente le Créateur. Je sens qu'on Le déçoit, TED et moi : Il déteste les déclenchements.

Mode Ninja Warrior activé

Désespérée : « TED : en fait, je m'en fous des nombres premiers. Viens tout de suite, OSEF que tu naisses le 9 ou le 10, en vrai. »

Maîtresse-chanteuse : « TED : n'énerve pas ta future mère, qui, je te le rappelle, détient le téton nourricier. »

Menaçante : « TED : tu as moins de vingt-quatre heures pour te décider. Pour “me déclencher”, je vais t'aider en me gavant de chips tartinées au Nutella, arrosées de tisane de framboisier très infusée. Je te promets que tu ne vas pas aimer. Sors de là. SORS ! La clepsyyyydre ! »

TED et moi, on est au pied du ~~Mega~~ Mur.

Allez, fais pas ta radine, file une grande rasade de potion magique qui fait sortir les bébés, chère DNLP.

La vie

Celle qui fait « Tadaaam »
avec un TW mièvrerie dedans

Avignon, 11 mars 2016

Chère DNLP,

Je t'écris d'octobre 2023 et je n'en reviens pas d'être arrivée jusque-là. Non pas que je n'y croyais pas. Parce que je suis une fille qui va jusqu'au bout des choses (t'as vu). Mais quand j'ai commencé à t'écrire, j'étais surtout mue par le besoin quasi viscéral de raconter enfin cette histoire que j'avais chevillée au corps. Me replonger dans des épisodes comiques ou dramatiques de mon parcours de PMA n'a pas été un chemin facile. Au nom de la catharsis, tu m'as fait revivre ces moments difficiles, raconter mon parcours singulier de PMA. Jusqu'à l'issue. Et l'issue, justement, nous y voilà.

« Bonjour, bébé, tu es un miracle. »

Tu peux trouver ça mièvre, mais ce sont les premiers mots que j'ai prononcés à l'attention de mon bébé. J'aurais pu dire, comme à l'accoutumée (et à mon corps défendant) : Un. *Putain*. De. Miracle. Mais ça aurait fait mauvais genre.

Jeudi 10 mars 2016

Toute la nuit dernière, j'ai attendu un Miracle de la Nature. Des contractions. Une rupture de la poche des eaux. Un début de travail. Quelque chose.

RIEN.

TED est dans mon ventre à gigoter mais elle n'a pas l'air décidée. Elle est bien, là où elle est.

Toutes ces années à me lamenter que mon dedans de moi était inhospitalier. Puis toute cette grossesse à angoisser d'une prématurité. Pour arriver là, à 42 SA + 1 jour, avec une Claudine postérieure, longue et bien fermée. Quelle arnaque.

Je suis peut-être une espèce mutante. Un genre de PMette-éléphante.

Le risque d'accouchement d'un enfant mort-né est multiplié par trois à 42 SA, le Créateur ne veut prendre aucun risque, alors aujourd'hui est prévu le déclenchement de mon accouchement.

8 heures

La sage-femme qui me prend en charge se présente. Je me garde bien de lui dire que son prénom, à une voyelle près, est celui que nous avons choisi pour TED. Je suis superstitieuse, le prénom restera secret. Elle a l'air d'avoir dix-huit ans, elle est toute menue et elle galère pour examiner Claudine avec ses mains minuscules. Le Créateur passe nous voir, débriefe avec elle. Elle me pose un tampon de prostaglandine, pour ramollir Claudine.

Six heures s'écoulent et il ne se passe absolument rien. Enfin il se passe plein de choses, mais rien du côté de TED. On remet notre projet de naissance à l'équipe soignante, on remplit le dossier, l'homme fait les formalités d'admission à l'accueil, le Créateur repasse nous voir, je fais du ballon, je me pends avec des sangles dans la salle nature, on parle à TED, on fait de l'haptonomie, on se promène dans tous les services (c'est la journée de sensibilisation au cancer colorectal, y a des animations trop cool un peu partout dans la clinique, avec des brochettes de fruits frais gratis, mais même à quelques heures de la naissance, j'angoisse toujours trop de la toxoplasmose pour m'en approcher ne serait-ce qu'à moins d'un mètre) et on fait des monitos. J'ai bien des contractions mais non douloureuses. On achète un sandwich à l'homme, j'ai droit à un plateau-repas (haricot vert/poulet grillé) et on mange en tête à tête dans la salle d'accouchement.

Puis on décide d'aller marcher au soleil sur le parvis de la clinique. Entrant dans son cabinet, depuis la coursive du bâtiment d'en face, le Créateur nous aperçoit. Il lance : « Alors ? » Je réponds : « Rien ! » Il fait mine que je devrais courir et sauter. Mouais. Je désespère.

14 h 30

Je suis en train de faire du ballon dans la salle nature en écoutant de la musique zen quand soudain, j'ai enfin des contractions. J'en pleure : la prostaglandine fonctionne. À toi de jouer, Claudine.

Pendant cinq heures, j'ai des contractions toutes les cinq minutes. Ça pique. Je fais des belles courbes sur l'écran et de belles marques d'ongles dans les mains de l'homme. D'après les monitos, TED encaisse super bien.

La sage-femme juvénile essaie de me trifouiller pour examiner Claudine, elle ne s'en sort pas, avec ses petits doigts.

Dans la salle d'accouchement d'à côté, j'entends le Créateur encourager une PB à pousser. Puis, des cris de bébé. Je ne peux m'empêcher de chialer.

Le Créateur passe juste après, tout content d'apprendre que mes contractions ont commencé. Il faut continuer d'attendre.

20 heures. Ça fait douze heures qu'on est ici, relève de la garde. Une nouvelle sage-femme vient se présenter. Elle m'examine. Claudine fait de la résistance et ne veut pas dilater.

21 heures. J'ai fait un nombre incalculable de monitos : le petit tas de feuilles qui s'imprime est épais comme le *Larousse de poche*. On me renvoie claudicante en chambre, avec juste une soupe et une compote pour le dîner : au cas où. En loucedé, j'engloutis la moitié du risotto de l'homme.

Je vais faire pipi. Et quand je me redresse, c'est la douche : je comprends que je viens de fissurer la poche des eaux. Dans la bataille, je perds le tampon de prostaglandine. Je prends une douche, je me change et on repart en salle d'accouchement.

Claudine est dilatée d'un centimètre, et comme prévu, le travail s'intensifie, avec des contractions toutes les trois/quatre minutes. Je m'accroche à l'idée que l'accouchement est proche.

11 mars 2016, 3 heures. Claudine n'est qu'à un centimètre et demi. On me donne un calmant en perfusion et je retourne en chambre. Les contractions sont moins douloureuses. Je somnole.

7 heures. Salle d'accouchement, avec le sac de naissance. Claudine n'ira pas plus loin. La césarienne se profile. J'enfile une blouse, la même que pour les ponctions (souvenir-souvenir).

Je caresse mon ventre et je dis à TED qu'il va falloir sortir maintenant, même si ce n'était pas vraiment le plan, et qu'on a hâte de la rencontrer.

8 h 30. Avant de se préparer pour le bloc, le Créateur passe. Lumineux dans Sa chemise orange, Il nous ré-explique tout et conclut :

« Allez, je vais me préparer ! Dans une heure trente, vous serez parents ! »

Je chiale (évidemment).

9 h 30. Je suis au bloc. J'ai les fesses à l'air et il fait 16 °C. Il y a deux aides-opératoires, et elles avaient un joli nom mes guides, ce sont deux Nathalie. Plus une étudiante infirmière, qui « regarde ». En plaisantant sur le nouvel anesthésiste beau garçon de la clinique, les Nathalie comptent les compresses (un tas *impressionnant* de compresses). Je me retiens d'examiner le plateau où sont disposés les ustensiles, il m'a semblé voir une horrible lame de scalpel sous blister. L'anesthésiste arrive et, de ce corps que je devine dans son pyjama et sous son masque, il a effectivement l'air plutôt beau gosse.

LE CRÉATEUR (*passant la tête au bloc*) : Madame Bortolotti, on va y aller !

Moi, comme d'ordinaire, je plaisante : cinq paires d'yeux bleus rivés sur moi, avec les pyjamas, les masques et les calots assortis, ça fait drôlement joli.

LE CRÉATEUR (*qui rit*) : C'est ma patiente soucieuse des détails. Même au bloc, elle ne peut pas s'en empêcher, visiblement.

En vrai, je trompe l'ennemi, j'ai les jambes en barbe à papa.

MOI (*toujours sur la brèche pour voir les signes*) : Docteur Créateur ? Vous savez qu'on est le 11 mars ? Soit neuf mois jour pour jour après le transfert où Vous avez déposé cet embryon dans mon utérus.

LE CRÉATEUR (*sidéré*) : Incroyable. C'était écrit !

Je fais le dos rond dans les bras de Nathalie. TED donne des coups de pied et je réalise que ce sont les derniers. Je caresse mon ventre et lui murmure « à tout de suite ».

L'ANESTHÉSISTE (*voulant me piquer le dos pour l'anesthésie locale avant la [graaaaande] aiguille pour la rachianesthésie*) : Relevez la table, elle est trop basse, je me pète le dos !

NATHALIE (*amusée*) : Mais c'est qu'il est grand, dites donc !

MOI (*inconsciente, alors qu'il tient mon sort entre ses mains gantées*) : Yeux bleus, grand ET anesthésiste, c'est vraiment un bon parti !

L'anesthésiste pique un fard. Tout le monde rit. Une Nathalie me dit que je suis intenable de draguer au bloc, j'ai beau avoir les fesses à l'air, je suis mariée et jusqu'à preuve du contraire, encore enceinte.

L'autre Nathalie me murmure des encouragements dans l'oreille en me tenant dans ses bras, l'anesthésiste fait sa rachianesthésie. Cinq secondes après, je suis basculée allongée. Je demande pour la sixième fois où est l'homme. « Il va arriver, on finit de vous préparer. »

Champ opératoire, électrodes, sonde urinaire, ventre badigeonné de Betadine, je ne sens plus rien.

L'homme entre et s'assoit à côté de ma tête. Le Créateur demande si on est prêts, si on a l'appareil photo ! J'envoie des pensées à TED, c'est le moment de naître !

Malgré les tentatives de diversion de l'homme, j'entends vaguement le Créateur présenter à l'étudiante infirmière les diverses « couches » incisées de l'abdomen (OMAGAD).

Tout va très vite, je sens mon corps chahuté, un cri de bébé, je pleure, le champ opératoire est baissé, TED est là, dans les mains du Créateur, toute belle, avec son cordon, et pratiquement sans vernix. Il sourit (Ses yeux sourient). Heure de naissance, 10 h 02. Je pleure, je remercie trente-six fois les cinq personnes autour de nous, on pose TED sur moi.

« Bonjour, mon bébé, tu es un miracle ! »

Un *putain* de miracle.

Le Créateur fait tout pour rendre le moment magique, Il emprunte mon iPhone pour faire des vidéos et des photos.

TED part avec l'homme et moi, on me suture.

10 h 30. Je suis en salle de réveil, il fait beau, la pièce est baignée de soleil. Je dois patienter avant de retrouver les sensations de mes jambes. En attendant, je regarde les photos de TED prises par le Créateur. Je *checke* l'ascendant de TED sur Internet (Gémeaux).

13 heures. Je suis toujours clouée sur mon lit, je commence à paniquer. L'infirmière appelle l'homme en chambre : « Tout va bien, votre femme n'a toujours pas retrouvé la sensation de ses jambes, mais tout va bien. » Pour rassurer, on repassera.

13 h 30. J'arrive à bouger les cuisses et les genoux, mais rien au-delà. On appelle un brancardier pour me ramener en chambre.

13 h 45. LE CRÉATEUR (*entrant en salle de réveil, magistral et solaire*) : Mais enfin : où est Mme Bortolotti ?

L'infirmière explique que la sensibilité est revenue tardivement et que maintenant on attend le brancardier. J'en profite pour Lui dire, les yeux tout mouillés, qu'Il a été formidable, qu'Il a réussi le tour de force de faire de ce moment médicalisé que je redoutais tant un instant magique et un souvenir merveilleux. Qu'à le refaire, je voudrais que tout se passe pareil. Exactement. Que je Lui dois beaucoup.

LE CRÉATEUR (*me caressant la tête*) : Je vais la ramener dans sa chambre, moi. Oui ! Je vais la brancarder ! Il faut qu'elle retrouve sa fille !

Je rigole, Il ne va pas le faire : l'obstétricien réputé qui brancarde sa patiente en chambre, sérieusement ? Mais si, nous voilà partis dans les couloirs en riant. Comme d'habitude.

LE CRÉATEUR (*enthousiaste*) : J'espère que vous mesurez votre chance parce que c'est une première et je ne ferais pas ça pour toutes mes patientes !

Je crois que je vais L'épouser. Ah non, merde, chacun de nous est marié.

13 h 50. Le Créateur pousse mon lit à sa place. TED dort, dans son berceau. L'homme a l'air un peu paniqué mais heureux. Une infirmière m'aide à me découvrir, l'homme pose TED sur mon sein, elle tète, c'est magique. Tout le monde s'éclipse et nous laisse tous les trois.

Elle est là, contre moi, toute chaude, toute calme, toute belle, et je n'en reviens pas : après toutes ces épreuves, huit années à ne plus y croire, elle est *vraiment* là ?

Tu as eu beau me mettre des bâtons dans les roues, c'est arrivé, chère DNLP.

TED me fixe avec intensité, de ses yeux bleu marine. Jamais je n'oublierai ce regard-là.

Alors, je lui murmure enfin : « Mon miracle, je suis ta maman. »

MILK

Celle où je me transforme

Avignon, été, automne, hiver 2016, printemps 2017

Chère DNLP,

Je n'oublie jamais d'où je viens. J'y pense (souvent) quand je m'énerve (trop) après TED, « serial téteuse », insomniaque nocturne ET diurne (il semblerait qu'en commandant mon modèle de bébé synthétique au labo, j'aie loupé une ou deux cases à cocher). Mais elle est trop chou, hein, j'ai décidé de la garder.

Parfois, dans les nuits sans sommeil, quand je somnole pendant la tétée, avec TED sur mon sein, je me fais la réflexion que, sur le quai, quand on attend, le temps semble s'étirer à l'infini. Et, une fois descendue du train avec son bébé dans les bras, il nous file entre les doigts (le temps, pas le bébé, chère DNLP, calme-toi et n'appelle pas l'ASE). C'est d'une banalité affligeante, mais la triste réalité.

Les jours puis les mois passent. Je prends une grosse claque dans la tronche. Et je ne m'attendais pas à ça. Pas que je pensais accoucher d'un bébé de catalogue qui ferait ses nuits au retour de la maternité. Non. Ma naïveté ne va pas jusque-là. Mais je ne m'attendais pas à ce que tout soit à ce point… exacerbé.

Faut dire qu'en huit ans cette grossesse, puis cette maternité, j'ai eu le temps de les idéaliser. Mais il semble que devenir mère ait révélé ce qu'il y avait de meilleur, mais aussi de pire en moi. Et j'ai du mal à incarner encore ce « nouveau moi ». Je l'avoue, impuissante : je n'ai pas eu le temps d'apprivoiser cette nouvelle version de moi (*upgradée* d'un coup au rang des primipares, en témoignent les cernes comme des valoches sous les yeux, les hormones sens dessus dessous, les seins débordant de lait, le cheveu pas lavé, et un déficit de sommeil comparable au trou de la Sécu).

Du jour au lendemain, il a fallu répondre présente pour TED, et m'oublier. Revoir mon niveau d'exigence à la baisse et me réjouir de bêtement réussir à satisfaire mes besoins primaires :

1. Dormir (quand je peux grappiller quelques minutes de sommeil).
2. Manger (au sens d'ingurgiter de la nourriture pour combler mes besoins caloriques).
3. Être propre (autrement dit : avoir au moins les cheveux et les dents lavés).

Et j'exagère à peine.

Tout le monde s'attend à ce que je sois la joie incarnée, avec ce bébé qui a failli ne jamais arriver. De tous côtés, les injonctions implicites ou explicites fusent. « Sois heureuse, un peu, bordel ! » Pas si simple.

Me voilà désormais de l'autre côté. Une MILK, la *Mother I'd Like to Kill*, la mère qu'on a envie de zigouiller avec un accroche-tétine, encore plus parce que c'est une ancienne PMette. Encore plus parce qu'elle ose se plaindre que oui, elle déchante un peu. Qu'elle a beau avoir lu Bernadette de Gasquet, la pédagogie Montessori, le manuel du BabyCook, être calée en maternage proximal et en parentalité positive, que c'est difficile d'être mère, en vrai. Que *personne* ne l'avait préparée au tsunami. Qu'il s'agit du secret le mieux gardé de toute l'histoire de l'humanité.

Je sais ce que tu te dis : je suis une chochotte. Depuis la nuit des temps, des milliards de femmes ont vécu la même chose. C'est juste une phase à passer, le temps de s'habituer, de trouver ses marques. Surtout que j'avais décidé de profiter de mon bébé, et de ne pas reprendre tout de suite une activité professionnelle.

Je me rappelle cette conversation visionnaire avec l'homme, quelques mois plus tôt, sur une plage, alors que j'étais enceinte de trois mois : le plan initial, c'était de garder TED à la maison pendant six mois, puis de reprendre une activité professionnelle en septembre 2016.

MOUAHAHAHAHAHA.

Comme je fais partie des « Mais c'est sûrement ton boulot qui te stresse et te rend infertile, quitte-le, et tes FIV marcheront », je suis au *chômage*.

Comme je suis au chômage, je n'ai pas droit à la *crèche municipale*. Comme je n'ai pas droit à la crèche municipale, nous avons inscrit TED dans une *micro-crèche privée* pour la rentrée 2016. Comme la micro-crèche coûte un bras et que je suis au chômage, TED ne pourra financièrement y aller que *deux jours par semaine*. Le reste du temps, c'est *moi* qui la garderai.

Et il faudra m'expliquer COMMENT, bordel, on se remet dans une véritable dynamique de recherche d'emploi, de réseautage, toussa, avec un bébé dans les pattes, au demeurant pas tellement fan de la sieste.

Et encore, c'était presque trop fastoche. Le hasard a décidé de s'en mêler. Le hasard, ou toi, chère DNLP, je te vois, perfide, à manigancer.

Deux mois avant la naissance de TED, de nouveaux voisins emménageaient dans le logement au-dessus de chez nous. Une colocation de deux garçons et une fille. Je m'en souviens précisément, c'était le 2 janvier 2016. Dans la nuit qui avait suivi, ils avaient fait du bruit. J'avais souri, en m'imaginant ces jeunes qui pendaient logiquement la crémaillère de leur premier appartement. Sauf que le bruit ne s'est jamais arrêté. Toutes les nuits, du coucher, au lever du soleil. Soit on se croyait dans un *remake* de fiesta bondée sur les plages de Tulum, soit ils vivaient comme si leurs nuits étaient leurs jours : chutes d'objets, cris, télé, musique, ruades dans les parties communes, portes et volets qui claquent… Au début, fidèle à ses bonnes manières selon lesquelles il faut s'abstenir d'empêcher les gens de vivre, l'homme restait calme. Quand le bruit était trop fort en dehors des heures autorisées par le règlement de copropriété, il finissait par aller taper chez eux, pour tenter de les rappeler à l'ordre, les trouvant soit saouls, soit défoncés. Les voisins promettaient de se calmer. Mais quelques minutes plus tard, ils reprenaient de plus belle.

À la fin de ma grossesse, à cause des Autres, je dormais peu la nuit, même les bouchons d'oreille n'y pouvaient rien. Ils étaient trop bruyants. Mais je me rattrapais le jour, en faisant la sieste. Ça allait.

Mais lorsque TED arrive, je comprends vite qu'elle n'est pas une grosse dormeuse. La nuit, elle se réveille toutes les trois heures (quatre, quand j'ai de la chance). Elle tète longuement, ne s'apaise que contre moi, réussir à la remettre dans son berceau me prend plus d'une heure. Et la journée, elle ne sieste pas, ou alors dans la poussette, ou dans l'écharpe de portage, collée sur ma poitrine. Jamais plus de quarante minutes et jamais plus de trois fois par jour.

Je te vois qui rigoles car tu as tout compris. La nuit, la faute aux tétées interminables suivies par le tapage des voisins, je ne peux pas dormir. Et la journée ? C'est TED qui m'empêche de me reposer. Impossible de dormir en cours de promenade (je pense qu'il y a un marché pour intégrer le pilote automatique sur les poussettes), impossible avec elle dans l'écharpe, car seul le mouvement l'apaise et je ne sais pas toi, mais moi, quand je dors, je suis généralement immobile. Et à l'instant même où j'arrête de bouger, TED se réveille.

Au bout de plusieurs semaines à ce rythme, le manque de sommeil a raison de moi et je crois devenir folle, je passe des nuits entièrement blanches à guetter le moindre haussement de voix des Autres qui réveillerait mon bébé. Je n'arrive plus à trouver le sommeil. L'homme, qui ne dort plus que d'une oreille, aux aguets, craignant surtout pour le rythme et le sommeil de TED, est à présent hors de lui. Une nuit, fou d'entendre le vacarme au-dessus, il monte chez les Autres et les découvre… jouant à la pétanque. Dans leur appartement. À 3 heures du matin.

À la rentrée 2016, TED commence la micro-crèche, deux jours par semaine. Mais je suis toute détraquée et même la journée, une fois le lait tiré, sans bébé dans les pattes, je n'arrive plus à dormir du tout. Mon corps et mon esprit vivent dans un état d'urgence permanent.

Pour « m'aider », on me conseille d'introduire des biberons, d'arrêter carrément d'allaiter TED. On me dit que c'est moi qui ne dois pas être « assez nourrissante », que « c'est pas possible » qu'elle ne dorme « pas bien » comme ça, à presque sept mois. Alors, je commence un allaitement mixte. À neuf mois, TED est « sevrée ». Mais le sommeil ne vient toujours pas, ma TED ne sera jamais une grosse dormeuse.

Aujourd'hui, quand je vois les photos de mon bébé joufflu, aux délicieux cuissots plissés, quand je regarde sa courbe de poids en toute objectivité, quand je peux comparer avec sa sœur que j'ai allaitée plus d'un an, et qui a fait ses nuits à même pas deux mois, je comprends que je me suis fourvoyée. Tentée par les sirènes qui me promettaient un sommeil pour TED, et surtout pour moi, j'ai été faible et en bonne primipare influençable, j'ai cédé.

La seule bonne nouvelle de l'arrêt de l'allaitement, c'est que je peux commencer les somnifères. Et que j'ai enfin mon retour de couches.

Avec nos voisins du dessus, la descente aux enfers continue. L'homme prend les choses en main : lettres recommandées au propriétaire de leur appartement, médiations avec le conciliateur de la mairie d'Avignon et constats de police. Malheureusement, sans aucun effet. Pire, ils en rigolent quand ils passent dans la cage d'escalier. Je les entends régulièrement pouffer, ironiques : « Faut pas crier, on va réveiller le bébé ! » Nous prenons donc un avocat, et nous intentons un recours en justice.

Moi, je cristallise des insomnies sur cet élément perturbateur. Et pourtant, tu me connais, en bonne élève, je mets toutes les chances de mon côté : exercice physique dans la journée, féculents au dîner, pas d'écran deux heures avant de se coucher, lecture avant de dormir, Mélatonine, Euphytose, D-Stress, homéopathie, méditation, yoga, acupuncture.

Mes crises d'angoisse s'amplifient à mesure que l'heure avance : « Il est 2 heures/3 heures/4 heures/5 heures du matin, je ne dors toujours pas et il ne me reste plus que quatre heures/trois heures/deux heures/une heure avant que TED ne se réveille. » J'enchaîne des journées difficiles ensuite, en ayant cumulé plusieurs nuits sans sommeil. En effet, malgré les somnifères, le bruit me fait sursauter et me réveille, me cueillant en plein *bad trip*.

La psy du sommeil que je questionne sur l'éventualité d'une dépression post-partum me répond, catégorique, que ce n'en est pas une. Que mes habitudes sont bonnes. Que c'est le procès en cours qui me mine. Qu'il faut supprimer les voisins (au sens figuré. Il ne s'agit pas – même si l'envie s'en fait sentir parfois – de monter les dézinguer. Quoique : je me questionne, est-il possible, en visant bien, de trucider trois personnes avec une boîte de lait maternisé ? *Strike*).

Je re(re)(re)(re)(re ?)commence à voir un psychiatre. Dès la première séance dans ce cabinet au design dépouillé et rudimentaire digne de l'URSS des années 1970, ce Vieux Monsieur Perspicace émet l'hypothèse que les Autres n'aient été qu'un déclencheur, que mes insomnies ne soient qu'un symptôme. Que ce n'est pas un *hasard* si j'ai commencé à avoir des troubles du sommeil au *moment même* où je m'apprêtais à devenir mère.

Il ne le dit pas, mais je le pense très fort : si ce n'était pas un hasard, non plus, que j'ai eu tant de mal à le devenir, *mère* ? Peut-être pas si inexpliquée que cela, mon infertilité… (Tu ne rêves pas, au risque de périr brûlée sur le bûcher des PMettes, je suis précisément en train d'accuser le facteur psy dont on nous a si souvent rebattu les oreilles avec les « c'est dans la tête ».)

Alors voilà : je vais avoir trente-sept ans, je dois m'occuper de mon premier enfant… et je commence à prendre du Lexomil au coucher. Et/ou la nuit, quand je n'arrive pas à me rendormir. Glorieuse, la MILK. Et puis, avec le Vieux Monsieur Perspicace, armée d'une grosse pelle, chaque semaine, je creuse et je ressors les vieux dossiers. J'excave des sujets profonds, intimes et désagréables.

Mais déjà, dans un tutu de tulle multicolore, sous une arche de ballons aux couleurs de l'arc-en-ciel, avec un *rainbow cake* licorne (*home made*), une piñata dorée et des paillettes, TED fête son premier anniversaire. Elle a un an, mon bébé miracle, c'est la fête.

Et pour couronner le tout, les Autres déménagent enfin, au-dessus de nos têtes.

Je sens qu'il est temps de mettre un terme à ma période *Desperate Housemum*. Surtout que ça vaut pas le coup, j'ai pas de jardinier sexy à me mettre sous la dent. Je m'inscris à un *coaching* spécial « vieux chômeurs en fin de droits » organisé par un cabinet de conseil et Pôle Emploi. Oui, à bientôt trente-sept ans, j'ai beau être la plus jeune de ma promo, je suis désormais une mémé sur le marché de l'emploi. Je ne sais pas où ça me mènera mais ça me sort déjà de ma routine « couches, biberons, lessives, activités d'éveil, bercements, préparation de compote et de petits pots – bio, locaux et de saison –, ménage, rangement, courses… ». Ça me fait rencontrer de vrais gens, ça m'oblige à avoir un rendez-vous avec moi.

Il est temps.

TED a maintenant seize mois, elle galope partout, ne fait toujours pas la sieste plus de quarante minutes par jour, ça lui laisse tout le temps de découvrir le monde.

Elle m'émerveille.

Et au risque de MILKer sévère, je la kiffe drôlement.

Je n'aurais jamais cru pouvoir aimer autant un petit machin comme ça.

Gertruder

Celle avec le Kinder Surprise

Avignon, été 2017 – printemps 2018

Chère DNLP,

Dans le vocabulaire des PMettes, il existe un verbe du premier groupe tout à fait inconnu du *Petit Robert.* Un verbe qu'on prononce du bout des lèvres, comme une parole sacrée, avec envie, parce qu'il fait fantasmer ; ou avec mépris, parce qu'on est sûr que ça ne nous arrivera jamais. Ce verbe, c'est « gertruder ». Je vois d'ici ta mine interloquée. Gertruder est une extension de l'expression « faire sa Gertrude ». *Faire sa Gertrude*, c'est tomber dans le cliché du bébé-couette. Pas celui avec des élastiques dans les cheveux. Le fantasme du bébé conçu *naturellement* après plusieurs traitements pour contrer une infertilité avérée.

Quel rapport avec la pauvre Gertrude qui n'avait rien demandé ?

Gertrude, c'est la cousine de l'amie de la boulangère, tu sais ? Celle qui « est allée voir un psy pour lâcher prise/est partie en vacances/a quitté son job pour se consacrer à sa vie perso/a arrêté d'y penser » (rayer les mentions inutiles) et PAF, ~~ça a fait des chocapics~~ elle est tombée – miraculeusement – enceinte. Tout le monde en connaît vaguement une, de Gertrude. Elle est horripilante et un peu mystique, la Gertrude. Tu vois l'idée ?

(Dans les faits, d'après une étude de l'University College London, 20 % des femmes ayant conçu un bébé grâce à une FIV tomberont enceintes naturellement dans les trois ans qui suivent[1].)

On prend les mêmes et on recommence

Depuis mon retour de couches en décembre 2016, l'homme et moi pensons sérieusement à un deuxième enfant. Oui, nous les ~~grands malades~~ heureux « détenteurs » d'une TED certes adorable, mais peu dormeuse, on se dit qu'il ne faut pas tarder.

Parce que, comme tu ne le sais que trop :

- mon horloge biologique tourne, je vais avoir trente-sept ans. Et vu le temps qu'on a mis à « produire » TED, il faut peut-être s'activer si on veut en fabriquer un deuxième avant ma ménopause ;
- et puis, il faut l'avouer, parce qu'on a peur de ne pas survivre à un deuxième petit machin hurlant si on attend de se remettre *complètement* du premier.

Depuis mon retour de couches, donc, nous « essayons ». Vaguement, vu le contexte troubles du voisinage + bébé insomniaque + *MILK* sous anxiolytiques.

Vu notre vélocité à parvenir à nos fins pour un premier, pas tellement d'illusions sur notre capacité à procréer

1. Voir www.ucl.ac.uk/news/2023/jun/one-five-women-become-pregnant-naturally-after-having-baby-conceived-ivf.

naturellement. Lors de la visite post-natale, celle où on est censés parler stérilet, reprise de pilule et *tutti quanti*, le Créateur en avait même plaisanté : « Je ne vais pas vous embêter avec la reprise d'une contraception. Chez vous, madame Bortolotti, vu le contexte, ça relèverait du miracle ! » On en avait ri ensemble. À première vue, il semblait que je sois mon *propre* contraceptif. Parfait : après des années à bouffer pilule puis injections, à moi la liberté hormonale.

Le plan

Mais qu'importe notre capacité à y arriver tout seuls, il nous reste deux paillettes de deux blastocystes au labo de PMA. L'homme et moi sommes d'accord : deux paillettes, c'est deux potentiels transferts d'embryons décongelés à tenter. Si ça ne donne rien, nous n'irons pas plus loin. Nous ne mordrons plus à ton hameçon : finie la PMA « lourde ». Plus d'anesthésie générale, de ponctions, de risque d'hyperstimulation, de transferts qui capotent. Plus le courage, surtout avec TED dans les pattes. En cas d'échec de transfert, nous resterons à trois, bien conscients de la chance inouïe d'avoir déjà UN bébé dans les bras (tu vois qu'on n'est pas des ingrats !).

Au mois de mai 2017, TED a quatorze mois et j'ai rendez-vous avec le Créateur (qui porte, je veux y voir un signe, la même chemise orange que le jour de la naissance de TED) pour parler de planning et de transfert d'embryon. Nous repartons avec un dossier PMA plein d'ordonnances pour traitements, prises de sang… Fin juin, une fois tous les examens réalisés aux dates prescrites, c'est J1 : je reprends les bonnes habitudes et je contacte Lolo, la secrétaire du Créateur. Et je comprends que, vu les dates de mes J1 et les vacances d'été du Créateur, si je ne veux pas avoir affaire à Son remplaçant pour le transfert d'embryon décongelé, il vaut mieux qu'on attende mon cycle du mois d'août. Tu me connais : on n'est pas à deux mois près et on veut le Créateur, Celui qui fait avoir les bébés, notre *mentor*. Nous décidons d'attendre la fin de l'été.

En août, trois séances de poney. Trois ! Et même pas dans la fenêtre de tir. Trois fois *en tout* sur tout le cycle. Trois fois en dilettante, histoire de dire (je sais qu'avoir une vie sexuelle quasi monastique, à même pas trente-sept ans, c'est pathétique). J'attends mes règles, j'attends mon J1 pour pouvoir appeler Lolo et passer à l'étape suivante.

Dans la salle de bains, avec le gobelet

Au matin du lundi 28 août, je suis à J38. C'est le cycle le plus long de toute l'histoire de ma vie. J'ai eu mal au ventre toute la nuit mais toujours pas de J1. Je n'ai AUCUN symptôme de grossesse, mais, pour en avoir le cœur net, je me dis que je vais faire un test. Ça tombe bien, il m'en reste un, qui se périme dans un mois.

Je m'enferme dans la salle de bains, un vieux pot de conservation de lait maternel Avent à la main (propre, si tu te demandais).

Pipi dans le pot. TED, qui visiblement ne comprend pas que POUR UNE FOIS elle ne puisse pas me suivre dans les toilettes, tambourine sur la porte en criant « mamaaaaa ! ». Face au bruit soudain, je sursaute. Et je fais tomber le gobelet dans les toilettes. Je récupère le gobelet. Lavage et rinçage de gobelet, essuyage de gobelet, lavage de mains, pipi, c'est reparti.

Je trempe la languette dans le test. L'urine remonte la bandelette par capillarité. Je n'ai même pas besoin d'attendre les trois minutes réglementaires : il y a deux barres très roses dans la fenêtre de lecture. Deux. C'est positif.

J'avance au radar dans la cuisine, je tapote sur l'épaule de l'homme. Je lui tends le test en silence. Stupéfaction. Échanges de sourires incrédules. Ça doit être un faux positif, il ne peut en être autrement.

Une preuve, il nous faut une preuve

J'appelle Lolo, elle m'envoie une ordonnance pour une prise de sang par retour de mail.

Je file au labo. À 13 heures, les résultats tombent. 5 884 UI/L.

Bordel. Ça m'est arrivé. À moi. J'ai *gertrudé*.

Quarante-huit heures plus tard, je refais un dosage de bêta-HCG. 9 443 UI/L.

C'est juste dingue. Surtout avec le mois intense qui vient de s'écouler, où on n'a pratiquement pas *poneyé*, où on a failli divorcer au moins deux fois, où j'ai pris du Lexomil pour dormir, où j'ai même occasionnellement BU DE L'ALCOOL. Encore la veille de mon auto-test de grossesse. Je panique.

Mon psy du kolkhoze me dit que ce *gertrudage* ne le surprend pas (je traduis, évidemment qu'il n'utilise pas ce mot du dictionnaire officiel de la PMette), indiquant que, lors de notre rendez-vous de fin juillet, il avait détecté un changement en moi, en termes de lâcher-prise.

Mouais. Huit ans d'infertilité et rien ; sept mois après le retour de couches, et BIM, *je fais ma gertrude* ? Serais-je devenue miraculeusement hyperfertile ? La grossesse aurait-elle pu me *soigner* de mon infertilité ?

Je suis stupéfaite.

Et inquiète (on ne se refait pas).

Me voici vérifiant si l'évolution du taux de bêta-HCG est normale.

Quarante-huit heures plus tard, les nausées font leur apparition. C'est bien le seul truc qui me rassure un peu. Car je me remets à psychoter et à palper mes seins quarante-huit fois par jour.

PMette un jour, PMette toujours !

Le lundi suivant, j'appelle Lolo avec l'intention de programmer une petite écho ~~parce qu'une bonne *endochattale*, ça m'avait manqué~~ pour me rassurer.

MOI (*la bouche en cœur*) : Bonjour Lolo, vous avez eu mes résultats de dosage de bêta-HCG ? On se prévoit une petite échographie ?

ELLE (*prenant son disque à calculer*) : Voyons, date des dernières règles 21 juillet, ça nous donne une échographie le 25 septembre.

MOI (*pensant avoir mal compris*) : Pardon ?

ELLE (*répétant*) : Lundi 25 septembre.

MOI (*tentant de négocier*) : Rien avant ?

Vas-y, Lolo, assure, on a vécu des trucs ensemble, quand même, avant.

ELLE (*riant de ma naïveté*) : Madame Bortolotti, pour une grossesse *spontanée,* 9 SA, c'est le délai normal pour l'échographie de datation. Pas besoin d'échographie précoce dans votre cas, vos dosages sont rassurants.

Je raccroche et je pleure. Faut croire que j'ai été mal habituée avec mon expérience de PMette. Puis je me ressaisis. Si les fertiles y arrivent, je peux y arriver aussi. Vingt et un dodos. C'est du gâteau. Je vais tellement lâcher prise que mon psy soviétique va en bouffer sa chapka.

Chassez le naturel, il revient au galop

Je tiens… cinq jours, puis je fais un *petit* mail à Lolo, prétextant une demande de test pour la toxoplasmose (avec un petit dosage de bêta-HCG, l'air de rien, TANT QU'ON Y EST). Elle me répond de ME RELAXER et qu'on verra tout ça le 25 septembre.

Plus que seize dodos.

Alors, je ne suis pas sûre-sûre que « me relaxer » soit le terme consacré avec TED (dix-huit mois) dans les pattes me répétant trente-sept fois « bébé » rien qu'entre 6 h 24 et 6 h 37 (véridique, un jour, j'ai compté) pour appeler/aller chercher son poupon Corolle, que j'ai délibérément planqué la veille car son insupportable odeur de vanille me file une gerbe magistrale au réveil.

N'empêche, je suis crevée, je m'endors avec les poules et j'ai des nausées H24, comme pour TED. Et quelque part, avec un masochisme qui confine au martyre, ça me rassure. J'ai *gertrudé* et j'ai des symptômes de grossesse. Ça va aller.

Plus que huit dodos.

Une semaine avant l'échographie, tu m'envoies une épreuve digne du meilleur épisode de « Koh-Lanta » : mes parents viennent nous rendre visite. Hors de question de vendre la mèche.

1. Cuisiner un truc (bon) toxo free, listeria free (et gluten free) ? *CHECK.*
2. Faire semblant de boire du vin ? *CHECK.*
3. Esquiver discrétos la périlleuse étape du fromage en prétextant une couche à changer ? *CHECK.*

Je pensais avoir réussi le défi haut la main, jusqu'à ce que, le lendemain, ma mère me fasse suivre un concours pour gagner… une valise de maternité Petit Bateau. Instinct maternel, intuition féminine ? J'apprendrai plus tard que ce n'était que le fruit du hasard.

Plus que sept dodos.

Lundi 25 septembre 2017, tu ne m'auras pas : j'ai revêtu mon haut jaune fluo (on ne se refait pas) pour rendre visite au Créateur.

Dans l'ascenseur, je tremble un peu et j'ai une nausée de malade. Ce n'est pas le moment de faire une crise d'hypoglycémie (quoique : un bouche-à-bouche avec le Créateur au sourire *ultra bright* ?), encore moins de vomir sur Ses Crocs, je m'enfile un Carambar (note pour plus tard : JAMAIS de Carambar avant de devoir prendre la parole, c'est long à manger et ça colle aux dents~~, espèce de PB mononeurone~~).

Le Créateur n'a, pour une fois, pas de retard. On entre dans Son bureau sans passer par la salle d'attente (et sans que j'aie pu décoller de mes dents le satané Carambar). Je Lui serre la main (*NDLA en 2023 : détail « soooo pré-COVID », où on serrait encore la main aux praticiens*) en baragouinant, déconfite, un truc signifiant « *echcusez-moi ché la bouche pleine* ». Classieux. Remarque, Il m'a vue cul nu, en chaussettes, pas épilée et sanguinolente, je pense qu'on n'est plus à ça près.

On s'assoit face à Lui, derrière Son grand bureau de ministre.

LE CRÉATEUR (*tout sourire*) : Eh bien alors, madame Bortolotti, qu'est-ce que vous m'avez fait ?

MOI (*honteuse, peinant à me débarrasser de la fin du morceau de caramel qui me colle aux dents*) : Le Carambar ?

LUI (*interdit*) : … ?! Mais non !

MOI (*faisant tourner mon mono-neurone de PB à plein régime*) : Ahhhhh ! Tomber enceinte naturellement ?

LUI (*riant, tout excité*) : Mais OUI !

Alors on parle du contexte, du poney sans réfléchir à ma date d'ovulation. Il est stupéfait, à deux doigts du « vous voyez, il suffisait de ne pas y penser ! ».

Une *endochattale* plus loin, un haricot dans mon dedans de moi et un petit cœur qui bat. 9 SA + 3.

Stupéfiant. C'était donc *vrai*, j'ai *gertrudé*.

Pour la deuxième fois de ma vie, alors que je n'aurais jamais misé un kopeck dessus (n'en déplaise à mon psy slavophile), je sors de Son cabinet avec le Graal entre les mains (*aka* le dossier avec la photo de gros ventre en noir et blanc).

Faire des galipettes

Trois semaines plus tard, après avoir laissé, en pleine journée, TED à une baby-sitter pour la première fois (une liste de consignes longue comme deux bras, deux jambes sur le frigo à son intention) ET enfilé un tee-shirt jaune, c'est l'échographie du premier trimestre.

Tout. Va. Bien. Une clarté nucale parfaite, un bébé avec deux pieds, deux mains et qui fait des galipettes. Galipette. Ça lui va si bien qu'on décide que ce sera son nom de code.

Ensuite, nous passons par le labo pour la prise de sang du tritest. Sortant de son bureau, le biologiste croise nos regards. Je ne l'avais pas revu depuis notre rendez-vous d'entrée en PMA au centre d'Avignon. Nous voyant en salle d'attente, je l'entends qui demande doucement à la secrétaire, avec un hochement de tête discret dans notre direction : « Je les connais, non ? » La secrétaire lui répond qu'effectivement on a eu notre premier enfant ici, au labo, grâce à une FIV. Et que nous sommes là pour une deuxième grossesse. « Nouvelle FIV ? », il demande. « Non, spontanée cette fois ! » Il nous regarde, l'air étonné, puis nous sourit franchement. Encore un couple *réparé* par la PMA, quelle joie.

Deux filles !

Fin novembre, lors de la visite du quatrième mois, TED nous accompagne. Le Créateur nous fait mariner dix minutes pour nous annoncer enfin le sexe de Galipette. Une fille. Une deuxième fille ! Nous sommes ravis. Moi, je vais pouvoir ressortir les barboteuses en Liberty et l'homme s'imagine déjà roi au milieu de ses princesses. Non, on ne « préférait » pas un garçon. Oui, je suis contente de faire un doublé. Pour tout dire, en cet instant, je me sens même SUPER rebelle car autant ma fratrie que celle de l'homme se calquent sur le schéma « fille puis garçon ». Une deuxième fille, c'est original pour nous et c'est parfait !

À l'occasion de ce rendez-vous, le Créateur me remet les résultats du tritest. Je me fais la remarque que je n'aurais jamais pu, pour TED, rester six SEMAINES sans harceler la secrétaire, et attendre, patiemment, qu'Il me remette les résultats en mains propres. Les résultats de ce tritest sont normaux, mais marrants. En l'espace de deux ans, mon origine est passée de « Caucasienne » à « Caucasienne/Afrique du Nord ». Faut croire que le bronzage du Créateur a déteint sur moi. Je ne comprends pas : j'arborais pourtant mon authentique *teint de porcelaine* si pur qu'il ne nécessite aucun maquillage. (Je blague, la promesse du teint resplendissant et des cheveux soyeux de la PB, chez moi, c'est juste une arnaque.)

Kinder Surprise

Mi-décembre 2017, je suis déjà à 20 SA. La moitié *théorique* de cette grossesse (même si je suis allée jusqu'à

42 SA + 1 pour TED, rien ne dit que ce sera pareil cette fois). Et même si mon ventre devient proéminent, je me regarde moins le nombril. Point de photo de mon bidon, je ne porte quasiment jamais mon bola, et je n'avais même pas dégainé les méthodes hasardeuses pour deviner le sexe en avant-première. C'est comme si cette grossesse-là faisait partie intégrante de moi. J'ai le sentiment d'être un tout.

Nous finissons quand même par céder à un rituel : acheter une boîte à musique à faire écouter à Galipette, le soir, avant de dormir (quand TED est couchée, quand on n'est pas trop fatigués, quand on pense à pratiquer l'haptonomie…). On lui parle à deux voix et à quatre mains, à travers la peau de mon ventre.

À vingt mois, elle a beau être un génie synthétique, TED ne comprend pas tout. Même s'il devient de plus en plus difficile de la mettre sur mes genoux pour lire l'histoire du soir sur le fauteuil à bascule (et de m'extirper ensuite dudit fauteuil, tout engoncée que je suis dans ce corps tout à fait rebondi). Mais à la question : « Qu'y a-t-il dans le ventre de maman ? », TED répond invariablement « petit bébé ». Quand elle me voit prendre mes vitamines de grossesse au petit déjeuner, elle s'exclame systématiquement « hopathie maman pousse bébé », ce qui, dans son langage à elle, signifie « homéopathie de maman qui fait pousser le bébé ».

Et, mignonitude absolue, elle pose parfois spontanément la main sur mon ventre en disant « coucou petit bébé maman », ce qui me fait fondre.

Évidemment.

Faire 4

Celle qui défie les lois élémentaires

Avignon, printemps 2018

Chère DNLP,

Ne va pas croire que la grossesse de Galipette est toute rose pour autant.

Je dois essuyer pas mal de **RALC** (Remarques À La Con). Parce qu'on ne va pas se leurrer, les fertiles s'en sont donné à cœur joie. Tu penses, l'occasion était trop belle pour ne pas en profiter pour étaler tout son savoir de fertile, option « la fille de la voisine de ma boulangère ».

Tu es prête pour un aperçu ?

Mon palmarès des Remarques à la con

RALC #1 – « Comme quoi, il a *suffi* d'une grossesse et ça vous a *débloqués.* »

Ça fait toujours plaisir d'apprendre qu'aux yeux de ceux-là on était « bloqués » l'homme et moi. Les coincés de la braguette vous remercient. Allez, bisous !

RALC #2 – « C'est LOGIQUE, vous vous apprêtiez à refaire de la PMA pour le deuxième et… PAF ! »

Et PAF… ça a fait des Chocapic ?

C'est quand même formidable, on a trouvé LA technique ULTIME. Oyez, oyez! Que toutes les PMettes qui ont eu un premier par FIV se réjouissent: il suffirait donc de *simplement* se *préparer* à remettre le couvert pour tomber de nouveau enceinte!

RALC #3 – « C'est normaaaaal/je le savais/c'est qu'entre TED, les travaux, le déménagement, la vente de votre appart, ton coaching pro: vous avez arrêté d'y penser! »

Alors OK, je suis JUSTE légèrement OPMK[1], et l'homme JUSTE légèrement subnormal. OK, on est bien des infertiles inexpliqués. Mais je t'assure que pendant huit ans il y a eu des occasions où on est partis en vacances (même loin, même longtemps)/où on a arrêté d'y penser/où on a été bien occupés et ça n'a pas marché pour autant.

Et puis là, typiquement, on s'apprêtait à faire un transfert d'embryon congelé. Donc c'était à l'ordre du jour, quand même. Donc on y pensait, tu vois. Mais ça fait toujours plaisir qu'on nous renvoie encore dans les dents que c'était juste dans la tête. Les psys que j'ai vus tout ce temps seraient RA-VIS de savoir qu'ils étaient incompétents.

RALC #4 – « Oh mais c'est *toujours* comme ça! Regarde, la fille de la cousine de ma coiffeuse (*aka* Gertrude), pareil! Et la femme de la collègue de bureau de mon mari, aussi! On en entend PARTOUT des histoires comme la vôtre. »

---

1. OMPK ou SOMPK: Syndrome des ovaires micropolykystiques. Un dérèglement hormonal aussi fréquent qu'entêté (8-18 % des femmes en âge de procréer), où les ovaires produisent plein de petits follicules… qui ne mènent nulle part. Résultat: des cycles irréguliers, une ovulation qui fait la grève, et parfois un excès d'androgènes (bonjour l'acné et la pilosité). À l'échographie, les ovaires prennent des airs de collier de perles – sauf que ce bijou-là ne fait pas vraiment rêver.

Évidemment, ces statistiques de haut niveau se basent sur des faits réels, concrets et éprouvés. Ils omettent juste la majorité silencieuse (80 % des femmes ayant eu un premier enfant par FIV ne parviennent pas à tomber enceintes naturellement ensuite[1]) : celles et ceux qui ont galéré pour le premier et qui pourtant ne *gertrudent* pas après, ceux qui ont une infertilité constatée médicalement et qui auront beau essayer, ne pourront techniquement *jamais gertruder.*

RALC #5 – « Et je parie que cette fois, tout va bien ? Les problèmes que tu avais eus pour ta première grossesse (*aka* les kystes aux plexus choroïdes et l'artère ombilicale unique), c'était *uniquement* parce que c'était *un embryon de laboratoire.* »

Écoute, je suis ravie de constater que tu as fait médecine entre la poire et le fromage, et que tu as réalisé une étude comparative sur les anomalies anatomiques des embryons issus de FIV ICSI *vs* les autres. J'espère que tu es calée aussi en pédiatrie ? Car dorénavant, je t'appellerai pour tous les petits bobos de mon génie synthétique de laboratoire, afin d'avoir ton diagnostic. Trop pratique !

RALC #6 – « C'est génial, car au moins, celle-là, elle aura été faite comme il faut ! »

Cette RALC a fait *mal.* Très mal. Parce qu'elle est sortie de la bouche de ma propre mère. J'étais là, dans l'entrée de la maison familiale, accroupie tant bien que mal avec mon gros ventre, en train d'enfiler ses chaussures à TED, quand tout à coup : BIM. J'avoue, je ne m'y attendais pas. Surtout pas venant d'elle. J'ai bugué.

1. Voir www.ucl.ac.uk/news/2023/jun/one-five-women-become-pregnant-naturally-after-having-baby-conceived-ivf.

J'aimerais bien savoir (quoique : parler de sexe avec ma mère, jokeeeer), c'est comment « faite comme il faut » ? Qu'est-ce qu'elle en sait, ma mère ? Peut-être que la conception de Galipette, c'était à l'arrache, comme des sauvages, en deux-deux sur un coin de machine à laver, cycle essorage, même pas épilée ? Certes, je ne suis pas allée le vérifier *en personne*, mais l'équipe labo qui s'est occupée de notre FIV ICSI pour TED a dû utiliser des gants, un microscope, un endroit stérilisé… Faire tout *comme il faut*, en somme. Non ?

Et entre nous, faite *comme il faut* (ou pas), plus je regarde TED grandir, s'épanouir, rire, parler, nous surprendre et faire toutes ces choses trop mignonnes et épatantes qui la rendent totalement unique, plus je me dis que je n'aurais pas voulu d'une autre TED. Il y a dix ans, quand j'ai fait ma GEU, ça n'aurait pas été cet embryon-là. Ça n'aurait pas été elle non plus quand j'ai fait ma FC, ou pour tous ces échecs sur cycles naturels, d'IAC, de FIV, de transfert…

C'est elle, elle est là, elle est merveilleuse et nous rend si heureux. Non, je n'aurais définitivement pas voulu d'une autre histoire.

Préparer l'aînée

Ce qui est sûr, c'est que, pour faire tout *comme il faut* (*sic*), nous préparons TED à l'arrivée de Galipette. Vers mes cinq mois de grossesse, TED commence à verbaliser spontanément tout ce qu'elle fera avec « petit bébé maman », tout en comptant sur ses doigts : « Lire Mozart » (son livre musical préféré), « donner bibi », « dodo avec doudou et tétine » et le fameux « bébé tout nu, mets habits : pyjama body » qui nous fait beaucoup rire. TED semble particulièrement inquiète du fait que Galipette soit toute nue dans le ventre de maman et en sorte donc… toute nue. Vite, vite, la parer de son plus beau pyjama, en bonne apprentie fashionista. C'est à peu près à cette période qu'elle ajoute sa future petite sœur dans le câlin familial rituel du soir avant le coucher, « câlin fort papa, maman, TED ET petit bébé », et à faire des caresses à mon ventre, en collant sa bouche et en disant « coucou petit bébé », ce qui me fait instantanément fondre.

Je pensais que tout allait se passer comme sur des roulettes. Jusqu'à ce que TED et moi rendions visite à une amie qui vient d'accoucher. Je suis à six mois de grossesse. À un moment, pour que ma copine puisse avoir les mains libres, elle me confie son bébé, juste quelques instants. Et, sans crier gare, avec ce nouveau-né de quinze jours dans les bras, TED me fait une crise de jalousie accompagnée de pleurs à chaudes larmes, avec bras tendus vers moi « veux mamaaaaaaaa », tête enfouie dans mes jupons. Inédit.

Je prends conscience qu'il est temps de bien expliquer les choses, car bientôt, arrivera la fin de l'exclusivité de l'attention. L'apprentissage de la vie, OK, mais un choc pour TED, ma grande sensible, qui a décrété avec beaucoup de sérieux un jour qu'elle avait « peur du beurre » (?).

Je me documente beaucoup et j'en parle avec ma sage-femme. Bannir le « tu dois être drôlement contente d'avoir une petite sœur ! », injonction génératrice d'un malaise possible chez l'aîné, qui pourrait se sentir inadapté s'il a une réaction en inadéquation avec les attentes de l'adulte, et donc, avoir peur de le décevoir. Préférer : « Toi, tu sais déjà faire des choses de grande, alors que petite sœur ne sait encore rien faire toute seule et donc il faut beaucoup s'occuper d'elle. » J'explique que l'amour ça grandit et qu'il y a de la place pour tous nos enfants dans le cœur de papa et maman. Je lui montre des photos d'elle bébé, à la maternité.

Je décide qu'on s'organisera pour accorder des moments en tête à tête à TED, quand Galipette sera là.

Et bien sûr, j'agrandis la collection de livres de TED avec une sélection pointue. *Il y a une maison dans ma maman*[1], que je termine chaque fois avec des sanglots dans la voix. Et celui conseillé par ma sage-femme, *Le Bébé*[2] aux illustrations un peu ringardes, mais avec un intéressant jeu de transparents. Un jour, je surprends TED en train d'en faire la lecture à son doudou. Elle est sur la page « le ventre de la maman tout rond » qui devient « le bébé dans le couffin » quand on tourne le transparent. TED commente : « Ça y est, bébé est né, tout petit. Fais dodo, petit bébé. Et ventre maman tout plat maintenant ! » (Si seulement.)

Après une présélection de quatre, nous laissons à TED le soin de choisir LE doudou du trousseau de maternité (une pieuvre). En lui expliquant que c'est elle qui le lui offrira à la maternité. Et nous fabriquons une boîte surprise de grande sœur à TED, remplie de cadeaux pour elle, qui l'occuperont pendant que je serai à la maternité et au retour à la maison, et que l'homme lui offrira. Certains préfèrent dire que c'est le bébé qui est venu avec. Mais vu la taille de la boîte et la forme de mon ventre, impossible de tromper TED, le génie synthétique.

Tous les matins de TED commencent par « tout à l'heure papy mamie venir voir TED. Papa maman avec docteur à maternité pour petite sœur ! », alors, sur les conseils d'une blogueuse[3], je bricole une poutre du temps, d'inspiration

1. Giles Andreae (auteur), Vanessa Cabban (illustrations), Gautier-Languereau, 2014.
2. *Le Bébé*, Gallimard Jeunesse, « Mes premières découvertes », 2008.
3. Maman Louve : www.mamanlouve.com/2017/02/09/preparer-laine-au-sejour-a-la-maternite/.

Montessori, que j'installe à sa hauteur dans sa chambre, pour aider TED à se situer sur le calendrier. Je colle des images au-dessus des dates théoriques de l'accouchement, du séjour à la maternité, mais aussi des éléments de son quotidien : jour de crèche, de bibliothèque, de parc pour aller nourrir les canards, photo d'elle et papa en tête à tête pour mon séjour à la maternité, et photo de papy et mamie avec elle. Chaque jour, TED déplace la pince à linge sur le jour de la poutre du temps. Et elle est beaucoup plus détendue.

« Et j'attends et j'attends, ce qui changera mon présent (baby) »

Et maintenant, j'attends que Galipette arrive. Je croise les doigts pour une voie basse et un déclenchement spontané. Car mon utérus ayant subi une césarienne pour TED, un déclenchement de l'accouchement de Galipette présenterait un trop grand risque d'hémorragie. Si Galipette ne se décidait pas à sortir d'elle-même, ce serait la césarienne assurée. J'essaie l'homéopathie, l'acupuncture, la sophrologie. Galipette s'est retournée depuis longtemps mais ce matin, à 40 SA tout pile, tu n'es toujours pas de mon côté : Claudine est encore longue, postérieure et bien fermée. Le Créateur parle quand même de « bonne présentation clinique » et dit qu'on se revoit en salle d'accouchement. Il n'y a plus qu'à.

Quarante-huit heures avant le terme théorique, j'ai des contractions. Je les monitore, je croise les doigts. J'attends.

42 SA. L'homme a déposé TED chez ses parents hier soir. Dans la nuit, les contractions se sont intensifiées mais le miracle ne s'est pas produit. C'est la sonnerie de mon alarme qui me réveille ce matin. Je prends une douche à la Betadine et nous nous rendons à la maternité pour une césarienne. La deuxième. Sur le parking, une épiphanie. Nous changeons d'avis sur le prénom prévu pour Galipette, inversant son prénom principal et son deuxième prénom, nous faisant la réflexion qu'en fait elle s'est toujours appelée ainsi. Avant même que nous osions rêver à un deuxième enfant.

J'enfile la fameuse blouse bleue ouverte dans le dos et on me pose un monito. Je suis calme. Galipette encaisse très bien les contractions. Le Créateur m'accueille en salle d'accouchement dans Son pyjama de bloc assorti à Ses yeux. Il semble contrarié : Lui pariait vraiment sur la voie basse. Moi, je suis détendue, je connais déjà les gestes. L'homme pourra être auprès de moi, tout va bien aller. C'est la même aide-opératoire, Nathalie, qui me prend dans ses bras pour faire le dos rond pendant que l'anesthésiste pose la rachianesthésie.

Et finalement, le 11 mai 2018 à 10 h 06, 1 + 1 font 4

Note que le deuxième génie et moi, on a bien fait les choses : le 11, un nombre premier, et, de surcroît, 11 comme sa sœur (notre génie synthétique). Avoue que c'est commode pour s'en rappeler, étant donné mon âge avancé.

Au bloc, on me pose longuement Galipette sur le sein et elle tète, c'est magique. La première chose que je lui dis c'est « bonjour, bébé, tu es un cadeau ». Un miracle il y a deux ans, puis un cadeau, maintenant, je suis gâtée.

Contrairement à ma césarienne pour sa sœur, je retrouve la mobilité de mes jambes très rapidement. Et le soir même, je réussis à me lever en claudiquant malgré la cicatrice qui me plie en deux (et, il faut le reconnaître, après avoir hurlé à l'homme en pleurant : « Je vais creveeeeeeeeeeeer ! »). Je connais déjà la douleur déchirante des tranchées sur utérus cicatriciel, et je ne m'étonne pas, j'accueille. Cette fois-ci, ma montée de lait n'est pas capricieuse. Je ne cède pas aux injonctions des sages-femmes proposant des biberons de lait maternisé. J'ai confiance, mon corps suivra. Tout est si naturel, malgré le contexte médicalisé. Je ne suis plus primipare. Et ça change visiblement tout. J'ai plus de confiance en moi.

TW « mièvrerie », le retour

Il y a cette vidéo que je fais de l'homme portant TED dans ses bras au-dessus du berceau transparent de Galipette, âgée de deux jours, qui dort, emmitouflée dans son nid d'ange, repue. TED découvre sa petite sœur pour la première fois et lui donne le doudou qu'elle a choisi spécialement pour elle. L'homme approche TED de sa sœur. TED lui fait un bisou sur le front en disant « est toute petite petite ! », constatant « là, a pas mis la sucette ».

L'homme qui explique à TED : « Maintenant, on est une famille : Maman, Papa, TED, et petite sœur. Tous les quatre. » TED regarde sa sœur dans son berceau en disant « veux faire un câlin, aussi ». L'image tremble un peu parce que je suis tout émue.

Vingt minutes plus tard, il y a cette vidéo de moi, en tailleur dans le lit, les cernes aux creux des yeux, le sourire doux, avec mes deux enfants contre moi. Galipette lovée dans mon bras droit, TED assise sur mon genou gauche.

Est vraiment toute petite !

(Trois kilos huit cent cinquante grammes, tout de même. Un bon petit rôti sans vernix, je t'assure que mon vagin de jeune fille dit merci à cette seconde césarienne.)

MOI (*demandant à TED*) : Elle te plaît ?

TED (*acquiesçant d'un hochement de tête*) : Oui !

Puis se penchant sur elle, la serrant maladroitement dans ses petits bras potelés « Câlinnnnn ! ». Je fonds.

Je dépose un baiser sur le front de Galipette « mon petit bébé », mon cadeau, puis sur celui de sa sœur « mon grand bébé », mon miracle. Et je pleure un peu.

Oui, je pleure un peu. Car, chère DNLP, contre toi, j'ai fini par gagner. Il y a un deuxième enfant sur notre livret de famille. Ça y est, nous sommes complets.

Ce soir, l'homme rentre à la maison avec TED. Galipette et moi restons en tête à tête à la maternité.

Quatre jours toutes les deux.

Quatre jours de douceur.

Quatre jours de bonheur.

À se découvrir.

Et à s'aimer.

Je vais savourer car, oui, pour la deuxième fois, chère DNLP, j'ai gagné.

DIRE ADIEU

Celle où j'écris The End, and that's all folks*!*

Avignon, été 2020

Chère DNLP,

J'ai un peu la pression parce que c'est la dernière lettre que je t'adresse. Voilà, c'est fini.

(« Ne sois jamais amère, reste toujours sincère. T'as eu c'que t'as voulu, même si t'as pas voulu c'que t'as eu[1] » : d'aucuns remarqueront que commencer cette correspondance avec des références Disney et la conclure par Jean-Louis Aubert prouve que j'ai – un peu – grandi, dans l'affaire.)

Tu n'es pas sans savoir que j'ai un *crush* pour les nombres premiers. Au cas où tu ne serais pas aussi fortiche en mathématiques qu'en cassage de couilles (et autres mises de bâtons dans les ovaires), je te rappelle qu'un nombre est premier s'il n'est divisible que par lui-même ou par l'unité. Et nous voici rendues à la lettre numéro 47. Et 47 est premier. C'est parfait.

Il faut quand même que je te dise que *gertruder*, après huit ans de PMA et une grossesse FIV, était malaisant. J'étais

1. Paroles de la chanson de Jean-Louis Aubert « Voilà, c'est fini » (1989).

devenue un cliché. Et c'est difficile à assumer, d'être un cliché.

Après la naissance de Galipette, il y a eu le sombre, le très sombre. J'étais vraiment loin d'être la meilleure version de moi-même. Autant j'avais réussi tant bien que mal à garder la tête hors de l'eau pour TED, autant l'arrivée de mon deuxième enfant a coulé la planche de bois flotté à laquelle je m'accrochais (coucou Jack), emportant mes dernières résistances et, par la force des choses (les nuits hachées, les pleurs, les sollicitations continuelles, les seins-citerne…), faisant voler en éclats le contrôle que je tentais de conserver. Mais je n'avais pas le droit de me plaindre, pas vrai ? Après tout, je les avais *voulus*, ces enfants. Genre, *vraiment*. (« T'as eu c'que t'as voulu, même si t'as pas voulu c'que t'as eu[1]. »)

Alors un *burn out* maternel, sans déconner, je ne pouvais pas me le permettre.

Fucking ironie.

À la force de ma volonté et avec l'aide d'un coaching parental fabuleusement fabuleux[2], je m'en suis sortie. Non, je n'étais pas parfaite, mais j'aimais mes enfants, et je faisais de mon mieux avec les clés de l'instant. C'était déjà plus que suffisant. J'avais progressé, t'as vu : pour la première fois de ma vie, j'étais *assez*.

Mais il y avait encore (au moins…) un truc sous le tapis.

---

1. Référence à « Voilà c'est fini », chanson de Jean-Louis Aubert (1989), dont cette phrase résume à merveille ces moments où nos souhaits sont exaucés avec une légère incompréhension du brief initial. À mi-chemin entre le destin, le karma et un SAV de la vie capricieux.
2. « Le Village », par Fabuleuses au Foyer https://web.fabuleusesaufoyer.com/liste-attente-village/.

Chaque année, nous recevions un courrier officiel de la part du labo de PMA, nous invitant à choisir le devenir de nos 2 × 2 embryons surnuméraires. Un courrier impersonnel avec quatre options possibles, listées en regard de cases à cocher : poursuite de la conservation (pour une éventuelle utilisation ultérieure), don à la recherche, don anonyme à un couple infertile, destruction. Chaque année, par défaut, nous cochions « poursuite de la conservation ».

Sauf qu'en France les embryons surnuméraires congelés sont conservés cinq ans maximum. Nous sommes en août 2020. En d'autres termes, nos embryons congelés, issus de la FIV qui a donné TED, notre merveilleux génie synthétique, viennent d'atteindre leur date de péremption : ils ont cinq ans. Autrement dit, la poursuite de la conservation n'est plus une possibilité. C'est le moment de trancher. Il va nous falloir choisir entre les trois choix restants : les donner à la recherche, à un autre couple ou bien les détruire.

TED a quatre ans et Galipette deux. Depuis le mois d'avril marquant la date anniversaire de ces cinq années, le labo de PMA nous a envoyé pas moins de trois relances. Et hier soir, l'homme et moi avons enfin complété ce courrier censé clôturer cette partie de nos vies. Je pensais que la page serait facilement tournée, mais comme un « retour de flamme » et sans crier gare, je me prends de plein fouet le souvenir des années de PMA, les larmes, les cris, les reproches, les déceptions, l'attente, la douleur, l'espoir, la joie, la peur, l'amour et, enfin, la vie.

Pour être tout à fait honnête, cette décision, on la repoussait. Chaque année. En cochant avec détachement et soulagement *Continuité de la conservation*. On n'en parlait jamais, et moi, je gardais tout ça pour moi, bien enfoui sous le tapis. Cinq ans après, on y est. Il va falloir faire un choix, arrêter de faire l'autruche, se décider à en parler ensemble et crever l'abcès. Cette lettre puis sa première relance se sont perdues, incognito, dans la pile de courriers à classer. J'accroche la deuxième lettre de relance en évidence sur le frigo. Pendant plusieurs jours, elle trône là, chacun de nous le sait, chacun de nous la voit. Mais aucun de nous n'a le courage d'aborder le sujet.

Quelques jours plus tard, hasard ou coïncidence, je suis en train de regarder un épisode de *Little Fires Everywhere*[1]. C'est la fête du premier anniversaire de Mirabelle, qui, après avoir été abandonnée devant une caserne de pompiers, a été adoptée par un couple infertile passé par quinze années de PMA infructueuses. Mirabelle, c'est en fait May Ling, la fille biologique de Bebe Chow. Et voilà la mère biologique qui a retrouvé les parents adoptifs et débarque en pleine fête chez le couple, telle une furie. En visionnant cette scène, sa violence, tant pour les parents adoptifs que pour la mère séparée de son enfant, je suis très secouée.

La narration est bien construite, le spectateur peut comprendre les deux points de vue : celui du couple adoptif qui protège sa progéniture, évidemment, mais aussi celui de la mère biologique qui craque.

D'un seul coup, je me mets à penser :

« Et si, un jour, la loi de bioéthique était radicalement modifiée ? Et si on pouvait savoir ce que nos embryons donnés sont devenus ? Et si je virais dingue, par l'entremise d'un incident de parcours de vie, ou n'importe quelle expérience horrible et que je cherchais à *savoir ce que sont devenus nos embryons* ? Ou si un jour TED et Galipette voyaient débarquer dans leurs vies leurs frères et sœurs biologiques ? »

1. Série américaine (2020).

Le visionnage d'un simple épisode de cette série déclenche chez moi une déferlante d'émotions.

C'est le signal. Il faut trancher.

Le soir, ça me prend, je pose la lettre du laboratoire de PMA sur la table basse et, une fois les enfants couchés, je provoque une conversation. « Puisqu'on ne peut plus conserver ces embryons, qu'est-ce qu'on en fait ? »

Chacun de nous a l'honnêteté de le reconnaître d'emblée : le choix de « poursuite de conservation » que nous faisions tous les ans est un choix *par défaut*. Nous n'avons jamais eu l'intention de les utiliser, ces embryons. Depuis longtemps, nous partageons le sentiment d'être « au complet », tous les quatre. D'avoir eu une chance inouïe. Et pour moi, qui vais fêter mes quarante ans le mois prochain, franchement, terminée, la maternité.

Alors ?

Les donner à la recherche ? Cette idée nous est inconfortable. Je m'imagine des expérimentations horribles et bleu fluo à la *The Expanse*[1], et le côté « rat de laboratoire » est perturbant.

Les donner à un autre couple ? C'est ce que je m'étais toujours imaginé que je ferais. Inconditionnellement, irréfutablement, c'était LE bon choix. Sans discuter. Évidemment qu'on allait les donner, ces 2 × 2 pingouins ! Et puis… Et puis jour après jour, je vois grandir nos enfants.

D'abord à demi-mot, limite honteux, nous évoquons le fait que plus le temps passait et moins nous nous imaginions

1. Série de science-fiction (2015-2022).

les donner, ces embryons. Penser à d'autres enfants « issus de nos cellules », grandissant peut-être dans d'autres familles, avec une autre vie, quelque part dans le monde, ne rien en savoir, devoir se contenter d'un « et si… ? et peut-être… ? », ça nous donne le vertige.

Pour l'homme, comme pour moi, la décision la plus « logique », c'est donc **la destruction**.

La seule différence, c'est que ça l'émeut moins que moi. Voire pas du tout. Je le sens presque *soulagé* de tourner cette page, de clore un chapitre, alors que, de mon côté, il y a un peu de peine à détruire ce qui a été si durement acquis… Peut-être parce qu'il a moins souffert de notre parcours ? Peut-être parce qu'il a une personnalité plus tournée vers l'avenir ? Peut-être parce que pour lui, c'est déjà le passé. Et que pour moi, pas encore tout à fait.

Destruction des embryons surnuméraires.

Inspiration. Expiration.

« On est sûrs, hein ? »

Hochement de tête mutuel. Coché. Des larmes.

« Lu et approuvé. » Doublement signé. Des larmes.

Une étreinte. Timbré. Des larmes.

Je reste un instant comme hébétée par ce choix de raison, complètement à l'opposé de celui que je pensais faire initialement. Je ressens comme une dissonance, l'impression de trahir une partie de celle que j'étais. De trahir aussi les autres PMettes.

Oui, nous avons fait le choix de détruire nos embryons surnuméraires.

Tu peux me traiter d'égoïste, chère DNLP, tu peux me jeter des cailloux.

Je ne m'en serais pas privée, il y a cinq ans de cela, toute convaincue que j'étais de *donner* ces embryons à un autre couple, si la situation se présentait.

L'homme dit qu'il va poster la lettre. Soit parce qu'il voit que ça me chamboule plus que lui, soit parce qu'il a peur que, le temps d'aller à la boîte, je change d'avis. Je réponds que je préfère le faire, moi. J'en ai besoin. Je le sens.

Je suis sur la place Pie, à Avignon, devant la boîte aux lettres. L'instant est symbolique. Le temps, comme suspendu. Je regarde longtemps l'enveloppe, les larmes aux yeux. Tu peux me trouver niaise : je pleure même un peu. Je demande pardon, je murmure un adieu à cette période de ma vie, à ces embryons qui nous attendaient dans leurs paillettes, je remercie et je souris. Le moment est très étrange, je me demande aujourd'hui ce que pensaient les gens qui passaient par là. « Ça doit être une lettre de démission, une lettre d'amour ou de rupture. » S'ils me l'avaient demandé, j'aurais pu leur dire : cette lettre, c'était un peu tout ça à la fois.

Nous y voilà. En prenant une grande inspiration, je pousse la lettre dans la fente de la boîte aux lettres, un peu trop vite, parce que j'ai très peur de changer d'avis. De toute façon, j'ai toujours eu beaucoup de mal avec les fins en général.

À bien y réfléchir, c'est un peu triste et étrange, que les couples avec des embryons surnuméraires ne soient pas *accompagnés* systématiquement dans cette prise de décision délicate. Un entretien avec le médecin, un biologiste, un psy, j'en sais rien. Peut-être que ça pourrait aider, éclairer ? Au moins savoir qu'il existe une *possibilité* d'accompagnement, que ce soit mentionné quelque part sur le courrier, un soutien téléphonique, quelqu'un à qui parler ? Pour bien comprendre les tenants et les aboutissants des choix envisageables. Surtout que là, l'homme et moi étions d'accord mais comment ça se passe au sein des couples dont les avis divergent ? Un embryon, c'est une moitié de patrimoine génétique de chacun. Comment on fait, pour décider ?

J'aurais aimé avoir le courage du don, de ce geste ultime de générosité. Le fait est que c'est une décision de couple et que, même si j'avais réussi à me dépasser, je n'aurais jamais pu convaincre l'homme. Pour lui, ce n'était pas envisageable de vivre dans le « et si, quelque part ? », il a toujours préféré les situations claires pour pouvoir avancer.

Je l'avoue sans peine, j'ai du mal à m'éloigner de cette boîte aux lettres. C'est curieux, que le sort de huit années de PMA, de souffrances, de protocoles et de calculs soit scellé par un *modeste* courrier. En rentrant de la poste, je tourne et tourne encore. Je cherche sur Internet « Dons d'embryons surnuméraires » (oui, pathétique, la meuf. Et crétine aussi : va expliquer à la guichetière qu'il faut rouvrir la boîte pour récupérer une lettre pour cause de changement d'avis. Achevez-moi).

Et puis, je ferme le navigateur parce qu'en fait ça ne sert à rien. Je ne saurai jamais si ce choix était le bon, ce que ça aurait donné s'il avait été différent, et ce que j'aurais ressenti en pensant toute ma vie à « et si… ? ». Tout ce que je sais, c'est que ce choix nous appartient, et que pour nous deux, c'était le bon.

Cette décision de couple marque le point final de cette partie de ma vie.

À ce moment précis, une idée germe dans mon esprit : écrire. Pour dire la vérité. Montrer ce que tu m'as fait vivre. Ce que tu fais endurer à tous les infertiles.

Et prendre ma revanche sur toi, chère DNLP.

Voilà, c'est fini.

Hyperfertile

Celle où Dame Nature La Pute me répond et je comprends que non, je n'aurai pas le dernier mot

Nuage magique, jeudi 30 novembre 2023

Chère Anne-Laure,

Allez, ne fais pas la fille surprise. Tu m'as bien narguée avec ces lettres. Croyais-tu vraiment que je resterais là, à encaisser sans broncher ? Je pensais que tu me connaissais mieux. Tu me déçois.

Malgré tout, je dois te reconnaître une certaine audace. On parle de moi partout, la plupart du temps sans me nommer (je suis celle-dont-on-ne-doit-pas-prononcer-le-nom. Voldemort m'a tout piqué), mais on m'écrit rarement. Surtout pas publiquement. Quelque chose de l'ordre du respect ou de la crainte d'un retour de bâton.

Toi, Anne-Laure, tu n'as visiblement pas eu peur. Même si ton audace frôle l'inconscience.

Je t'ai lue. Ces lettres, oui, je les ai toutes lues. Dieu que j'ai été patiente ! Parce que franchement j'ai détesté ton insupportable et égoïste habitude de regarder ton histoire par TON côté de la lorgnette. Pas une seule fois tu ne t'es interrogée sur le mobile du crime. La raison qui fait que j'ai des tonnes de chattes à fouetter, pour reprendre une de tes expressions préférées (merci, d'ailleurs, je me la garde pour mon CV). Crois-tu que je fasse tout cela de gaieté de cœur ? Au risque de te surprendre, non. Je le fais parce que c'est mon rôle. Ma mission.

Pourquoi ? Grâce à moi, les naissances sont régulées, ça évite que votre Terre soit surpeuplée (déjà que). Dis-toi que c'est une forme de sélection naturelle 2.0. Un autre bénéfice secondaire, c'est, je suis bien sympa, de rendre service aux PMettes. Combien de couples d'infertiles ont implosé pendant un parcours de PMA ? Grâce à moi, validé, l'adage : « Mieux vaut être seule que mal accompagnée ! » Et je pourrais t'énumérer des tonnes d'autres raisons, mais en voici une dernière : je donne des emplois à un paquet d'humains. Imagines-tu un peu tous les métiers qui se sont créés grâce à moi ? Des chercheurs, des gynécologues spécialisés, des biologistes, des laborantins, et j'en passe.

Je ne pouvais pas te laisser dans l'ignorance, je me devais de t'ouvrir les yeux. Avais-tu pensé à ça ? Bien sûr que non, trop occupée à te regarder le nombril, tu ne t'es jamais posé ce genre de questions.

Avec cette lettre, sobrement baptisée « Adieu », tu comptais avoir le dernier mot, chère Anne-Laure ? Laisse-moi rire. Rire ET te corriger. Parce que tu as oublié de mentionner un moment important. Je ne vais pas te laisser t'en tirer comme ça, petite effrontée.

Tu joues les brebis innocentes ? Ne nie pas, je te vois depuis mon nuage magique. Rappelle-toi ce samedi d'avril 2023 : quinze ans qu'on se côtoie. Ce jour-là, je décide de m'amuser un peu avec toi.

Et je vais le raconter publiquement, moi aussi. Là.

Ce matin-là, donc, pour le sixième jour consécutif, ton fond de culotte est immaculé. Six jours de retard de règles, ce n'est pas rien. Une idée commence à infuser : serait-il possible que tu sois… enceinte ? À quarante-deux ans ? Techniquement oui, chère Anne-Laure. D'autant que, petite effrontée, tu te targues de ne prendre aucun contraceptif. Comment l'appelles-tu, déjà ? Ton Créateur, oui, c'est ça. (Créateur. Sans déconner. C'est moi qui crée. Lui, il ne fait qu'*exécuter*.)

Ton Créateur, comme tu l'appelles, en avait d'abord plaisanté. Puis il avait vite vu qu'avec toi il était inutile d'insister. Tu étais censée être ton *propre* contraceptif, pas vrai ?

Six jours de retard. Comptant et recomptant, tu commences à psychoter en te palpant les seins. Je vois que les réflexes reviennent vite et je ne suis pas peu fière, je dois l'avouer.

Les pensées se bousculent dans ta tête. Tu te dis que ton Créateur, consulté il y a dix jours pour le frottis bisannuel, l'aurait forcément remarqué. Enceinte, c'est juste impossible, pas vrai ? Je t'entends jusqu'ici : impensable. Improbable. Ton homme n'a rapporté aucun accident de préservatif et aucun écart de conduite hors de la *safe zone* n'est à signaler.

Mais c'est le week-end de Pâques, alors, on n'est pas à l'abri d'un miracle, n'est-ce pas, chère Anne-Laure ? Serais-tu passée d'hypofertile inexpliquée à… hyperfertile invétérée ? La bonne blague.

J'envoie une pensée sournoise dans ton esprit. Force est de constater que, depuis ton retour de couches pour ta deuxième-née, tu n'as jamais eu plus d'un jour de retard de règles. Et surtout, surtout, depuis hier, tu as la nausée. Genre fort.

À te voir angoisser, je ne peux m'empêcher de rire sous ma cape (car oui, tu as vu juste, je porte une cape, lourde, longue et noire comme les nuits sans lune). Toi qui t'étais toujours dit que tu n'avorterais jamais parce que tu en avais trop bavé pour tomber enceinte. Tu commences à te demander ce que tu ferais. Avoir un enfant à quarante-trois ans, serait-ce vraiment raisonnable ? Les nuits, les couches, les pleurs, la bouche collée au sein H24, le supporterais-tu encore ? Avec découragement, tu te dis que tu n'y arriveras pas. Et puis, tu le mettrais où, ce petit ? Il faudrait transformer la salle de jeux en chambre d'enfant. Un troisième enfant, vraiment ? Être cinq au lieu de quatre, changer de voiture, modifier vos habitudes. Tu te projettes. Tu secoues la tête. C'est pas possible.

Il faut que tu fasses un test de grossesse.

Ce premier samedi d'avril 2023, en fin d'après-midi, tu te traînes à la parapharmacie, ton état de nausée t'empêchant presque de tenir l'équilibre sur ton vélo. Pour donner le change, tu achètes aussi quatre brosses à dents et du dentifrice pour tes enfants.

Tu déballes ton panier à la caisse. Oh, tu fais peine à voir, avec ton air un peu honteux de gamine prise en faute. Mais la pharmacienne ne semble pas s'étonner qu'une femme de plus de quarante ans achète un test. Elle a dû en voir d'autres. Ou peut-être se dit-elle que tu l'achètes pour quelqu'un d'autre. Par exemple, pour ta fille. Cette pensée te file le vertige, car oui, si ta première grossesse n'avait pas été extra-utérine, tu pourrais avoir une fille en âge de paniquer des conséquences d'un rapport non protégé. La nausée te reprend.

Non merci : tu n'as pas besoin d'une pochette en papier, tu fourres tout ça dans ton sac à main. Enfourchant ton vélo, tu rentres dare-dare chez toi, le cœur battant. Tu as quarante-deux ans et tu es peut-être enceinte. Tu seras vite fixée.

Tes filles, sept et cinq ans, jouent dans le jardin pendant que l'homme s'occupe du gazon. C'est le moment propice. Tu files aux toilettes avec un verre propre et sec. Sans même prendre le temps de lire la notice (tu as de l'expérience en la matière, ne me remercie pas, cette compétence, c'est cadeau), tu déchires l'emballage d'aluminium. Retrait de culotte, pipi dans le gobelet.

Tu immerges la tige du test et tu attends. Pourvu que ce test soit *négatif*. Pour la première fois de ta vie, tu croises les doigts pour ce résultat. C'est nouveau pour toi.

Dans la fenêtre, une barre rose s'affiche immédiatement en face du T. Ton cœur rate un battement. Et moi, je ris.

Je te vois déplier la notice, fébrile. Je te regarde chercher la rubrique d'interprétation des résultats. Je me frotte les mains. Interdite, tu regardes le test pour vérifier une seconde fois. Une barre en face du T mais rien en face du C. Autrement dit : invalide.

Tu trembles un peu et je te vois sourire faiblement de l'ironie de la situation : le premier *fucking* invalide de ta vie, oui. Maintenant. Sérieusement. Tu es vernie. Et moi, je ris.

Renfilant tes vêtements, tu te dis que tu ne peux pas en rester là. Il faut aller acheter un autre test maintenant, parce que demain, c'est dimanche et que lundi, Pâques oblige, est férié.

Tu t'élances dans le jardin pour prévenir ton homme que tu dois ressortir, à demi-mot parce que les murs ont des oreilles, et tes filles plus particulièrement. Tant pis pour la confidentialité, tu décides d'aller à pied à la pharmacie du bout de la rue, ce sera réglé en moins de deux. En marchant, je te vois lever la tête vers le ciel, implorant presque. Tu comptes et tu recomptes sur tes doigts, reprenant mentalement le calendrier de ton cycle. Ce serait vraiment pas de bol, pas vrai, chère Anne-Laure ? Surtout avec votre vie sexuelle (pitoyable) de parents fatigués.

Arrivant à proximité de l'officine, tu trouves la grille baissée. Entre vexation et stupéfaction, tu souris. Tu commences à te demander si tu n'es pas victime d'une caméra cachée. Ou d'un retour de bâton. C'est vrai, après tout, tu t'es lancée dans cette correspondance à sens unique pour me régler mon compte. Et si j'avais décidé de me venger ? Tu commences à culpabiliser, et je me délecte du comique de situation.

Tu envoies un SMS à l'homme pour le prévenir que tu pousses à pied jusqu'à la prochaine pharmacie et qu'il faudra qu'il gère le bain des enfants.

Cinq cents mètres. Le temps d'essayer de respirer avec le ventre, d'accueillir la situation parce que, de toute façon, tu es résignée : les dés sont jetés. Tu entres et, au diable l'avarice, tu achètes non pas un, mais deux tests de grossesse. Chat(te) (*mouahahahahaha*) échaudé(e) craint l'eau tiède. Ton sourire et le ton léger avec lequel tu te forces à communiquer font que la pharmacienne ne tique pas, elle se dit que tu te penses enceinte et que c'est une bonne nouvelle, que tu l'attendais, ce bébé.

Retour à la maison, rebelote. Temps suspendu. Tu attends.

Négatif. Tu attends encore trois minutes de plus.

NÉGATIF. Tu pousses un *ouf* de soulagement.

Je te vois même rire dans les toilettes et me chuchoter que je ne te foutrai jamais la paix, que je n'en aurai jamais fini avec toi. Effectivement.

Chère Anne-Laure, tu viens d'apprendre, à tes dépens, que ta « Chère DNLP » ne sera *jamais* à la retraite.

D'ailleurs, le lendemain, dimanche, tu as tes règles dès potron-minet.

Évidemment.

Remerciements

Neuf mois. Entre cet appel téléphonique qui a bouleversé ma matinée un certain mercredi (puis le cours de ma vie) et le départ chez l'imprimeur du texte que vous tenez entre vos mains, il s'est passé neuf mois. Coïncidence ? Je ne crois pas.

D'abord, je voudrais remercier Pauline, mon éditrice, sans qui mon rêve serait resté à l'état de fichier (un peu trop long). Pauline, la sage-femme de ce projet – avec et sans tiret. Tu as accompagné la maïeutique de ce texte, avec finesse, exigence et une infinie bienveillance. Aujourd'hui, tu fais de moi une « primipare de livre » (la formule est de toi !). Tu es l'une de ces rencontres magiques sur un chemin de vie. Je sais que tu sais tout le bien que je pense de toi, mais je tenais à le dire ici aussi. Parce qu'on ne dit jamais assez aux gens qu'on les aime.

Merci aussi à Marguerite, Mylène, Sandrine... et toute l'équipe de l'Archipel (je n'oublie surtout pas Olivier qui a failli mettre mon manuscrit à la poubelle !). Marguerite insuffle dans cette maison une énergie rare et précieuse, celle qui transforme un projet éditorial en aventure collective, un rêve d'auteur en livre accompli. Non seulement j'y ai trouvé un cocon pour mon projet (pour filer la métaphore, j'aurais pu dire « couffin », mais cette image de trois hommes maladroits ne collait pas : mon projet a été bercé par des femmes brillantes), mais surtout, j'ai découvert une maison d'édition humaine, avec de belles valeurs, un professionnalisme exemplaire et qui a plus que tout à cœur de soigner la relation avec ses auteurs. Je n'aurais pu rêver plus belle première fois. Merci d'avoir cru en moi, compris mon projet et (quelle audace!) d'avoir osé publier un titre avec un gros mot dedans. Merci d'avoir permis à ce texte d'exister et de porter la cause de l'infertilité.

Une pensée particulière pour Sophie et sa relecture affûtée, Stéphane B. et ses corrections pointues, Marion et son énergie solaire, Stéphane R. et cette couverture canon.

Je tiens aussi à exprimer toute ma reconnaissance à celles et ceux qui ont fait de *Chère Dame Nature La Pute* une réalité :

Merci à Killian Talin, dont la devise « L'action informe la stratégie » m'a mise sur la voie. À Pénélope Bœuf, qui m'a offert une autorisation en une seule phrase : « Pourquoi tu n'écrirais pas une histoire ? ». À Charlotte Moreau, pour un échange de mails fondateur.

À Gilles Legardinier, pour la grenade. À Elodie Arnould pour cette citation de couverture qui me va comme un gant (d'auscultation).

Merci aux primo-lecteurices de mon texte, à une époque où je n'imaginais même pas envoyer mon manuscrit à un éditeur. Vos encouragements ont été décisifs.

Merci à mes Kakakaks d'amour – Samantha A., Marie G., Djouhar M., Nadia M., Y-Lan N., Sacheen S. – pour votre soutien inconditionnel, votre sororité inestimable (et votre patience face à mes vocaux de 20 minutes). Et à mon âme-sœur, Marie G.-L. : tu es plus-que-précieuse (c'est comme le plus-que-parfait, mais avec des paillettes dedans), je t'aime.

Merci aux membres de l'ABC, passés et présents, vous m'avez portée bien au-delà de ce que vous imaginez. Tout a commencé par une déflagration près d'une casserole de riz (merci Myriam M.) et la suite s'écrit ici : merci Florie A. pour ton *cheer up* et tes recos brillantes. Aux meufs d'Avignon pour notre groupe-portEUSE ; à Laure P. et nos intentions à la nouvelle lune où j'écrivais chaque mois « Publier un livre » (tu avais raison) et à Nathalie B. (tu sais). À Samuel A. et Aurélie M., grâce à vous, j'ai pu décrypter les petites lignes d'un contrat d'édition. À Jennifer S. et ton œil expert. À Laura C. pour l'épiphanie de forme. À Wonder Mimi et Queen A : l'Ordre du Paon en force, je vous attends de l'autre côté.

À Laurence D. pour une rencontre déterminante dans ma trajectoire ; ce livre existe aussi grâce à vous.

Au Dr Éric de Lannoy ainsi qu'à Laurence : gratitude éternelle et, du fond du cœur, MERCI.

Je voudrais saluer les MILK de « la Grande Époque » et la communauté de PMettes qui m'ont soutenue pendant mon parcours de PMA. Sans le savoir, en documentant mes péripéties sur un blog, je plantais déjà les graines de ce livre.

Un grand merci à Isabelle G. pour ton amitié, de croire en moi et d'avoir demandé à être la première lectrice de mon manuscrit (l'imprimante de ton bureau ne s'en est toujours pas remise).

Merci à Renaud, mon mari, mon totem, spécialiste des spectacles de chaussettes post-échec de FIV. Tu as fini par croire en ce livre autant que moi. J'adore quand tu me chasses de la cuisine en lançant « Je vide le lave-vaisselle, et toi, va donc écrire ! » (et je ne dis pas ça pour éviter d'avoir à ranger les couverts). Ta stabilité a été fondamentale pour traverser ces épreuves. Nous n'avons pas fait mentir l'adage qui dit qu'être en couple, c'est résoudre à deux les problèmes qu'on n'aurait pas eus tout seul. Et même si, facétieuse, la vie s'amuse parfois à nous faire vaciller, nous restons la meilleure équipe du monde. Je t'aime.

Merci à mes deux filles : F, mon miracle, et G, mon cadeau, sans qui cette histoire aurait eu une saveur bien différente. Vous êtes les plus belles preuves de ma résilience, de mon courage et de ma détermination, mais surtout, mes essentielles. Les deux petites filles les plus extraordinaires que je connaisse. J'ai hâte de voir les femmes que vous deviendrez. Je vous aime à l'infini (et oui : vous êtes toutes les deux mes préférées).

Je voudrais aussi rendre hommage à Micheline, la grand-mère dont je parle dans le chapitre « Et c'est le temps qui court ». C'est à son chevet, une nuit de mars 2024, que j'ai compris l'urgence de faire publier ce texte. Voilà, Mamie, j'ai tenu ma promesse. Tu ne le liras pas, mais je te sais là, entre les lignes.

Et enfin, bien sûr, je vous remercie, vous, de m'avoir lue.

Si mon histoire de PMA se termine sur une note heureuse, je n'oublie pas celles qui restent en chemin. Les guerrières. Les galériennes. Celles qui comptent les mois, les essais, les jours avant la prise de sang. Celles qui attendent encore sur le quai.

Je ne vous dirai pas de « ne pas lâcher » – vous faites déjà tout ce que vous pouvez. Mais je veux vous dire ceci : la PMA bouscule, épuise, écorche… et pourtant, elle révèle aussi en nous des ressources insoupçonnées de force, de persévérance et de lucidité. Quoi qu'il advienne, vous en sortirez transformée. Et cette puissance, elle vous aura armée pour la vie. Elle vous accompagnera, avec ou sans bébé dans les bras. Alors, quand nous nous rencontrerons en librairie, osez l'élan du « moi aussi ».

Et à vous qui n'avez pas eu à traverser ce genre d'épreuve, j'espère que vous avez réussi à vous glisser, l'espace de quelques pages, dans la peau de celles dont c'est le quotidien. Pour que vous puissiez comprendre la réalité que vivent, bien souvent dans l'ombre, une sœur, une collègue, une amie. Parce que, derrière les sourires, il y a parfois des réveils à l'aube, des piqûres dans le ventre, des rendez-vous médicaux cachés entre deux réunions. Et des espoirs qui s'effondrent sans faire de bruit.

Pour soutenir, un regard informé et une écoute sincère peuvent vraiment tout changer. Alors, si mon livre vous a touché : parlez-en. Prêtez-le. Faites-le circuler.

Pour qu'un jour, l'infertilité ne soit plus un tabou.

Anne-Laure

Table

Cet ouvrage a été composé
par Soft Office
à Eybens (Isère)

Impression réalisée par

NORMANDIE ROTO IMPRESSION S.A.S.
à Lonrai (Orne)

en août 2025
pour le compte des éditions de l'Archipel,
département éditorial
de la S.A.S. Écriture-Communication

Pour plus d'information :

www.lisez.com

Imprimé sur du papier issu de forêts gérées durablement.

Imprimé en France

N° d'impression : 2503373

Rang de tirage : 01

Dépôt légal : septembre 2025